A
Historical Treatise
of
Railway Cognition
in the
Late Qing Dynasty

雷环捷——著

晚清
铁路认知
史论

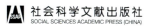
社会科学文献出版社
SOCIAL SCIENCES ACADEMIC PRESS (CHINA)

序　言

　　晚清至民国，继明末清初之后，在中国近现代科技转型过程中，开始了第二波"西学东渐"的潮流。

　　今天倒过来看历史，清朝还算是有一定开放胸襟的王朝政权。清朝晚期的昏聩固然罄竹难书，但在衰败之中却开启了一些轰轰烈烈的事业，留下了不少可圈可点的事迹。满族这个骑马射箭的民族，不仅有气魄接手明末的烂摊子，扩大了中国的版图，而且在晚清那个风雨飘摇的时代，开创了中国历史上许多个第一。洋务运动开启了近现代产业，建立了尚属先进的北洋舰队，创办了可以仿制"马克沁"重机枪的金陵制造局，有了电报、铁路，也有了留洋学生、独立的报纸媒体，引进了纺织厂、蒸汽机、露天采煤设备、轮船公司、外国语学校；而到晚清新政，开办了新学堂，兴办了近代实业，各省设立了咨议局，连几千年闻所未闻的立宪改制也在着手筹备和实施。清末，绝对是中国历史上一个充满屈辱、期待和惋惜的插曲，虽然是被迫的，但它初步实行的开放报禁和预备立宪，确是开了中国历史几千年之先河。

　　当下中国仍处在践行现代化的进程中。为了更好地前进，有必要厘清历史，反思曾经的成功和曲折。回顾中国近现代科技转型的轨迹，把历史的考察与哲学的审思结合起来，应该是极有意义的工作。

近日，雷君环捷告知他的著作《晚清铁路认知史论》即将杀青出版。能够把他多年的研究和思考贡献于世，这自然是十分令人高兴的事情。

150多年前，以"坚船利炮"为代表的西方科学技术，成为中西文明碰撞和交流的重点领域。其中铁路亦于当时传入中国并实现艰难起步，构成中国科技从传统到近现代转型进程中的重要一环。时至今日，经过一个多世纪的建设，中国铁路经历了蒸汽—内燃—电力的动力换代，成为世界上规模最大的高铁网络。中国铁路无疑已跻身世界先进行列，不仅在经济社会运行中发挥重大作用，而且拥有相当强的国际影响力和竞争力。在历史与现实的交织中，追溯铁路东渐的开启之路，既是书写中国铁路史的前提和基础，也是面向未来必不可少的参考。

前人有关中国近代铁路史的研究，虽已有非常丰硕的成果，但对铁路东渐这一充满矛盾和险阻的早期阶段，仍然语焉不详。受文献缺乏等限制，较少看到聚焦铁路科技史尤其是铁路科技思想史的著作。环捷的研究正好选择了这个鲜为人关注的领域。他发现，晚清时期的中国铁路事业虽然起步较晚且历经坎坷，成就有限，但是铁路认知发端远非末流。铁路知识在华传播其实很早，部分国人早就关注到"铁路是什么"的问题。在铁路事业发展迟滞之时，朝野上下围绕"要不要修铁路"和"如何修铁路"等问题曾发生多次激烈争议，使得彼时的中国铁路史更显著地表现为铁路认知史。

即使在19世纪的欧美，铁路也是现代性的生动而引人注目的标志。铁路作为一种大规模的集成机器和技术系统，将触角深深地伸入物理空间和精神空间，使现代性得以具体化。因此，环捷努力阐释铁路在近代中国人走向现代化（近代化）过程中扮演的角色，是非常有启发意义的。难能可贵的是，环捷认识到，由于铁路集中体现了经济、社会和文化现代化的功能，铁路认知的发端与演进将会反映科学技术如何"形塑"相应的思想观念，从而折射出现代性在近代中国话语与思想体系中的独特演进路径。

在我看来，环捷这本著作不仅回答了中国早期铁路认知史的一些重要问题，而且为中国近代科技转型的研究，提供了一个重要的、别开生面的案例。

根据环捷的研究，晚清铁路认知的发展经历了三个阶段。

第一个是1835—1861年的铁路认知起源阶段。该阶段的主要问题是：铁路是什么？铁路叫什么？据考证，我国数千年来并无"铁道"一词，铁路工程和铁路概念在中国也并非原生的。对铁路的技术认知最早是传教士传播的结果，但被传播并不等于被动。中国人铁路认知的发端包含了主动选择、构建和转变。

第二个是1861—1894年的铁路认知增长阶段。该阶段亦即洋务运动时期，其主要问题是：要不要建铁路？如何建铁路？这一时期铁路认知增长的主要线索，是从"一体防范"到"自强要图"的逐渐转变。"一体防范"乃凝缩疑惧外人的心理，对兴办铁路多所掣肘，中国铁路事业因此一波三折，迟缓了好几十年。对是否修建津通铁路激烈争辩之后，上谕才确认铁路是"自强要策"，可以"毅然兴办"。

第三个是1894—1912年的铁路认知转向阶段。该阶段的主要问题是：如何建铁路？铁路怎么管理？甲午战争失败后兴起学习日本的潮流，铁路认知领域也受此影响，译词"铁道"的起源和传播即有此意，并出现了转向的代表人物，如曾鲲化等。

本书回应了许多与科技思想史相关的问题，比如铁路知识何时东传，如何东传，铁路认知如何在华实现初构，在不同时期经历了什么样的转变，代表性的人物有哪些，背后反映了何种科技观，铁路认知如何影响铁路事业的发展及社会风气的变化，上述问题又如何形成合力，思想观念的转型又如何推动科技转型，进而激发社会转型。

科技转型的观点认为，近现代中国的有识之士实践"师夷长技"的精神是实现中国科技与现代科技并轨的关键。铁路在中国的起步，铁路与中国社会的互动效应，铁路认知的发展，在中国近代史中恰是较适于把握的线索，同时又能反映出对先进科技的传播、对先进科技体制的移植和对现代科技教育的倡导。晚清铁路认知的发端与演进，确可作为科技转型理论的生动案例。

环捷在本科阶段曾经接受良好的哲学和史学训练，在攻读博士时又非常勤奋努力，很早就表现出很强的研究能力和突出的见识。闲言少叙，谨通过上面一些话，表示祝贺，并期待他更多有价值的成果问世。

刘大椿

2022 年仲夏于中国人民大学

目　录

1

绪　论

一　晚清铁路认知缘起

作为促进社会变革的技术力量之一，铁路被形容为"强有力且戏剧性的工业革命象征"。铁路技术得以在全球大规模传播的 19 世纪，也被称为"铁路时代"（The Railway Age）。[①] 对于此时逐渐沦为半殖民地半封建社会的中国而言，铁路一面附着侵略的性质，范文澜在《中国近代史》中曾批判，英国"这个最先进的资本主义国家，驾驶着新式运输工具，带着可怕的杀人大炮和精美而又廉价的纺织品，开辟世界市场"；[②] 一面被赋予救亡的意义，蒋廷黻在《中国近代史》中发问："近百年的中华民族根本只有一个问题，那就是：中国人能近代化吗？能赶上西洋人吗？能利用科学和机械吗？"[③] 对此，宓汝成指出："一方面，它对中国资本主义因素的发展起着刺激作用；另·方面，它对中国加速沦为帝国主义列强的'经济领土'和世界资本主义体制的经济附庸产生了极大的

---

① Jeffrey Richards, John M. MacKenzie, *The Railway Station*: *A Social History* (Oxford & New Yord: Oxford University Press, 1986), pp. 1-2.
② 范文澜：《中国近代史》上编第一分册，新华书店，1949，第 1 页。
③ 蒋廷黻：《中国近代史》，北京理工大学出版社，2016，第 4 页。

影响。"① 从中国铁路与帝国主义的关系视角简明扼要地揭示和总结了铁路的两面性与复杂性。

就科技史的视野而言，晚清以降，受西力冲击的中国社会掀起继明末清初之后的又一波西学东渐潮流。以"坚船利炮"为代表的西方科学技术，成为中西文明碰撞与交流的重点领域。其中铁路亦于当时传入中国并实现艰难起步，构成科技转型即"中国科技从传统到近现代转型"进程中的重要一环。② 经过一个多世纪的建设，中国铁路时至今日已经历蒸汽—内燃—电力的动力换代，并成为世界上规模最大的高铁网络，不仅在我国经济社会运行中发挥重大作用，而且拥有相当强的国际影响力和竞争力。在历史与现实的交织中，追溯铁路东渐的来时之路，③ 是书写中国铁路史的前提和基础。

那么铁路为何东渐，又如何东渐，前人有关中国近代铁路史的研究成果已经非常丰硕，对此或多或少有所涉及。但总体而言，以往的研究一方面多为贯穿1840—1949年的近代铁路通史，较少聚焦铁路东渐这一早期阶段，侧重于"后"史而非"前"史；另一方面通常从政治史、经济史、外交史、社会史等领域切入，鲜有关注铁路科技史尤其是铁路科技思想史的著作。已有成果虽不甚着力于思想观念层面的铁路东渐，但提供了可拓展的广阔空间，是深入研究的坚实根基。本书立足于此有待填补之处，试图融合中国近代铁路史与科技思想史，旨在厘清铁路认知的产生源头和

---

① 宓汝成：《帝国主义与中国铁路：1847—1949》，经济管理出版社，2007，第1-2页。
② 刘大椿等：《中国近现代科技转型的历史轨迹与哲学反思·第二卷·师夷长技》，中国人民大学出版社，2019，第1页。
③ "铁路东渐"的概念早已有之，如曾鲲化《中国铁路史》第二章即名为"铁路之东渐"，参见曾鲲化《中国铁路史》，新化曾宅，1924，第26页。

最初发展。

铁路认知（railway cognition）是指对铁路的认识和感知，其起步过程与铁路事业的发展史密切相关却又不尽相同。泛而言之，晚清时期的中国铁路事业起步较晚且历经坎坷，故而一直成就有限。但是铁路认知发端远远早于此，由于铁路知识在中国传播，部分国人已形成对"铁路是什么"问题的认识。之后在铁路事业进展迟滞的同时，朝野上下围绕"要不要修铁路"和"如何修铁路"等问题发生多次激烈争议，使得彼时的铁路史更显著地表现为铁路认知史。到了民国时期，一方面铁路事业仍时常囿于时局等种种因素而无法稳定发展；另一方面社会主流观念对于上述问题已不存在根本性分歧，不但知晓铁路为何物，而且普遍认同中国应修建更多铁路。因此就铁路东渐来说，对中国近代铁路认知史的考察可集中于晚清时期渐入新轨的过程，并可略分为两大主题——发端与演进。

本书以晚清时期渐入新轨为主题，具有双重层面的内涵。从物质实体层面来看，晚清铁路的动议与修建是一个从无到有筑成新轨的过程，且此过程相当缓慢。从思想观念层面来看，晚清铁路认知的发端与演进亦相当迟缓，但各种看法产生后不断碰撞，逐渐统一，趋于并轨。进而言之，由铁路这项技术案例所折射出的近代中国科技思想史发展历程，或者说中国近代思想观念层面的科技转型，也表现为一个渐入新轨的总体过程。

晚清铁路认知的发端与演进是关系到官僚政治、商业经济、国防军事和宗教文化等多领域的综合性论题。它牵动各方，汇聚了近代史上的诸多现象、事件和矛盾，比较充分地展现了科技与社会的复杂互动。探究的过程中也必然需要回应许多与科技思想史相关的问题，比如铁路知识何时东传，如何东传，铁路认知如何在华实现初构，在不同时期经历了什么样的转变，代表性的人物有哪些，背后反映了何种科技观，如何影响铁路事业的发展及社会风气的变化，诸如此类的问题又可以形成合力，有助于考察思想观念转型如何推动科技转型，进而窥探它们与社会转型之间的关系。

现代性的视角对铁路认知的述论也可以提供有益的思考。"在19世纪，除了铁路之外，再没有什么东西能作为现代性更生动、更引人注目的标志了。"① 铁路被视为"经济、社会和文化现代化的功能和隐喻"，在西方国家的近代历史叙述中常常与"技术创新与工业革命、资本主义的兴起及现代民族国家的出现"等话题相关联。② 也就是说，铁路作为一种大规模的集成机器和技术系统，将触角深深地伸入物理空间和精神空间，使现代性得以具体化。但是这种具体化的视角更加重视物质力量而非精神力量，而且更多地关注西方国家而非其他国家。那么，同样的经验是否适用于近代中国？铁路在近代中国追求现代化（近代化）之路中扮演了何种角色？铁路认知的发端与演进将会反映科学技术如何"形塑"相应的思想观念，从而折射出现代性在近代中国话语与思想体系中的独特演进路径。

此外，铁路认知研究与快速发展的全球史等史学方法还可以相互借鉴。铁路认知的历史并非"冲击—反应"的产物，而是有选择的接受、有意识的创造之结果。事实上，铁路不仅是推动全

---

① 〔德〕沃尔夫冈·希弗尔布施：《铁道之旅：19世纪空间与时间的工业化》，金毅译，上海人民出版社，2018，第2页。

② Elisabeth Köll, *Railroads and the Transformation of China* (Cambridge: Harvard University Press, 2019), p. 4.

球化进程的元素之一，而且其本身即可视为全球化的一种产物。从涉及国家来看，讨论晚清的铁路就必然涉及日本和诸多西方国家，以及作为连接东西方桥梁的东南亚地区。无论是包括互动、比较和建构等研究方法在内的"跨越边界思考历史"，① 还是"空间化的概念史""数字化和历史分析"等对全球和地方的整合，② 都可以用于其中并发挥作用。当然，不管何种观照视角或可能意义，都必须指向本书的主题——晚清的铁路认知如何发端，又如何演进。

二　已有的铁路史研究

1. 铁路档案史料略述

在晚清铁路认知的研究中，对史料的首要追求是应有之义。无论是采用何种研究路径，有关铁路的档案史料都是开展研究的前提。长期以来，中国近代铁路史的研究成果随着档案资料的不断积累而日渐丰富。老一辈的两位学者宓汝成（中国社会科学院经济研究所研究员）和李国祁（中研院近代史研究所研究员）就是典型人物。严中平主编《中国近代经济史统计资料选辑》（1955）的第五章铁路部分即为宓汝成具体负责。后来，宓汝成又编纂《中国近代铁路史资料：1863—1911》（1963）三册和《中华民国铁路史资料：1912—1949》（2002），他的《近代中国铁路史资料》（1977）也由台湾文海出版社出版，皆为研究近代中国铁路史必不可少的资料。无独有偶，李国祁在 20 世纪 50 年代参与郭廷以组织

---

① 夏继果：《全球史研究：互动、比较、建构》，《史学理论研究》2016 年第 3 期。
② 〔美〕哈里·李伯森：《什么是全球史？——新讨论与新趋势》，《社会科学战线》2019 年第 3 期。

编纂的《海防档》，负责《海防档·戊·铁路》（1957）分册。对于他们而言，从事研究与整理文献的两方面工作可以达到相得益彰、相互促进的良好效果。南开大学的江沛和他主编的《中国近代铁路史资料选辑》（2015）共104册，亦是如此。

早在晚清和民国时期，已经有一些较为系统的铁路档案资料问世。光绪三十三年（1907），成立不久的清邮传部时任尚书陈璧主持汇编铁路章程、合同及相关奏折，是为《轨政纪要》初编，后又有次编。1930年，南京国民政府交通部和铁道部进行交通史资料汇编工作，其中以铁路为主的成果是《交通史路政编》（1930）。这种官方主导、较大规模、力求全面的档案资料整理活动次数不多，另有一些小规模、专题性的铁路档案资料，如《苏杭甬铁路档》（光绪年间）、《中国铁路借款合同汇编》（1937）等。由于铁路牵涉近代化进程的诸多领域，因此在专门的铁路史和交通史之外的经济史、军事史、外交史等领域史料中亦有所涉及，如上面所举《中国近代经济史统计资料选辑》，再如《洋务运动》（1961）第六册之捌"铁路编"。

由于铁路具有技术与工程的基本属性，因此围绕铁路技术、教育、组织等具体领域撰写的铁路史著作也是不可或缺的二手史料。20世纪80年代以来，这种可称为内史的铁路科技史研究蔚然兴起，尤以铁道部下属中国铁道出版社为典型，相继出版《中国铁路桥梁史》（1987）、《中国铁路信号史》（1989）、《中国铁路通信史》（1999）、《中国铁路建设史》（2003）、《中国铁路隧道史》（2004）等。另外，张毅和易紫《中国铁路教育的诞生和发展：1871—1949》（1996）、张治中《中国铁路机车史（上下）》（2007）、许守祐《中国铁路教育志稿（1868—2010）》（2013）

等论著也各自集中回顾了晚清以来铁路事业某一领域的发展历程。

此外还有多种史料来源，试举四类：其一为综合性史籍，如《筹办夷务始末》《清实录》《清史稿》《清史编年》等；其二为近代兴起的报纸杂志，如《东西洋考每月统记传》《申报》《大公报》等；其三为特定机构的馆藏，如中国第一历史档案馆、中国第二历史档案馆、中国铁路总公司档案史志中心（原铁道部档案史志中心）等，有的档案馆与图书馆不仅藏有丰富的铁路史料，而且已经组织出版了一些专题作品，如作为国家图书馆藏古籍文献丛刊的《清邮传部珍存铁路文档汇编（全六册）》（2004）、《清末民初铁路档案汇编（全三册）》（2008）等；其四为铁路相关人物的资料，如《李鸿章全集》《张之洞全集》《刘壮肃公奏议》等。包括上述但不限于此的档案资料非常丰富，皆为研究的开展奠定了坚实的基础。

2. 晚清铁路史研究概观

对于晚清铁路史的研究早在 20 世纪初的清末时期就已起步。这一时期问世的著作有刘馥、易振乾的《中国铁道要鉴》（1906）、王盛春的《中国铁路要纲》（1907）、曾鲲化的《中国铁路现势通论》（1908）等。还有英国人肯德（Percy Horace Kent）于 1907 年在伦敦出版的 *Railway Enterprise in China: An Account of Its Origin and Development*，该书 1958 年被李抱宏等人译为中文《中国铁路发展史》。其中《中国铁道要鉴》和《中国铁路要纲》均于日本东京出版，《中国铁路现势通论》则在长沙出版。铁路史研究的起步与铁路起步密不可分，但并不能完全等同。广义地看，这些早期的铁路史研究著作，亦可视为铁路认知演变的阶段性总结。

具体而言，从该时期几位中国作者身上可觅得一些共性。曾鲲化（1882—1925）曾留学日本，从岩仓铁道学校毕业，先后任职于清邮传部和北洋政府交通部，在我国铁路管理、铁路教育、铁路史研究等领域均有突出建树。从日本学成归国初，他广泛调查铁路事业状况，由此撰写《中国铁路现势通论》，指出加强铁路管理的重要性。刘馥、易振乾在《中国铁道要鉴》的自序中说："仆等自履日京，即放巨眼，退稽政事。更运小心，睹陆海之森严，知亚东将出霸主。见政法之美备，信蓬山大有异人。"[①] 他们应该也是清末留日学生，或至少显露出向日本学习的心态。该书凡七编二十六章，包括铁路制度、组织、经济、工事、运输和赁率等多方面。因此，刘氏与易氏可能是铁道专业出身。《中国铁路要纲》的作者王盛春在该书封面印有身份：前东亚铁道学校业务科、早稻田大学政治经济科。该书校阅者日本人富永谦治为日本铁道国有准备局事务官兼岩仓铁道学校主任讲师。可以推测，曾鲲化、刘馥、易振乾、王盛春等人所代表的早期中国铁路史研究群体，基本具备铁路专业技术背景，大多为具有从铁路入手救亡图存、强国富民倾向的留日学生。

进入民国时期，铁路史研究得到一定加强，有不少成果问世。1918—1919 年，北洋政府交通部曾组织辖下各路局汇编《中华国有铁路沿革史》，台北国史馆后来推出复制版《中国铁路沿革史》（1984）。曾鲲化在去世之前出版《中国铁路史》（1924），谢彬也于 1929 年出版《中国铁道史》，金士宣出版《中国铁路问题论文集》（1935）。金士宣拥有美国宾夕法尼亚大学博士学位（1927），回国后长期在铁路部门任职，是铁路运输专家。该时期尤为特殊

① 刘馥、易振乾：《中国铁道要鉴》，段良弼校阅，东京中国书林，1907，第 1 页。

的一段历史即为南京国民政府析交通部而设铁道部（1928—1938），对铁路史研究也有促进作用。曾任国民政府铁道部长、交通部长的张嘉璈在抗战胜利后著有 *China's Struggle for Railroad Development*，被译为《中国铁道建设》（1946）。"国府"迁台后，以铁路业内人士为代表的铁路史研究传统在台湾地区得到延续。凌鸿勋于 1954 年出版了《中国铁路志》，晚年还出版了《中华铁路史》（1981）。他是铁路工程专家，1948 年当选为第一届中央研究院院士。

新中国成立后的一段时间内，革命史观在铁路史研究中占据主流，但相关作品较少。例如，《胶济铁路史》（1961）对胶济线的评价为："在这 50 多年的漫长岁月中，这条横贯整个山东半岛的大动脉，曾经是德、日帝国主义、北洋军阀、国民党反动派压迫和掠夺山东人民的工具。"[1] 与此相比，后来同样关注胶济线的《近代铁路技术向中国的转移——以胶济铁路为例（1898—2014）》（2012）就聚焦于不同的主题。更具代表性和学术意义的革命史观作品是宓汝成《帝国主义与中国铁路：1847—1949》（1980），撰写于"文革"初而出版于"文革"后。该书上篇探讨帝国主义与中国路权（共六章），下篇探讨帝国主义控制影响下中国铁路的建筑、营运及其对社会经济的影响（共四章），最后附有"铁路外债细目表""历年铁路兴建里程""各种车辆历年情况""历年国有铁路客、货运量""国有铁路历年收支情况"等统计表，对于研究铁路认知与帝国主义的关系、铁路东渐的宏观数据等均有很高的参考价值。

---

[1] 中共青岛铁路地区工作委员会、中国科学院山东分院历史研究所、山东大学历史系编著《胶济铁路史》，山东人民出版社，1961，第 2 页。

从 20 世纪 80 年代至今，有关晚清铁路史的研究成果不断涌现，蔚为可观。比较经典的如金士宣、徐文述的《中国铁路发展史》（1986）、李占才的《中国铁路史（1876—1949）》（1994）、杨勇刚的《中国近代铁路史》（1997）等。《中国近代铁路史》首次按照中国政府的铁路政策进行铁路史分期，将近代中国铁路史分为 1874—1889 年、1889—1903 年、1903—1911 年、1912—1928 年、1928—1949 年等五个时期。大约与此同时，晚清铁路史在海外的中国史研究中虽非显学，但也受到部分学者的持续关注和挖掘。这方面的代表作包括李恩涵（Lee En-han）的《1904—1911 年中国对铁路自主权的探索：收回路权运动的研究》（China's Quest for Railway Autonomy 1904 - 1911：A Study of the Chinese Railway-Rights Recovery Movement，1977）、休内曼（Ralph William Huenemann）的《龙与铁马：1876—1937 年中国的铁路经济》（The Dragon and the Iron Horse：The Economics of Railroads in China 1876-1937，1984）、柯尔（Elisabeth Köll）的《铁路与中国的转型》（Railroads and the Transformation of China，2019）等，致力于论述铁路与近代中国的政治和经济变革之间的关系。

进入 21 世纪以来，铁路史研究在横向上形成多个研究中心。产出最多的团队有两个：一为南开大学历史学院的中国近现代史研究所，以江沛为代表；二为苏州大学社会学院历史系，以朱从兵为代表，其团队还在合肥工业大学出版社出版了中国铁路史研究丛书系列。南开大学与苏州大学的团队均以从事铁路史研究的教授为核心，培养硕、博士研究生，源源不断地为本领域补充有生力量。从事相关研究的院校机构还包括中国科学院自然科学史研究所、西南交通大学、同济大学、北京交通大学等。台北中研院近代史研究所在铁路史研究方面向来强势，出版了数本铁路史专刊，如李国祁的《中国早期的铁路经营》（1961）、张瑞德的《平汉铁路与华北的经济发展（1905—1937）》（1987）、张瑞德的《中国近代铁路事业管理的研究——政治层面的分析（1876—1937）》（1991）等。此外，这十几年来还陆续发表了不少关于中国铁路史的综述类文章，如江沛的《中国近代铁路史研究综述及展望：1979—2009》（2009）、高忠芳的《十余年来中国铁路史研究概述》（2006）、朱从兵的《中国铁路史研究方法漫谈》（2017）、崔罡和崔啸晨的《中国铁路史研究综述及展望》（2016）等，极具参考价值。

3. 铁路社会史与思想史研究

综观晚清铁路史研究，研究者身份由铁路业内为主转变为史学专业为主，研究模式由个人研究转变为个人研究与团队研究并重，研究路径由铁路内史转变为铁路外史，作品类型从专著转变为专著、期刊论文、学位论文等……铁路史研究在广度和深度上均得到很大拓展，称得上研究范式的转换。按照与铁路认知的关系，有必要摘取其中的主要分支——铁路社会史和铁路思想史进行简要述评。

就各分支而言，目前铁路史研究的重心毋庸置疑是铁路社会史，即铁路与近代中国社会的互动。张瑞德的《平汉铁路与华北的经济发展（1905—1937）》从平汉铁路和华北区域社会着手，较早探讨铁路究竟能否广泛刺激各产业部门发展。朱从兵的《铁路与社会经济：广西铁路研究（1885—1965）》（1999）将研究区域锁定为广西，研究时段限定为1885—1965年。尹铁的《晚清铁路与晚清社会变迁研究》（2005）在回顾中国铁路建设艰难起步的基础上，围绕帝国主义与晚清铁路、商办铁路公司运动、晚清铁路与晚清政局、晚清铁路与晚清社会经济、铁路干路国有政策等主题展开讨论，但是因总主题过于宏大，无法实现面面俱到。另外，一些专门论文往往更具深度，如江沛的《近代交通体系初步形成与华北城市变动（1881—1937）》（2011）、李占才的《铁路与中国近代的民俗嬗变》（1996）、胡进的《江浙绅商与铁路风潮（1905—1908）》（2008）等。江沛的《中国近代铁路史研究综述及展望：1979—2009》（2009）对铁路社会史的几个突出领域均有专门综述，它们包括：铁路与中外关系；铁路与政治、行业管理；铁路与工商业的成长；铁路与近代城镇的兴起。

　　从科学技术史专业（包括科学技术哲学专业）来看，研究铁路史的学者虽然不多，但亦有一些成果，《近代铁路技术向中国的转移——以胶济铁路为例（1898—2014）》的作者王斌即来自中国科学院自然科学史研究所。铁路社会史的研究也是本专业的关注点之一。李文耀的《中国铁路变革论：19、20世纪铁路与中国社会、经济的发展》（2005）"对中国铁路进行了一项很有价值的社会史和科技社会学（STS）研究"。[1] 此外还有李书领的《试论晚清时期国人的铁路文化观》（2006）、张之敏的《中国近代铁路发展的社会文化史研究》（2007）等。值得一提的是丁贤勇的《新式交通与社会变迁：以民国浙江为中心》（2007），该书虽非本专业出身者写成，亦非论述晚清时期，却立足科技与社会的视角，论及铁路等新式交通改变了人们的时间观念和时间节奏，颇具新意和参考价值。

---

[1] 李文耀：《中国铁路变革论：19、20世纪铁路与中国社会、经济的发展》，中国铁道出版社，2005，第1页。

以铁路认知为中心的铁路思想史研究同样是铁路史研究中的重点。在铁路思想史研究中，关于重要人物的铁路认知又是长期以来的重点。晚清铁路史中的重要人物包括李鸿章、张之洞、刘铭传、盛宣怀、袁世凯等，因此相关的论著不胜枚举，如苏梅芳的《李鸿章、刘铭传与铁路自强方案》（1997）、朱从兵的《李鸿章与中国铁路：中国近代铁路建设事业的艰难起步》（2006）、朱从兵的《张之洞与粤汉铁路：铁路与近代社会力量的成长》（2011）、宓汝成的《中国近代工程技术界的一代宗师詹天佑》（1996）、吴剑杰的《张之洞与近代中国铁路》（1999）、王炎的《袁世凯与近代铁路》（1992）、苏生文的《陈璧与中国铁路》（2007）、佘江东的《论曾鲲化早期铁路管理思想》（1989）等。

除了重要人物的铁路认知，综合性的铁路思想史研究也有一些成果，但整体偏少，有朱从兵的《晚清宫廷的思想动态与铁路兴办（1865—1889）》（2013）、崔志海的《论清末铁路政策的演变》（1993）、王珊珊的《晚清政府铁路思想变迁研究》（2008）、熊月之的《略论同光之际铁路问题的复杂性》（2014）等。江沛的《清末国人的铁路认识及论争述评》（2010）同时对清廷官方的三次铁路大讨论（19 世纪 60 年代至 80 年代）和民间铁路认识的两面性予以论析，认为不能简单地站在现代性的立场上进行批判，而应由此看到晚清铁路东渐进程背后"社会转型进程中新旧观念、中西文化冲突融合的历史复杂性"。[①] 这也是本书梳理和分析晚清铁路认知起源与演变时采取的基本立场之一。

概而言之，中国近代铁路史研究是一片不断被深耕的领域，

---

① 　江沛：《清末国人的铁路认识及论争述评》，载《城市史研究》第 26 辑，天津社会科学院出版社，2010，第 408 页。

但迄今对于晚清铁路认知的直接研究较少，在时间、领域等方面也较分散。比如，各类铁路通史著作大多会对近代中国铁路史进行时期划分，透过铁路史分期即可窥见研究者对晚清铁路认知发展史的阐述和定位。如张嘉璈的《中国铁道建设》将清末铁路发展分为三个时期：反对筑路时期（1866—1894）、列强攫取路权时期（1895—1903）、人民争回路权热心商办时期（1904—1911）。[①]相比较而言，凌鸿勋的《中国铁路志》的分期要简单许多：晚清时期、民国初期、国民政府成立后。这种有关分期的观点差异，不仅是篇幅结构的差异，而且显示研究者的立场和认识差异。至于差异如何以及更多研究者的认识差异，有待下文进一步考察。总之，现有文献数量很多，内容丰富，为本书的研究开展提供了可供梳理和提炼的一定思想资源基础。

三　铁路认知研究思路

1. 概念界定

在介绍研究内容与方法之前，有必要对本书的核心术语——铁路认知概念进行界定。前文提到，铁路认知是指对铁路的认识和感知，但并未交代为何选定铁路认知而非其他类似概念，尤其是未阐明为何选定"认知"为研究对象。事实上，这里的"认知"是指一般意义上的，"既指认识活动或过程，又指知识本身，它包括知觉、记忆、直觉和判断"。[②]铁路认知既指对于铁路的认识结果（或知识），也指对于铁路的认识过程。

---

① 张嘉璈：《中国铁道建设》，杨湘年译，上海商务印书馆，1946，第 1 页。
② 蒋永福、吴可、岳长龄主编《东西方哲学大辞典》，江西人民出版社，2000，第 621 页。

在既有的铁路史研究中，与此类似的概念有：（1）铁路认识，代表作如江沛的《清末国人的铁路认识及论争述评》，[①] 其含义与铁路认知最为接近；（2）铁路思想，代表作如苏全有的《论杨度铁路思想的理性特征》，[②] 其大多特指某位人物关于铁路之思想；（3）铁路观（观念），与铁路思想相似，但几乎没有直接使用这个概念的先例，而有专门指称领域，如铁路文化观、铁路发展观、铁路外债观、铁路外资观等，这方面的代表作如李书领的《试论晚清时期国人的铁路文化观》[③]、李文耀与刘振明的《论孙中山的铁路发展观》[④]、马陵合的《借款何以救国？——郑孝胥铁路外债观述评》[⑤]、朱圆满的《梁启超铁路外资观初探》[⑥] 等。总的来说，这些概念都属于零星使用，尚无定语，是由研究内容所决定的术语。

对于本书而言，铁路认知的主体包括来华传教士、清廷官员、皇室成员、中国科学家、士人、商人、留日学生等群体。在铁路认知发展的不同时期，活跃的群体不同，其发挥的作用也不同。如来华传教士在铁路认知的起源阶段扮演传播者角色，使用中文介绍了不少铁路知识。又如皇室成员是铁路认知付诸实践的最高决策者，因而其自身的铁路认知也至关重要。再如部分充当幕僚角色的士人是铁路认知的中介者和生产者，影响着清廷官员的铁路认知。凡此种种，很难用一个词概括这些主体。

---

① 江沛：《清末国人的铁路认识及论争述评》，载《城市史研究》第 26 辑，天津社会科学院出版社，2010，第 408-427 页。

② 苏全有：《论杨度铁路思想的理性特征》，《河南师范大学学报》（哲学社会科学版）2009 年第 3 期。

③ 李书领：《试论晚清时期国人的铁路文化观》，山西大学硕士学位论文，2006。

④ 李文耀、刘振明：《论孙中山的铁路发展观》，《江西社会科学》1998 年第 12 期。

⑤ 马陵合：《借款何以救国？——郑孝胥铁路外债观述评》，《清史研究》2012 年第 2 期。

⑥ 朱圆满：《梁启超铁路外资观初探》，《广东社会科学》2005 年第 1 期。

铁路认知的组成则包括下列部分：（1）铁路译词（术语、概念），如"铁路"和"火车"的中文译词最早是什么，"铁路"和"火车"等概念何时被创造出来，铁路译词经历了怎样的变迁，这类问题牵涉到铁路认知的起源与初构；（2）铁路知识，如早期引介至中国的铁路知识有哪些，有何侧重点，不同历史时期国内的铁路知识处于何种水平，这类问题是铁路认知发展的直接结果；（3）铁路观念与铁路思想，如铁路如何建设，如何筹措资金，如何进行管理，这些均系铁路认知在实现从无到有之后的进一步深化，集中体现于一些代表性人物的言行；（4）铁路政策，是铁路认知发展的一种现实产物。当多种认知主体形成共识时，如士人、官员与皇室如果达成一致认识，就可使铁路认知落实为相应的铁路政策，并有可能由认知层面影响实体层面，决定铁路的建设。

为了统摄上述组成部分，也是基于既有概念、研究主题及学科特色的考量，本书以铁路认知为核心术语。该术语不一定是完美的，但至少适用于此。与其最为相近的概念是铁路认识，因行文需要亦偶有使用。当然，如果仅从"铁路认知"出发，那么可以纳入其中的内容远远不止于此，也不是一篇论文或一本专著所能全面论述的。本书将遵循铁路技术传播与发展的逻辑，探讨时人对于"铁路是什么""铁路叫什么""要不要修铁路""如何修铁路""铁路怎么管理"等问题的认识，分阶段、有重点地展现晚清铁路认知的发端与演进图景，并试图对一些既有观点有所突破。

2. 研究内容

前面已经介绍，本书的主要线索及根本目标就是探究晚清铁路认知如何发端和如何演进。围绕这两个问题进行探索，将会构成本书的研究内容。除绪论之外，本书将由六章组成。

　　第一章追溯中国铁路认知的起源。铁路认知的起源问题与中国铁路史的开端问题息息相关，若按先后顺序来看，甚至可以说铁路认知的起源就是中国铁路史的开端。前人的诸多研究对于铁路史的开端说法不一，但可分为铁路认知、铁路实体和铁路倡议三类，需要进行归纳整理。既有的说法是否准确地界定了铁路认知的起源？最早引介铁路知识发生于何时？引介者是谁？近代中国铁路认知的起源具有什么样的社会背景？夹杂着何种目的？本章既会厘清有关铁路起源的多种面相，也将在重新审视的基础上界定铁路认知的起源，并对起源的特点、背景及目的等进行反思。

　　第二章将立足铁路认知的发端——19世纪30年代郭实猎等传教士的中文著述，追踪其在中国的初步传播轨迹，进而探讨铁路认知的初构过程。郭实猎等传教士引介的铁路知识如何进入中国人的视野？在多大程度上影响了中国人的铁路认知？中国人自己对铁路知识的引介最初发生于何时？体现于何人的何种著作之中？本章将围绕这些问题，循着相关铁路知识的内容和铁路译词的线索，探析铁路认知的初构——中国人起初如何介绍和看待铁路这一新事物，并对铁路知识传播的时空特征、关系网络及影响意义等加以评析。

　　第三章则在前面两章的基础上继续深入，以铁路译词的变化为切入点，以小见大地考察铁路认知的本土化。近代以来使用频率较高的一些铁路译词出现于何时何处？最初创造的译词与后来常用的译词之间发生了什么样的变化？铁路译词的变化与铁路认知的本土化存在何种关联？本章首先以魏源《海国图志》对传教士所引介铁路知识的辑录为例，梳理其中的译词变更情况；其次对该时期的铁路译词进行更为广泛的考证，并予以一定的总结和分析；最后回到铁路认知本土化的主题，反思本土化所反映的科技观。

第四章主要从清廷内部的视角出发，论述洋务运动时期铁路认知的转变。铁路问题贯穿洋务运动始终，不但进入官方视野并逐渐成为广受关注的公共议题，而且在实体层面的吴淞铁路和唐胥铁路等萌芽也在此时出现。这一时期的铁路认知如何转变？转变背后的影响因素有哪些？本章将按时间顺序回溯洋务运动时期铁路认知的转变，大体分为"一体防范"（1861—1874）、"一体防范"的松动（1874—1885）和"自强要图"（1885—1894）三个阶段，从而抓取转变过程中的关键线索，反映铁路认知发展的曲折历程。

第五章承接之前数章，继续关注铁路认知的演进趋势。由于中日甲午战争的失败和学习日本潮流的兴起，中国铁路认知的发展轨迹也发生了转向。转向之前与转向之后分别如何？笔者认为这个问题可以从中日互动的视角来看，仍利用铁路译词进行以点带面的探究。日本与中国同属东亚的后发国家，其铁路认知的起源离不开中国的影响。以"铁道"的不同起源和传播为例，可反映铁路认知及铁路事业在中日的不同路径。在具体的分析中，还可以尝试定量分析方法，统计"铁道""铁路"等在公共话语中的出现频次，找寻其趋势与拐点。

第六章以代表性人物——曾鲲化为中心，通过个案研究管窥清末时期铁路认知的更新状况并进行考察。甲午战后的铁路认知经过转向，使清末具有留日背景的铁路技术官僚群体开始走上舞台，曾鲲化的留日学习和归国任职经历即是如此。本章拟分别论述曾鲲化铁路认知的背景来源与其铁路技术官僚生涯的早期言行，后者涉及铁路人才与教育、铁路规划与建设、铁路法律与制度等诸多领域。最后将在此基础之上对清末铁路认知的新来源和新阶段等进行评析，并指出其存在的不足。

3. 可能贡献

就本书的可能贡献而言，创新点也是重点和难点所在，包括但不限于以下三点。

其一，从铁路认知的角度重新界定中国铁路史的开端。对于中国铁路史而言，最早的开端理应是认知层面的，即了解铁路是什么。而对于铁路认知的历史而言，最早的开端则是概念层面的。我们如今通行的概念"铁路""火车"等是最初的概念吗？这就需要寻找最初的铁路译词，挖掘背后的作者和活动。要做到正本清源并非易事，一方面，既有的铁路史研究对此虽然已有相当丰富的成果，但是又有含糊不清甚至相互抵牾之处；另一方面，关于鸦片战争前后的中国士人与新教传教士的信息仍有诸多不明，往往很难准确勾勒他们的事迹，找到他们的著述（有的还涉及不同版本的考证）。所以，克服上述困难方能重新界定中国铁路史的开端。该项工作的意义不止于此，还有助于考察科技传播史、西学东渐史和基督教传教史。

其二，从科技思想史的角度实现对晚清铁路认知的综合性研究。铁路认知即对铁路的认识和感知，属于思想观念的范畴。思想观念史的研究对象是其核心主题词和主要概念群，应围绕它们的内涵构建与演变、社会传播与认同等加以考察。① 铁路认知研究就是如此，不但需要把握核心问题，而且得兼顾多个方面，如

---

① 黄兴涛：《重塑中华：近代中国"中华民族"观念研究》，三联书店（香港）有限公司，2017，第7-8页。

"铁路"与"火车"等核心主题词、铁路译词的构建与演变、铁路议题的社会传播等。正如前文所述，在材料上，通过对晚清铁路史的一手与二手文献进行搜集整理和分析运用，奠定厚实的文本基础；在方法上，既用纵向与横向分析以覆盖全面，也用举例分析以突出重点。

其三，为中国近现代科技转型理论提供具体而完整的案例。科技转型的观点认为，近代中国的有识之士实践师夷长技的精神是实现与现代科学技术并轨的关键。[①] 泛而言之，铁路的起步当然是科技转型进程中不可或缺的一环，铁路与社会的互动效应在中国近代史中尤为显著。铁路史的书写牵扯到近代社会的许多方面，很容易变成宏大而散漫的概论，难以面面俱到。铁路认知的发展是更适于把握的线索，同时反映出对先进科技的传播和引进、对先进科技体制的移植和对现代科技教育的倡导。因此，可以将晚清铁路认知的发端与演进作为论证科技转型理论的案例，充分挖掘其研究潜力和学术价值。

---

① 刘大椿等：《中国近现代科技转型的历史轨迹与哲学反思·第二卷：师夷长技》，中国人民大学出版社，2019，第5页。

第一章 "火蒸车"的首创：鸦片战争前铁路认知的发端

对于综合性的中国铁路史研究而言，首先要解决的一大问题就是界定中国铁路史的开端，亦即明确中国铁路的起源。然而长期以来有关于此的观点各异，存在不少争议。通过梳理诸多前人研究成果可以发现，虽然各家对于中国铁路起源的年份众说纷纭，但基本都可归入铁路认知、铁路倡议、铁路实体三个层面予以解读。换而言之，它们分别对应于：铁路是什么，要不要修和怎么修铁路，修成何种铁路。当然除此以外还有其他层面，例如铁路体制层面，以咸丰十一年（1861）总理各国事务衙门设立为开端，"1861—1885 年，为总理衙门以筹办'夷务'的理念管理铁路事务的阶段"。[①] 但这里无意于穷尽所有面相，而是解析上述三个主要层面，探明其中逻辑上最先也是时间上最早的铁路认知的发端，更新阐明"火车"如何东渐，为进一步勾勒它们之间的互动奠定基础。

---

① 寇兴军：《中国近代铁路体制演变史：1835—1949》，中华书局，2016，第42页。

一 铁路起源的多重面相

1. 铁路实体的起源

在铁路实体层面，简而言之，是以中国第一条铁路作为中国铁路的起源。关于中国第一条铁路，因判断标准不同，至少有四种说法。

一是同治四年（1865）英国商人杜兰德在北京城外建的小铁路。《交通史路政编》言："同治四年七月，英商杜兰德氏来华，在北京宣武门外造小铁路里许，试行小火车，是为火车输入我国之始，然见者诧骇，谣诼纷起，旋经步军统领命其撤毁。"① 张心澂的《中国现代交通史》亦言："同治四年（西历一八六五年）英商杜兰德在北京宣武门外造小铁路约里许，试行小火车，是为火车输入我国之始。"② 这条小铁路的修建仅为演示推广。

二是同治十一年（1872）英国商人在天津试行"土路火车"。《申报》载："天津新置土路火车，已试演数次，甚为合用。先是于八月初七日试演，观者甚多，天津道宪亦在焉。演时将火车一辆于租界往来数次……天津道宪与众人及观者皆欣喜而散。"天津道台作为地方官员也应邀参加，体验颇佳，次日即致信英国领事"拟赠以佳号曰'利用'"。"逾数日，火车又出游都市，则上面已标名'利用'二字焉。伏思此火车为初来中国之始，将来通行无滞，遍及四方，皆此车开其先也。名之曰'利用'，不诚然哉，不

① 交通、铁道部交通史编纂委员会：《交通史路政编》第一册，交通、铁道部交通史编纂委员会，1935，第1页。
② 张心澂：《中国现代交通史》，台湾学生书局，1976，第37页。

诚然哉!"① 该"土路火车"顾名思义仅有车辆没有轨道，其目的亦为演示推广。

三是光绪二年（1876）英国人主持修建的上海至吴淞口的吴淞铁路（后来重建亦称淞沪铁路）。金士宣与徐文述的《中国铁路发展史：1876—1949》批评了其侵略性质："吴淞铁路是出现在中国领土上的第一条铁路，它是外国侵略者采用欺骗、蒙蔽的卑鄙手法修建的。"② 李占才主编的《中国铁路史（1876—1949）》则肯定了其积极意义："吴淞铁路虽未能保存下来，但它毕竟是古老的中华大地上出现的首条铁路，产生了轰动效应。反对者不少，好奇者亦大有人在……速度快，赢利多，中国人开始实际感受到铁路之益。"③ 持此说法者还有郝娜的《近代中国的铁路与集权化国家的成长（1876—1937）》、休内曼（Ralph William Huenemann）的《龙与铁马：1876—1937 年中国的铁路经济》等，它们的共同点是往往在研究题目中就将中国铁路的开端标明为1876 年。

四是光绪七年（1881）直隶总督兼北洋大臣李鸿章在辖内唐山所修筑的由开平煤矿至胥各庄的唐胥铁路。王晓华和李占才的《艰难延伸的民国铁路》言："唐胥铁路是中国最早出现并得以保留的铁路，尽管它的命运还是曲折多舛的，但标志着中国从此进入铁路时代。"④ 唐胥铁路并未像前两条铁路那样迅速被拆去，而是得以延展并保持官办，因而别具意义。

---

① 《天津试行土路火车》，《申报》1872 年 9 月 30 日。
② 金士宣、徐文述编著《中国铁路发展史：1876—1949》，中国铁道出版社，1986，第 12 页。
③ 李占才主编《中国铁路史（1876—1949）》，汕头大学出版社，1994，第 65 页。
④ 王晓华、李占才：《艰难延伸的民国铁路》，河南人民出版社，1993，第 7-8 页。

上述四种关于中国第一条铁路的界定基于不同的标准，如首次实际运行、首次载货载客等。"从 1864 年（应为 1865 年——引者注）外国人第一次在中国筑铁路到现在，中国的铁路已有一百一十多年的历史了。如果从中国人第一次自行设计、自行建筑的京张铁路算起，即从 1909 年开始至今，也有近七十年。"① 从 1865 年杜兰德的小铁路，到 1909 年中国人自办的京张铁路，都是各自意义上的中国第一条铁路。然而两者相差近半个世纪，实际反映了晚清铁路实体发展的迟滞。

2. 铁路倡议的起源

铁路倡议是指在修成铁路实体之前的修筑提议。宓汝成的《帝国主义与中国铁路：1847—1949》之所以将中国铁路史开端界定为 1847 年，是因为该年"英国一个海军军官戈登私自勘察台湾基隆煤田时，鼓吹在基隆港与矿区之间敷设一条铁路，以便运煤"。② 自此时至 1894 年被认定为近代中国铁路史的第一个阶段：欧美资本主义国家为开辟市场企图在中国建筑铁路和清朝政府决定创设铁路。

按宓汝成编《中国近代铁路史资料：1863—1911》，稍后西方人的铁路倡议还有 1863 年的上海至苏州铁路、1864 年英国人史蒂文森（Sir Macdonald Stephenson）的中国铁路计划、1858—1877 年斯普莱（Richard Sprye）的云南至缅甸铁路等、1865 年总税务司赫德（Sir Robert Hart）递呈的《局外旁观论》、1866 年英国驻华参赞威妥玛（Sir Thomas Francis Wade）递呈的《新议略论》等。③ 这些

---

① 金希编《中国铁路史话》，中华书局香港分局，1977，第 39 页。
② 宓汝成：《帝国主义与中国铁路：1847—1949》，经济管理出版社，2007，第 20 页。
③ 宓汝成编《中国近代铁路史资料：1863—1911》第一册，中华书局，1963，第 1-17 页。

"欧美资本主义国家为开辟市场企图在中国建筑铁路"，因清政府拒绝等缘故而均未付诸实践。另按尹铁的《晚清铁路与晚清社会变迁研究》，1859年，太平天国干王洪仁玕在其《资政新篇》中提出要"造如外邦火轮车"，"是现在已知最早的修筑铁路的主张"。①

杨勇刚在《中国近代铁路史》中认为1874年李鸿章的《筹议海防折》是中国铁路的起源。这是因为《筹议海防折》是清廷内部首次正式提出要修铁路，而《中国近代铁路史》又以近代中国的铁路政策演变为主轴。"采取以近代各时期中国政府的铁路政策演变作为分阶段界标，这样既可与本书的写作主旨即铁路建设与近代中国社会变迁的互动关系相一致，又可使铁路事业自身发展的内在联系更为紧密，阶段性更为分明清晰；并且也可以此将近代中国铁路史的起点，合理地推至1874年清政府内部筑路要求的提出。"② 按此思路，晚清铁路史分为三个阶段：筑路要求的提出和中国铁路的创建（1874—1889）、官营铁路的兴办和筑路高潮的掀起（1889—1903）、铁路修筑权的开放和筑路高潮的继进（1903—1911）。

具体来看《筹议海防折》，其背景是1874年日军侵台而引发清廷内部李鸿章与左宗棠的争议；李鸿章主张侧重"海防"，而左宗棠主张优先"塞防"。李鸿章在奏折后附"议复条陈"中两次提及铁路。一是在筹饷条目内，强调铁路的货运功能。"丁日昌拟设厂造耕织机器，曾国藩与臣迭奏请开煤、铁各矿，试办招商轮船，皆为内地开拓生计起见，盖既不能禁洋货之不来，又不能禁华民之不用。英国呢布运至中国每岁售银三千余万，又，铜、铁、铅、锡售银数百万，于中国女红匠作之利妨夺不少，曷若亦设机器自

① 尹铁：《晚清铁路与晚清社会变迁研究》，经济科学出版社，2005，第22页。
② 沈渭滨：《序言》，载杨勇刚《中国近代铁路史》，上海书店出版社，1997，第3页。

为制造，轮船、铁路自为转运，但使货物精华与彼相埒，彼物来自重洋，势不能与内地自产者比较，我利日兴则彼利自薄，不独有益厘饷也。"

二是在用人条目内，指出铁路利于运兵，从而便于统帅的军事决策。"倘如西国办法，有电线通报径达各处海边，可以一刻千里，有内地火车铁路屯兵于旁，闻警驰援可以一日千数百里，则统帅尚不至于误事，而中国固急切办不到者也。"又说需要针对西学进行储才："现在……似已辟西学门径，而士大夫趋向犹未尽属者，何哉，以用人进取之途全不在此故也。拟请嗣后凡有海防省分，均宜设立洋学局，择通晓时务大员主持其事，分为格致、测算、舆图、火轮、机器、兵法、炮法、化学、电气学数门，此皆有切于民生日用、军器制作之原。"[1] 铁路即属于火轮门类。李鸿章主张修建铁路并培养铁路人才，以实现铁路运输的经济、军事与政治功能。此时的铁路倡议归于兴办诸洋务之列，因而是自强运动的一部分。

至此，亦可看出前两种层面的时间顺序，先有铁路倡议再有铁路实体。曾鲲化在《中国铁道史》中曾同时提及两个层面："当清同治三年，太平天国王洪秀全之困死金陵也。英国铁路大家司梯文生氏忽由印度来华，力倡上海苏州间如修一铁路，可与伦敦西北铁路公司东西竞美，此为外人建议于我国筑路之始，然国人无应之者。明年七月，英商杜兰德在北京宣武门外平地上造小铁路里许，试驶火车，此为铁路输入我国之始，然步军统领以见者骇怪，又命其立毁焉。是故实行筑路营业者，在我百二神州中，当以淞沪三十里铁路为其星宿海。"[2] 从"外人建议于我国筑路之始"

① 《李鸿章全集：6 奏议六》，安徽教育出版社，2007，第 164-166 页。
② 曾鲲化：《中国铁路史》，新化曾宅，1924，第 26 页。

到"铁路输入我国之始"再到"以淞沪三十里铁路为其星宿海"，既以代表性事件概括了从铁路倡议到铁路实体的转变，又体现了铁路在中国不断"本土化"的过程。

二　铁路认知的多种起源

1. 既有的三种说法

这里所说的铁路认知是指对铁路的认识和感知。由于铁路对于清人而言是西方传来的新事物，因此就铁路认知层面来看中国铁路起源，必然落脚于"铁路""火车"等相关概念的产生过程，需关注这些主要译词如何创造、演变和确立。目前在铁路史领域内较为权威的观点，是由江沛梳理出的分别以李国祁、尹铁和朱从兵为代表的三种说法。他笼统认为三者差别不大，得出"铁路知识传入是 19 世纪三四十年代的清光绪年间"的结论。[①] 这里江沛误将"道光"写作"光绪"。

第一种说法，李国祁在《中国早期的铁路经营》中认为："铁路火轮车的名词何时传入中国，至今已不可考，唯就现存的史料而言，当在鸦片战争之前。当时西洋传教士所著的汉文外国史地书籍中……均曾提及铁路或铁轊辘路，火轮车或火车的名词。其中尤以《贸易通志》一书，记述较详，并主中国仿办。"他提到的传教士作品包括郭士立的《万国地理全图集》（1839）和《贸易通志》（约 1840）、高理文（裨治文）的《美理哥合省国志略》（1838）和《地球图说》（1838）、马理逊的《外国史略》（1845 年以后）、息

---

① 江沛：《清末国人的铁路认识及论争述评》，载《城市史研究》第 26 辑，天津社会科学院出版社，2010，第 411-412 页。

力的《英国论略》（1838 年以后）等，但他以郭士立的《贸易通志》为"记述较详"者，是"道咸同三朝的铁路认识"的先声。[①]后来，宓汝成在《帝国主义与中国铁路：1847—1949》中基本沿用李国祁的说法，罗列这些传教士作品，并认为郭士立的《贸易通志》"对铁路才开始有比较详细的记载"。[②] 李国祁的说法是目前可见铁路史研究中对铁路认知起源的最早说法，加之宓汝成继承其观点，遂被后世多位学者作为基础观点沿用至今，其中的谬误也被延续，下文将详细说明。

第二种说法，尹铁在《晚清铁路与晚清社会变迁研究》中认为铁路知识在 19 世纪三四十年代由传教士传入中国。他提及息力的《英国论略》、郭士力的《贸易通志》和高理文的《美理哥合省国志略》，其中《贸易通志》"比较详细地记载了西方的铁路交通"，但"当时有关铁路的描述，大多还只限于介绍，且不尽全面准确"。[③] 总的来看，该说法与李国祁说法基本一致。

第三种说法，朱从兵在《李鸿章与中国铁路：中国近代铁路建设事业的艰难起步》中指出，道光乙未年（1835）六月刊出的爱汉者等编《东西洋考每月统记传》所载《火蒸车》一文是铁路认知的起源，并抄录全文。该文"所记即为利物浦至曼切斯特铁路的相关情况，并非仅是铁辙路。因此，这应当是有关铁路知识传入中国的最早记载"，[④] 该文又在道光丁酉年（1837）三月的

---

① 李国祁说法提及人物、书名与年份均依李氏之原文，参见李国祁《中国早期的铁路经营》，中研院近代史研究所专刊，1961，第5-9 页。
② 宓汝成：《帝国主义与中国铁路：1847—1949》，经济管理出版社，2007，第 14 页。
③ 尹铁：《晚清铁路与晚清社会变迁研究》，经济科学出版社，2005，第 21-22 页。
④ 朱从兵：《李鸿章与中国铁路：中国近代铁路建设事业的艰难起步》，群言出版社，2006，第 27-28 页。

《东西洋考每月统记传》再次登出。[①]他接着沿用宓汝成说法（实即李国祁说法），列出19世纪三四十年代的相关传教士作品，同样认为郭士立的《贸易通志》介绍火车最为详细。相比较而言，该说法以《火蒸车》为起点，是根据李国祁的基础观点进行修正的结果，在三种说法之中后来居上，尚未出现超越于此者。

2. 既有的两个出处

综上所述，可知既有说法所主要采用的源头文献有两处：其一是爱汉者的《火蒸车》，其二是郭士立的《贸易通志》。现附上两者的节选，以备比照。

《火蒸车》言：

有个唐人，姓李名柱，驾英船正回来本国。有朋友姓陈名成，问其国之光景也。柱曰：“国家不禁，任意进城，逛游山水，遍巡统国。弟亲自乘车到京都，阅殿廷，终无妨也。”成又疑又惊，说道：“难道大英人不防范国乎？”柱道：“防范敌仇，交接远客，及厚待之，为国之法度，盖与外国人往来，令本民进艺加文，故准诸国之民任意来往。”成道：“年兄之说又奇。其人实包大量之心，不与本国规矩相符。”说了便低头不语。柱接言说话：“弟至京都之际，埠市闹热，甲板数百，从四方进口。但这等平常之事，知那火蒸船只令弟惊觉不平。”成不欢喜道：“恰似老兄之说，有几分错否？”柱道：

---

① 据影印版，该期名字之中“记”为“纪”，朱从兵书中误作“计”。事实上，郭实猎出版此刊时既有名为《东西洋考每月统记传》者（如道光癸巳六月号），亦有名为《东西洋考每月统纪传》者（如道光癸巳七月号）。本书采用黄时鉴整理影印本之书名，记为《东西洋考每月统记传》。

"终不是小弟之说实在。那大英国人进船，两边作机关，推两个铁轮，以蒸之力，使之摇桨，若楫一然，不依风不随潮，自然迅移，大胜我船之速。连这也素常，况且驾火蒸车，一个时间走九十里路，如鸟之飞，不用马不恃牛，任意飞跑。"成犹沉吟不动身，只说："若老兄亲口不说，弟不可信之。"柱道："弟讲明白其模样如何？利圭普海口，隔曼者士特邑一百三十里路。因两邑的交易甚多，其运货之事不止，所以商贾等作平路，钻山浚涧，建桥以推车之转。作两个铁轆辘，备其路平坦，无上无下，及车轮非碍，欲用马拖车，便也，其程甚慢。故用火蒸车，即蒸推其车之轮，将火蒸机缚车舆，载几千担货，而那火蒸车自然拉之……倘造恁般陆路，自大英国至大清国，两月之间可往来，运货经营，终不吃波浪之亏。欧罗巴人巧手十分精工，万望作通路，及合四海之兄弟矣。"①

该文虚设华人李柱游历英国，归来向朋友陈成介绍彼国情况，从"火蒸船只"说到"火蒸车"和"铁轆辘"，并且提到"利圭普"（利物浦）至"曼者士特"（曼彻斯特）的铁路。其版本出自黄时鉴整理的《东西洋考每月统记传》影印版，是一手来源。后来，该文在道光丁酉年（1837）三月的《东西洋考每月统记传》被再次刊登。

《贸易通志》言：

遂造火轮舟。舟中置釜，以火沸水，蒸入长铁管……五印度与欧罗巴绕地数万里，而火轮遄驶，不过四五旬……且

---

① 爱汉者等编《东西洋考每月统记传》，黄时鉴整理，中华书局，1997，第185–186页。

火机所施不独舟也，又有火轮车，车旁插铁管煮水，压蒸动轮，其一竖缚数十车，皆被火车拉动，每一时走四十余里，无马无驴，如翼自飞。欲施此车，先平其险路，铺以铁辙，无坑坎，无纤曲，然后轮行无滞。道光十年，英吉利国都两大城间，造辙路九十余里，费银四百万员，其费甚巨，故非京都繁盛之地不能用。近日西洋各国都多效之……然地有纤曲高下，不可行火轮者，惟在填平道路，将碎石墁地，使其平坦；两旁轨辙，以铁为槽，行时溜转如飞，则一马之力牵六马之重。西洋贸易，不但航海，即其在本国水陆运载，亦力求易简轻便之术：一曰运渠，一曰铁路。①

该文也是从"火轮舟"说到"火轮车""铁辙""铁路"，译法与《火蒸车》一文不同。关于铁路认知起源的既有三种说法中的第三种说法的文献来自魏源《海国图志》卷八十三《夷情备采三》对《贸易通志》的摘录，是二手来源。第一种说法所引《贸易通志》来自王锡祺《小方壶斋舆地丛钞再补编》，亦摘自《海国图志》，两者一致。②

三 郭实猎首创"火蒸车"

1. 其人其书的更正

虽然上述认为铁路认知始于19世纪三四十年代的结论就宏观视野来说足以成立，却不利于从微观视角出发剖析其中的复杂情

---

① （清）魏源：《海国图志》（下），陈华等点校注释，岳麓书社，1998，第1989-1990页。

② 本书所附《贸易通志》之节选，出自朱从兵书（又出自魏源的《海国图志》），而李国祁书（又出自王锡祺《小方壶斋舆地丛钞再补编》）的引文仅标点和"员"（李国祁书中为"圆"）字不同，故可认为两者一致，亦可参见阙名《贸易通志》，载（清）王锡祺《小方壶斋舆地丛钞》，广文书局，1964，第3页。

形。进一步搜集和研读文献可以发现，三种关于铁路认知起源的既有说法仍然存在谬误，可在前人基础上予以厘清。

既有说法存在的最明显谬误，就是对传教士郭实猎的身份误判。事实上，爱汉者、郭实猎、郭士立均系同一人——郭实猎（Karl Friedrich August Gützlaff，1803—1851）。他用过的中文名包括爱汉者、郭实猎、爱汉、爱则蜡、善德者、甲利、善德等。别人用以称呼他的中文名更多，包括郭士立（力、利、笠、林）、郭实腊（拉、烈）、吴士拉（利、拉付）、甲士立、吉士笠、古兹拉夫、古茨拉夫、居茨拉夫等。众多名字之中，郭实猎是他自己"一直公开使用"且"唯一"的中文名。① 因此，既有说法所列爱汉者等编《东西洋考每月统记传》之《火蒸车》与郭士立（力）《贸易通志》均为郭实猎（或由其主编）的作品。

再看郭实猎的生平，其活跃时间是 19 世纪 30—40 年代，活动范围是东南亚与中国沿海地区。他于 1803 年生于普鲁士，曾在柏林神学院学习，1823 年加入荷兰传教会，1827 年抵达巴达维亚（今雅加达）进行传教，后来往于曼谷、新加坡、马六甲和爪哇之间。1829 年脱离荷兰传教会并结婚，1831 年其夫人病逝，当年北上中国，曾为多位英国商人担任中文翻译，1834 年成为英国驻华翻译，在鸦片战争期间随英军北上。1843 年起在港英政府效力，直至 1851 年在香港去世。他的事迹相当复杂，无法简单评价，包

---

① 对郭实猎姓名的考证，及其诸多名字的特殊现象之分析，详见李骛哲《郭实猎姓名考》，《近代史研究》2018 年第 1 期；相似的姓名考证观点亦可参见〔新〕庄钦永、周清海《十九世纪上半叶基督新教传教士在汉语词汇学史上之地位——以郭实猎中文译著中之旧语新词为例》，载《基督教传教士与近现代汉语新词》，新加坡青年书局，2010，第 41 页；还可参见王幼敏《郭士立的中文名及笔名考》，《爱知县立大学外国语学部纪要（言语·文学编）》2018 年第 50 期。

括秘密传教、著书立说、鸦片贸易、殖民侵略等，有人评价他"几乎参与过中国沿海每一个重大事件"，[①] 甚至有人称"19 世纪 30 年代的中国基督教史是郭实猎的年代"。[②]

郭实猎的中文著译以宗教类为主，以世俗类为辅。仅以"新嘉坡坚夏书院"[③] 刊印者为例，据庄钦永《1834—1841 年新加坡坚夏书院中文刊物书种、内容分类、刊行年代及印刷册数表》统计，郭实猎的宗教类著译包括《救世主耶稣基督行论之要略传》（1834）、《耶稣神迹之传》（1842）等 33 种，世俗类著译则包括《大英国统志》（1834）、《是非略论》（1835）、《古今万国纲鉴》（1838）、《犹太国史》（1839）、《东西洋考每月统纪传》（不详）等，其中亦有重印者。[④]

2. 首创时间的更新

具体对照既有说法所采用的最早源头——《火蒸车》一文。郭实猎以爱汉者为名主持编纂的《东西洋考每月统记传》出版时间为道光十三年（1833）六月至道光十八年（1838）十二月，共 42 期，其中有 6 期是重刊。《火蒸车》首刊于道光乙未年（1835）六月，重刊于道光丁酉年（1837）三月。但是，检阅《东西洋考每月统记传》可知，其对"火蒸船只"（蒸汽船）和"火蒸车"（蒸汽机车）的介绍还要早于 1835 年。

---

① Hsin-pao Chang, *Commissioner Lin and the Opium War* (Cambridge: Harvard University Press, 1964), p. 26.

② Scott Shao-chi Pan, *An Appraisal of Karl (Charles) Gützlaff and His Mission: The First Lutheran Missionary to East-Asian Countries and China* (Luther Northwestern Theological Seminary, 1986), p. 3.

③ 该书院由美部会（American Board of Commissioners for Foreign Missions）创办，1834 年由广州迁至新加坡，运作至 1842 年。

④ 〔新〕庄钦永：《新嘉坡坚夏书院及其中文书刊》，载〔新〕庄钦永、周清海《基督教传教士与近现代汉语新词》，新加坡青年书局，2010，第 286-290 页。

在道光癸巳年（1833）十月刊有《孟买用炊气船》一文：

炊气船，或曰水蒸船，即俗称火船者是也。其用滚水之蒸气而使机关转行，令船快走，故名也。近来英国之东地公司有以炊气船寄要书送至孟买，如此则二月可到，若用常船则须三四月之间方到，因此其法之方便可见矣。惟此样船费银甚多，公司今要罢之，是以各商情愿捐银，为仍照此法办理也。此等船所行之路，乃由英国京城起程，驶入地中海……另用炊气船进印度海直至孟买，后自孟买可由陆路转寄信与孟雅剌各处矣。但此等火船，只可在外洋阔河驾驶，不能运行于小河窄港……恐有小艇相遇，则有翻倾之害，故难行于舟艇聚密之处也。①

另在道光甲午年（1834）五月还刊有《火蒸水气所感动之机关》一文：

今在西方各国，最奇巧可美之事乃是火蒸水气所感动之机关者。其势若大风之无可当也，或用为推船推车，至大之工，不藉风水力，行走如飞。或用之造成布匹，妙细之叶无不能为，甚为可奇可赞美妙之机也。至其感动之理，却非难明。盖万物之内，多被热气布涨成大，虽铁条厚实之物，其性亦为如此。近火烘热，则必涨大一些，乃水越为如此。盖水一分煮到滚则变为气，须千八百分之地，才够容载之。兹若将一

---

① 爱汉者等编《东西洋考每月统记传》，黄时鉴整理，中华书局，1997，第48页。

罐以水斟满，而将盖封之，致气不能出，煮水到滚时，其罐则必迸烂，其水之布涨以此可见。以蒸水之气感动机关，就是此理也。读者看上画图，可明此理。其甲号者乃是大铁罐，用时必斟满以水，在下乙号是火炉，炎火甚炽，因煮水滚，必当有变。气罐内独有丙号一筒，为水气所出，气过此筒则别至丁号大筒。此筒上下皆塞，惟有癸号小筒，水气由之进至壬号大盘复冷，变回水也。其丙号筒至子号，则分为二：其一在己号入丁号筒之上；其一在庚号入丁号筒之下。在子号又有一扇小门，转移于己号、庚号两小筒之间，此通则彼塞。又丁号筒内有戊号一片铜或铁，密合其筒内径，而可在筒内上下。

水气由丙筒至子号小门，上己筒进丁筒，其戊号铁片则迫下。且子号小门封塞，己筒水气则必由庚筒下，进至丁筒。其戊号铁片，复激上致子号小门，则封塞庚筒也。戊之铁片，恒常上下，如此致所进之气，不复由己、庚二筒而出，乃由庚后有一癸筒出，至壬处复变水矣。

其丁筒内之戊号铁片，既水气蒸激如此，其动甚快，激上迫下。则辛号用一条铁，连合戊号铁片，上出筒外，合着机关，辛号铁条就感动在外之机关。虽此条但上下感动，而因此牵制于别的活窍，则周围轮机，无不转动也。[1]

在介绍完蒸汽机的"感动之理"后，郭实猎还附上了示意图，以天干编号标识图中各部分，方便读者理解。[2]

---

[1] 该文原无标题，此标题系编者黄时鉴整理时从文内提取添加，参见爱汉者等编《东西洋考每月统记传》，黄时鉴整理，中华书局，1997，第126-128页。

[2] 爱汉者等编《东西洋考每月统记传》，黄时鉴整理，中华书局，1997，第126-127页。

《孟买用炊气船》所报道的是英国东印度公司使用蒸汽船代替帆船，往来于英国本土和印度孟买之间递送紧要文件。其路线是从大西洋入地中海，陆路穿过西奈半岛，然后经印度洋到达，耗时大大缩短。文中用"炊气船""水蒸船""火船"等来称呼蒸汽船，加之《火蒸车》文中的"火蒸船只"，可见当时郭实猎尚未形成固定译词。①《火蒸水气所感动之机关》则详细介绍了"火蒸水气所感动之机关"（蒸汽机）的工作原理及其在各领域的应用，用来"推船"即为后面所说"火蒸船只"（蒸汽船），用来"推车"即为"火蒸车"（蒸汽机车），用来"造成布匹"即为蒸汽纺纱机，然后试图阐明"其感动之理"（工作原理）。这里虽然没有直接创造类似于"火蒸车"的译词来介绍火车，但已提到"火蒸水气所感动之机关"可用来"推车"，明确触及蒸汽机车相关内容，所以最早介绍铁路知识者当属 1834 年郭实猎在《东西洋考每月统记传》中刊载的《火蒸水气所感动之机关》一文。

四 对"火蒸车"的评析

1. "火蒸车"的特色

从时序来看，郭实猎的《东西洋考每月统记传》属于 19 世纪

① 蒸汽船知识的东传早于蒸汽机车，如与郭实猎同时期的有叶钟进《英吉利国夷情记略》（1834）："忽有火轮船自孟甲喇来，乃该港坐班及驻巡夷目专信申伤，令其作速开舱，毋误一年贸易。火轮船者，中立铜柱，空其内烧煤，上设机关，火焰上即自运动，两旁悉以车轮自转以行，每一昼夜可行千里。"参见叶钟进《英吉利国夷情记略》，载（清）王锡祺《小方壶斋舆地丛钞》，广文书局，1964，第 3 页。比郭实猎更早的如谢清高《海录》（1797）介绍咩哩干国（美国）时言："原为英吉利所分封，今自为一国。风俗与英吉利同，即来广东之花旗也……其国出入多用火船，船内外俱用轮轴，中置火盆，火盛冲轮，轮转拨水，无烦人力，而船行自驶。其制巧妙，莫可得窥，小西洋诸国亦多效之矣。自大西洋至咩哩干，统谓之大西洋，多尚奇技淫巧，以海舶贸易为生。"参见（清）谢清高口述，杨炳南笔录，安京校释《海录校释》，商务印书馆，2002，第 264 页。

30 年代，早于他在 1840 年出版的《贸易通志》。因此，对他首创铁路认知的总结应在文献上集中于《东西洋考每月统记传》，全面梳理其中的有关论述。除了前文已经述及的三篇——《孟买用炊气船》（1833）、《火蒸水气所感动之机关》（1834）和《火蒸车》（1835），是否还有其他介绍铁路的相关内容呢？

答案是肯定的，介绍铁路的还有一例，道光戊戌年（1838）正月号《贸易》一文言：

> 中国之河江沟通路，如身之脉络也。因此经营，互相市易旺相，运货往来愈易，盘费愈俭，载运钱减扣，以致货价亦落低也。平价买，客日增，货好销，生理纷繁。故发仁政，广其通路，致遍处货物盛足，不可胜用。孟子曰："今王发政施仁，使天下仕者皆欲立于王之朝，耕者皆欲耕于王之野，商贾皆欲藏于王之市，行旅皆欲出于王之途，天下之欲疾其君者皆欲赴诉于王。其若是，孰能御之？"西国之民，造铁辙之道，车轮若火急，半个时辰可走五十余里。亦建火船，不待顺风潮汐，而不扬帆，自然飞驶矣。故此远地若邻国，运货之工钱甚少，而经营互相市易，其如示诸掌乎。[①]

该部分内容里，郭实猎一面引用儒家经典《孟子·梁惠王上》的名言将"故发仁政"和"广其通路"联系起来，一面又介绍西方建造铁路即"铁辙之道"的经验。其主旨在于论述交通运输对于开展商贸的重要性，提倡发展交通以促进贸易。

---

① 爱汉者等编《东西洋考每月统记传》，黄时鉴整理，中华书局，1997，第 315 页。

总的来看，《东西洋考每月统记传》对于铁路知识的介绍包括甲午年（1834）五月的《火蒸水气所感动之机关》、乙未年（1835）六月的《火蒸车》、戊戌年（1838）正月的《贸易》等。其中前者为最早提到，中者为专门介绍，后者为偶尔提及。另外，也不能忽视癸巳年（1833）十月的《孟买用炊气船》、戊戌年（1838）四月的《兰墩京都》、戊戌年（1838）九月的《杂闻》等对相关蒸汽机应用的论述。如果择一词语来代表郭实猎所率先介绍的铁路知识，那么最具概括性的就是"火蒸车"。

上述诸文呈现了铁路认知草创时期的一些特色。（1）铁路认知的起源时间较早。1825年，英国斯托克顿至达灵顿铁路（Stockton and Darlington Railway）开通，被认为是世界上第一条铁路。《火蒸车》文内提及的利物浦至曼彻斯特铁路（Liverpool and Manchester Railway）于1830年开通。而郭实猎在1834—1835年时已向中国人介绍铁路，相隔时间不算长。（2）铁路知识尚未形成固定译词。无论是与铁路直接相关的"火蒸车""铁轇轆""铁辙之道"，还是同属蒸汽机应用领域的"火蒸船只""火蒸机""火蒸水气所感动之机关""火船""炊气船""水蒸船"，都是零散且多变的。（3）铁路认知仍处于简单粗浅的水平。事实上专门介绍铁路的仅有《火蒸车》一篇文章，其他数篇只是略有涉及，这种缺乏广度与深度的铁路认知尚无系统性可言。（4）铁路领域在蒸汽机知识的传入过程中并非主流。《东西洋考每月统记传》内有关铁路的介绍内容不但总体数量很少，而且不如有关蒸汽船的介绍多。

2. "火蒸车"的背景

那么，如何理解郭实猎介绍"火蒸车"与"火蒸船"的文章？换言之，中国铁路认知的发端为何是19世纪30年代由传教士在广州创办的杂志？郭实猎首创"火蒸车"之举虽系个人活动，却可以从以下四个宏观背景来看。

其一，科技史的背景。从科技史的角度来看，铁路的诞生是一系列技术进步的成果积累，除了蒸汽机的发明和更新，也包括历史悠久的轨道运输的发展。"直到1850年，经历了所谓'铁路热'的兴衰之后，铁路运输业才牢固地建立了起来。"① 可见铁路的技术水平与社会应用在19世纪上半叶均处于起步阶段。"动力驱动的机械的广泛使用虽然是工业革命的一个基本要素，但也并非至关重要，科学在技术领域的应用，已日益发挥出重要作用。"② 技术快速发展及其对工业革命的推动，也从科技史的角度反映出19世纪科学的技术化和科学的社会化两大特征。前者是指"为了追求纯粹的知识而进行的科学研究，开始走在实际的应用和发明的前面，并且启发了实际的应用和发明。发明出现之后，又为科学研究与工业发展开辟了新的领域"③。后者是指"科学在这个世纪开始成为社会生活的一个重要组成部分，科学知识被大大普及，理论科学的伟大创新正转变成为技术科学的无比威力"④。问世于19世纪初的铁路就是科学的技术化和科学的社会化的重要产物之一。

其二，传教的背景。郭实猎的活动有其宗教背景："在十八、

① 此外，关于铁路技术的由来及其在19世纪下半叶的发展状况，查尔斯·辛格（Charles Singer）主编的《技术史》第5卷第5编"交通"之第15章"铁道工程的发展"也有详述，参见〔英〕辛格等主编《技术史：第5卷 19世纪下半叶（约1850年至约1900年）》，远德玉、丁云龙主译，上海科技教育出版社，2004，第223~244页。

② 〔英〕辛格等主编《技术史：第4卷 工业革命（约1750年至约1850年）》，辛元欧主译，上海科技教育出版社，2004，第1页。

③ 〔英〕丹皮尔：《科学史及其与哲学和宗教的关系》，李珩译，张今校，广西师范大学出版社，2001，第175页。

④ 吴国盛：《科学的历程》（第二版），北京大学出版社，2002，第390页。

十九和二十世纪，教会在那些工业革命影响最深的地区经历了一次伟大的重新觉醒（a great re-awakening）。"尤其是新教的德意志虔信派（German Pietism）、北美的大觉醒运动（Great Awakening）和英格兰的福音运动（Evangelical Movement）等。诸如此类的浪潮推动了欧美以外地区的传教运动，也在19世纪初开启了新教在华的早期传教时期（1807—1839）。① 来自不同国家、不同团体的新教传教士尚无法深入中国内地传教，于是他们的传教工作采取间接的手段——中文的出版印刷材料，利用间接的空间——华人移民聚居的东南亚地区，涉足间接的领域——教育和医疗等。当然，这并不是说其他时期的在华传教工作就完全不同于此，而是说这一时期极具此特色，突出的案例包括在东南亚创办的杂志②、印刷机构等③，被称为"最可行的替代性准备工场"。④ 因此，郭实猎不但是一名在东南亚活跃的新教传教士，而且以爱汉者为名创办具有宣教目的之《东西洋考每月统记传》，且先后在广州

---

① 这一时期郭实猎的同道者包括马殊曼（Joshua Marshman，1768－1837）、马礼逊（Robert Morrison，1782－1834）、米怜（William Milne，1785－1822）、麦都思（Walter Henry Medhurst，1796－1857）、雅裨理（David Abeel，1804－1846）、裨治文（Elijah Coleman Bridgman，1801－1861）、伯驾（Peter Parker，1804－1888）等。关于基督教在工业革命后的复兴与新教在华传教的初期阶段状况，详见赖德烈（Kenneth S. Latourette）《基督教在华传教史》的第十二章"欧洲的重新扩张：工业革命、公教诸传教事业的复兴和新教徒的宗教和传教觉醒"和第十三章"新教在华传教的开始（1807—1939年）：新教对华传教的初期规划"，参见〔美〕赖德烈《基督教在华传教史》，雷立柏等译，道风书社，2009，第171－194页。

② 杂志包括《察世俗每月统纪传》（Chinese Monthly Magazine，1815－1821，马六甲）、《特选撮要每月记传》（Monthly Magazine，1815－1821，巴达维亚）、《天下新闻》（Universal Gazette，1828－1829，马六甲）等，参见黄时鉴《〈东西洋考每月统记传〉影印本导言》，载爱汉者等编《东西洋考每月统记传》，黄时鉴整理，中华书局，1997，第4页。

③ 印刷机构包括马礼逊在澳门、广州和马六甲的印刷所，英国东印度公司在澳门的印刷所，麦都思在巴达维亚的印刷所等。除了创立和经营西式中文印刷机构，新教传教士在1807—1873年的60多年中还引进西式活字印刷取代木刻印刷中文，参见苏精《铸以代刻：传教士与中文印刷变局》，台大出版社中心，2014，第1页。

④ 苏精：《基督教与新加坡华人：1819—1846》，新加坡福音证主协会，2011，第31页。

（1833—1835）和新加坡（1837—1838）刊印，都可视为传教活动的一部分。

其三，贸易与殖民的背景。由于科技进步、工业革命与民族国家（nation-state）等新型因素的影响，西方的贸易与殖民活动到了 19 世纪 30 年代已发展至新的阶段。罗威廉（William T. Rowe）认为，"西方现在发现自己有了动机（海外市场的需求）、意识形态上的正当性（国际礼仪和主张自由贸易的自由主义）以及手段（新军事技术），来强迫大清帝国'开放'"。① 前面提到的东南亚主要城市中，新加坡于 1819 年开埠，又于 1826 年与马六甲、槟城（槟榔屿）一起被整合为隶属于英属东印度公司的海峡殖民地（Straits Settlements），巴达维亚则系荷属东印度殖民地的首府。郭实猎既经常往返于这些英国、荷兰等国的殖民地，又参与鸦片贸易，还参加了英国对中国的殖民侵略活动。他的亲身经历体现了贸易与殖民的背景，并反映了此种背景与传教背景之间密切相关。

其四，中国方面的背景。首先是禁教政策，明末清初以耶稣会士为代表的传教士来华传教，然而康熙五十九年（1720）康熙帝下旨"务必禁止"天主教，次年又说"禁止可也"。② 此后雍、乾、嘉诸朝及道光朝前期均贯彻禁教政策，19 世纪 30 年代即是如此。其次是通商政策，康熙朝平定明郑政权后，在广东、福建、浙江、江苏四省设有海关进行通商，被称为"四口通商"。乾隆二十二年（1757）上谕曰："令行文该国番商，遍谕番商。嗣后口岸定于广东，不得再赴浙省。"③ 自此至《南京条约》规定开放"五口

① 〔美〕罗威廉：《最后的中华帝国：大清》，李仁渊、张远译，中信出版社，2016，第 152 页。
② 〔英〕马戛尔尼：《康熙与罗马使节关系文书 乾隆英使觐见记》，刘复译，台湾学生书局，1973，第 43-90 页。
③ 《高宗实录》七，《清实录》第一五册，中华书局，1986，第 1024 页。

通商"前，西方商船只能前往广州贸易，是为"一口通商"。最后是"下南洋"，即东南亚的华人移民。以海峡殖民地三地（华人称之为"三州府"）的华人人数为例：新加坡在 1821 年有 1159 人，1833 年增至 8517 人，1840 年是 17704 人，1850 年已达 27988 人；马六甲在 1817 年有 1006 人，1829 年增至 4797 人，1852 年已达10608 人；槟城在 1812 年有 7558 人，1833 年增至 11010 人，1851年已达 24188 人。[①] 华人社群在 19 世纪 30 年代已形成一定规模，且在迅速增长之中，为传教工作提供了间接的对象和空间。

3. "火蒸车"的目的

对照来看，中国方面的背景与传教、殖民、贸易诸背景相互影响。正是受制于禁教和"一口通商"的政策，郭实猎参与传教、贸易等活动时无法深入中国内地，只能在广州出版《东西洋考每月统记传》。但是由于东南亚的西方殖民程度加深和华人移民日益增多，他又可以迂回至东南亚活动，在新加坡继续出版《东西洋考每月统记传》。

"火蒸车"在这些宏观背景下亦非个案。一方面，郭实猎本人的活动不止主办《东西洋考每月统记传》，对铁路知识的介绍也不止该杂志刊登的《火蒸车》一文。前面已经提到，1834 年由广州迁至新加坡的教会出版机构"新嘉坡坚夏书院"[②]，刊印了不少郭实猎的宗教类和世俗类著作。其中，他在"新嘉坡坚夏书院"出版的《贸易通志》（约 1840）和《万国地理全集》（约 1844）均

---

① Victor Purcell, *The Chinese in Southeast Asia*（London：Oxford University Press，1965），p. 234.
② 有关"新嘉坡坚夏书院"的创设与演变、管理与经费、工匠与技术、产品与作者、流通与效果等详情考证，参见苏精《基督教与新加坡华人：1819—1846》，新加坡福音证主协会，2011，第 111-142 页。

涉及铁路知识。另一方面，同时期具有相似背景的其他传教士也有不少提及铁路者。比如美国传教士裨治文（高理文）的《美理哥合省国志略》（1838）就论及美国的铁路，具体内容将在后文专述。裨治文在序言中说：

> 予虽荒陋无闻，华人多见广识，惟合省地舆土产、人物规条，一切国中事物，尚未领悉于胸中。故予不揣庸愚，略为详说。以其咬瑠吧（今雅加达）、新埠（今槟城）、嘛喇呷（今马六甲）、新嘉坡（今新加坡）各处华人指不胜屈，生长日繁，特分类而书于此。或百年后，流入中土，苟有不耻下观者，故予为之击节设道。①

这就反映了传教士在东南亚出版中文著述的意图，他们之所以借助海外华人的力量，既是方便起见，也是为了最终能够"流入中土"。

在 1835 年写给他人的一封信中，郭实猎表达了想法：

> 马礼逊博士的儿子肯定是虔诚的，也会是传教事业上有价值的助手；裨治文继续无声地工作着，他是个卖力的人，很适合广州一地；伯驾医生也可望有其用处。我们预期还有几个传教士会来，重要的是能够自由出入中国，因此我觉得自己有责任成为争取和中国自由交往的正式代言人，我本来没想过要如此做，但因为没人愿意挺身而出，我不得不做。②

---

① 〔意〕裨治文：《美理哥合省国志略》，刘路生点校，载《近代史资料》编辑部编《近代史资料：总 92 号》，中国社会科学出版社，1997，第 4 页。

② 苏精：《郭实猎和其他传教士的紧张关系》，载《上帝的人马：十九世纪在华传教士的作为》，基督教中国宗教文化研究社，2006，第 39-40 页。

他提到了同一时期的其他传教士们，认为传教工作的重点是"自由出入中国"，而他将为此努力。

无论是郭实猎的著述内容，还是介绍方式，都围绕其目标对象——中国人而展开。如《火蒸车》文中所言，其直接目的在于贸易："倘造恁般陆路，自大英国至大清国，两月之间可往来，运货经营，终不吃波浪之亏。"其更高目标则蕴含于令主人公的朋友陈成"又疑又惊"的问题中：不同于中国对外国人随意入境的严令禁止，英国居然"国家不禁，任意进城"，"难道大英人不防范"外国人吗？按主人公李柱的说法，英国人"实包大量之心"，不与中国"规矩相符"，盖因"与外国人往来"可以"令本民进艺加文"。[①] 郭实猎春秋笔法，目的是中国能大开国门，让西人自由进出。无独有偶，同时期郭实猎的另一著作《大英国统志》（约1838）也采用与《火蒸车》相类似的中国人对话的方式。"这书以小说体裁写成，情节非常简单，说大清年间叶榛花与知交结伴出洋，到英国繁华首都伦敦谋生。二十多年后，衣锦还乡，向家乡亲朋戚友讲解英国之政体、议会制度、宗教信仰、婚姻习俗、教育与国防体制，以及科技成就等等。"[②] 之所以采用中国人对话的方式，应该是因为郭实猎认为这会更容易被中国读者所接受。

因此，郭实猎引介"火蒸车"既是为了通过介绍西方科技最新进展，以增进中国人对西方的了解和好感，也是为了以此证明西方文明的发达，并非"天朝"眼中的"蛮夷"。进一步地，他希

---

① 爱汉者等编《东西洋考每月统记传》，黄时鉴整理，中华书局，1997，第185-186页。

② 不同于庄钦永《1834—1841年新加坡坚夏书院中文刊物书种、内容分类、刊行年代及印刷册数表》（2010），后来庄氏又发现1834年版《大英国统志》出版于广州或澳门，约1838年又在坚夏书院刊印增补版，参见〔新〕庄钦永编著《"无上"文明古国：郭实猎笔下的大英》，新跃大学新跃中华学术中心、八方文化创作室，2015，第20页。

望促成传教和贸易等目的，而且这些目的是多元并存的。"他们一心一意想要拆毁那道既高且厚、人为牢固的'夏夷之大防'围墙，冀望能自由自在地在神州大地任何角落进行通商贸易或传教。就在这种共同愿望与目标下，东印度公司职员、散商与传教士开始携手合作，以文字挞伐大清天朝体制的不是；灌输西方科学及世界史地新知，证明泰西人不是'蛮夷'，而是有文明。"[①] 在鸦片战争前的这种历史情境下，无论是具有不同身份的郭实猎，还是其他各种身份的西方人，都费尽心思想要突破中外交往的限制，试图敲开中国的大门。

---

① 〔新〕庄钦永编著《"无上"文明古国：郭实猎笔下的大英》，新跃大学新跃中华学术中心、八方文化创作室，2015，第12页。

第二章 "火蒸车"的传播：鸦片战争后铁路认知的初构

中国铁路认知的发端可追溯至19世纪30年代郭实猎等传教士的中文著述，其愿望是如裨治文所说的"流入中土"。但回到中国人的视角来看，铁路认知的初构则主要是在第一次鸦片战争后，持续发生于19世纪四五十年代。这个过程大致由微观与宏观两个部分组成：微观部分是传教士创造的铁路认知得到传播。具体而言，郭实猎首创的"火蒸车"在华被传播，构成极具代表性的个案；宏观部分是中国人对铁路知识的最初引介。中国作者论及铁路的，目前最早可见的是林则徐的《四洲志》。此后，丁拱辰、徐继畲、魏源等人不断深化对铁路的认识。至19世纪中叶，铁路认知在华经历了传播与初构，可从其整体水平出发予以总结与分析。

一 "火蒸车"的传播与流变

郭实猎首创的"火蒸车"是否只是昙花一现？中国人如何看待"火蒸车"？"火蒸车"在多大程度上影响了中国人的铁路认知？接下来将追踪"火蒸车"的遭遇以考察其在华影响，郭实猎的文章《火蒸水气所感动之机关》（1834）就提供了合适的案例。目前已知的情况是，1842—1852年中文著作对该篇文章的辑录或二次辑录共发生五次，分别为魏源《海国图志》五十卷本（1842）、梁廷枏《海国四说》（1846）、郑复光《镜镜詅痴》（1847）、魏源《海国图志》六十卷本（1847）和魏源《海国图志》一百卷本（1852）。

1. 第一次辑录——魏源《海国图志》（五十卷本）

最早的引用出现于魏源的著作《海国图志》五十卷本。[①] 他是湖南邵阳人，早年科考坎坷，曾多次入重臣帐下为幕僚，如贺长龄（江苏布政使任上，1825—1827）、陶澍（两江总督任上，1831—1835）、裕谦（两江总督兼钦差大臣任上，1841）等。[②] 受林则徐嘱托，魏源编成此书，并自叙两大文献来源："《海国图志》五十卷何所据？一据前两广总督林尚书所译西夷之《四洲志》，再据历代史志及明以来岛志，及近日夷图、夷语，钩稽贯串，创榛辟莽，前驱先路。"又在介绍全书概况时说到最后一卷："轨文匪同，货币斯同。畴师艘械，涛驶火攻。述器艺贷币第十六。"[③]《海国图志》以地理为主，兼顾历史、政治、经济等方面，但是其卷五十"附录"转由辑入文章组成"洋炮图说"和"西洋器艺杂述"两大部分。

"西洋器艺杂述"内有一段文字为：

《西夷火轮船图说》曰：火轮船，上安大铁缶，盛水欲

---

① 本书所采用的《海国图志》五十卷本来自读秀知识库的电子版，其内没有版本信息，故暂依书内叙言的落款时间标注为扬州刊印的道光壬寅五十卷本。虽然对于本书而言最为重要的是确定叙言的落款时间为1842年，但长期以来关于其版本的不同卷本、刻印年份等均存在争议，可参见夏冰《〈海国图志〉一书的三个版本》，《图书馆》2014年第2期。
② 《魏源大事年表》，载《魏源全集》第二十册，岳麓书社，2004，第759-769页。
③ （清）魏源：《海国图志叙》，载《海国图志》，道光壬寅五十卷本，1842，第1上、4上页。

满。书甲字二，下为火炉以炽炭。书乙字二，缶旁开一口为丙字筒，由丙字横斜至子字筒分为二，其上己筒，其下庚筒。由己入丁，为丁字筒，与己庚平列。丁止一筒，分为上下，中安双铁片，夹皮绾于一铁柱为戊字。而子字筒中，复设一铜片作小门，转移于己庚两小筒之间，此通则彼塞，密合其筒，而铁片与铁柱从之上下焉。庚之下一小筒为癸，癸之下一大盘为壬。而戊字铁片所连一铁柱，上出筒外为辛字，即船面所突之白气管也。凡火炽水沸，气从丙字出，至子字小门，上己筒，进丁筒，戊字铁片，则迫下子字小门，封塞己筒，水气由庚筒下进丁筒。戊字铁片复激上子字小门，封塞庚筒。铁片常时上下，而所进之气不更，由己庚二筒而出，乃穿庚后之癸筒，出壬字之大盘，仍化水矣。水气蒸激，往来不已，戊之铁片与辛之铁管牵挽并动，在船轮机无不周转矣。其船上机轮别有图说。①

虽然无法确定魏源所谓《西夷火轮船图说》究竟系何著述，但是从文字来看与郭实猎的《火蒸水气所感动之机关》一文具备编号和语义的一致性，可以推断前者的初始来源就是后者，无论是林则徐给了魏源《东西洋考每月统记传》，还是魏源自行收录所得，在郭实猎发表文章的七八年后皆有可能。《西夷火轮船图说》与《火蒸水气所感动之机关》相比：在篇幅上，前者小于后者，前者专注于火轮船的工作原理，不像后者说到"推船推车"和"造成布匹"；在内容上，前者在保持后者原来大意的基础上，比

---

① （清）魏源：《海国图志》卷五十，道光壬寅五十卷本，1842，第34下-35下页。

后者更为简练；在译词上，前者放弃"火蒸水气""感动之理"等说法，而采用后者所没有的"火轮船"译词。

2. 第二次辑录——梁廷枏《海国四说》

《海国四说》（1846）的作者是广东顺德人梁廷枏（1796—1861），曾任澄海县训导、广州越华书院院监、越秀书院院监等，既是"道光、咸丰年间广东的名儒和学者"，也是"主张开眼看世界、积极介绍西方资本主义文明的一位爱国的、先进的知识分子"。① 该书所谓"四说"包括"耶稣教难入中国说"一卷、"合省国说"三卷、"兰仑偶说"四卷、"粤道贡国说"六卷。其中"合省国说"和"兰仑偶说"分别讲美国和英国。有关"火蒸车"的记述就出现于英国部分：

> 以火蒸水，作舟车轮转机动，行驶如风。舟曰火轮船，初但以邮递书件，后则随兵舶为惊人开路之用。然火热，不便设炮。火蒸车用以运载货物，不假人马之力而驰行特速，可省运费，然必夷平险路，凡山石碍轮之物不得少留。又铸铁为辙迹，按运道之远近，而铁迹随之，工费甚巨。（自兰仑至海港九十里，费至四百万，虽运费省八十余万，而修理之费不赀。）其地不能行车者，亦作铁槽以省马力。他如纺车、织具，并以水、火力代之，机动而布自成，故成制多而用力省。（按：凡沾热气，其物必稍涨大，而水气尤捷。大抵水一分煮至熟滚，则其气须千八百分之地始足容之。试以罐载水，满封其盖，使气不能出，及滚，其罐必迸烂，则水之涨布可知。

---

① 骆驿：《前言》，载（清）梁廷枏《海国四说》，骆驿、刘骁校点，中华书局，1993，第1页。

今造身车者，以蒸水热气感动机关，即其理也。西人以甲乙注为图说。甲为大铁罐，满贮以水。乙在下为炉，炽火极旺。水滚则变气而横注于丙筒。气过筒，再分上下歧作二筒，而达诸直竖之大丁筒。丁筒上下并塞，惟恃一癸之小筒，使水气由下进至于壬。壬为大盘，至此而气已复冷，还为水。而出其丙筒歧处，即为子。由此分上下而二，之上筒为巳，气从此入丁筒之上层，下筒为庚，从此入丁筒之下层。而子之当中歧处，又有小扇作门，可转移于巳与庚两小筒之间。此开则彼闭，故此气通，则彼气塞。其大丁筒内，别藏有片铜为戊者，密合于筒，使水由丙至子之小门以上巳筒，而入丁筒，则戊之铜片迫下。子之小门既封塞巳筒，则水气由庚筒下而入丁筒。戊之铜片复激上，至子之小门则封塞。庚筒铜片不时上下，则气不复由巳、庚二筒出，而必由庚后之癸筒至壬，而复成水矣。丁筒内所藏戊之铜片，既受水气蒸激，激上则迫下，其动甚速。再于辛号立条铁，使与戊之铜片相为联合。上出丁大筒之外，机关凑合。于是辛条所触，即即能动身车所设之机，牵机则轮转，轮转则驶行，皆水气之受蒸为之也。)[1]

对比《东西洋考每月统记传》可知，梁廷枏的按语出自《火蒸水气所感动之机关》一文。只是他在转述"感动之理"时改用自己的语言风格，且未采用原文的天干编号示意图。但若对照原图，可确认按语所述"西人以甲乙注为图说"与之一致。再联系时间和地点背景来看，《东西洋考每月统记传》1833—1835 年在广

---

① （清）梁廷枏：《海国四说》，骆驿、刘骁校点，中华书局，1993，第 160-161 页。

州出刊，自 1837 年起改于新加坡出刊。《火蒸水气所感动之机关》一文刊于广州时期。梁廷枏身在广东，看到该文并将其纳入 1846 年的《海国四说》的行为属情理之中。他在《海国四说》序言中说：“予以读礼家居，取旧所闻，编成《四说》……不曰‘记’而曰‘说’者，以中国人述外国事，称名自有体制，且非足迹之所及，安知其信？”[①]《东西洋考每月统记传》就是梁廷枏“读礼家居”和“取旧所闻”的对象。[②]“编成《四说》”促成了铁路知识的传播。

上述引文按语之前的内容，大约有三种来源。一是来自《东西洋考每月统记传》，如《火蒸水气所感动之机关》在介绍“感动之理”之前提到“推船推车”和“造成布匹”，又或者来自《火蒸车》一文。二是自郭实猎的《贸易通志》。梁廷枏所说“自兰仑至海港九十里”铁路一事，在《贸易通志》中即有记述，“故道光十年间，在英国两大城所造之轣辘道之费，长九十有余里，共费银四百万员”。[③] 三是其他来源，比如梁廷枏所说的“火轮船”概念不见于郭实猎的著述中，因郭氏仅采用“炊气船”“水蒸船”“火船”等概念，故或许还有其他来源。

3. 第三次辑录——郑复光《镜镜詅痴》

第三位辑录者郑复光（1780—约 1853），安徽歙县人，是一位毕生研究算学、光学、博物学、机械等的中国科学家。他的《镜

---

① （清）梁廷枏：《海国四说》，骆驿、刘骁校点，中华书局，1993，第 3-4 页。

② 据庄钦永考证，梁廷枏《海国四说》所参考的同时代文献包括林则徐的《四洲志》，郭实猎的《东西洋考每月统记传》《贸易通志》《古今万国纲鉴》《救世主耶稣基督行论之要略传》，以及裨治文的《美理哥合省国志略》等。参见〔新〕庄钦永《新嘉坡坚夏书院及其中文书刊对晚清经世学者之影响——以梁廷枏〈海国四说〉为例》，载复旦大学历史系、出版博物馆编《历史上的中国出版与东亚文化交流》，百家出版社，2009，第 478-479 页。

③ 〔德〕郭实猎：《贸易通志》，新嘉坡坚夏书院，1840，第 34 页。

镜詅痴》（共五卷）就是一部物理学（光学）著作，其突出贡献在于"仅凭西方传来的一些光学仪器和玩具，以及混杂在天文学译著中稀少而十分零散的那么几条光学知识，就独具慧眼地发现了光学是一门独立的理论科学和基础科学。同样重要的是，他从历算学译著中发现了科学方法"，[①] 极具中国本土特色和科学探索精神。

除了光学主题以外，郑复光还在书末附列一篇《火轮船图说》，并阐述写作缘由："曩见图说甚略，不能通晓。嗣见小样船约五六尺，其机具在外者已悉。兹来都中，见丁君心斋（指中国科学家丁守存——引者注）处传来之图，止是在内机具，盖别一用，而火轮船之法备矣。因为之图说。"该文分为架、轮、柱、外轮轴枢、气筒机具、外轮套、锅灶、桅、绳梯、破浪立版、全图等十一个部分。文末又说："岁丁未二月，刻《镜镜詅痴》既讫，附入《火轮船图说》。先是丁君星南（指中国科学家丁拱辰——引者注）寄到《演炮图说》，所载有微异处，未能明晰，作札相讯。嗣稍有会悟，即改稿付刊工毕，而丁君又寄来转动入气机具小样。订图说补于后。"[②]"岁丁未二月"是 1847 年初，《镜镜詅痴》已经刻印完毕。此时郑复光仍不忘根据最新见解"改稿付刊"，不惜代价重新刻印，可见他从事研究时对于真理的不懈追求。

《火轮船图说》一文第三部分"柱"内说：

> 附：气筒机具。甲乙为总管，藏在锅内。气从甲下行至

---

① 书名"镜镜詅痴"的意思为"就镜照物问题之愚见"。此外，对郑复光的生平与思想，及《镜镜詅痴》的背景与评价，可参考李磊的专门考证，详见李磊《前言》，载（清）郑复光《〈镜镜詅痴〉笺注》，李磊笺注，上海古籍出版社，2014，第 1-25 页。

② （清）郑复光：《〈镜镜詅痴〉笺注》，李磊笺注，上海古籍出版社，2014，第 240-249 页。

乙，则分为二。上由丙入己，下由丁入庚。作铁条（如辛），即如中柱。筒盖开孔（如子），即如管与铁条密合，以出入不甚泄气为度。条端安托版（如戊），径与筒密合。别作一管（如壬），上通丁，下通癸。原说谓癸为盘，其式不类，殆是筒也，内气化水则入于此。疑癸外更有盘贮冷水，浸癸于内，恐滚气过盛使化气为水……乙内有舌如门扇，轴安左方，上下开阖如风箱。气从乙入，为舌所碍，不能两管并进，必寻隙而行。假隙在丙，舌必下而掩丁，气全入己，则戊为之下矣。迨戊下已足，气来不止，必寻隙入丁，舌自上而掩丙，气全入庚，则戊为之上矣。夫己、庚相等则势均力齐，因子稍泄气，癸能化水，自生呼吸，所以上下甚活。中柱上下带动边柱，而曲拐运转矣。原说不甚详备，稍修饰之。但曲拐之转，因柱上下，未免可左可右；然飞轮一动，重助其势，则左之必左，右之必右，自有顺无逆，理甚微妙。此心斋所说也。又"己、庚相等"云云，疑舌下则不复能上故。以意解之，理诚有然。[1]

此外值得一提的是，郑复光为此绘制的示意图后衍生出三个版本：其一是《镜镜詅痴》（上海商务印书馆，1936，第 83 页）；其二是《〈镜镜詅痴〉笺注》（上海古籍出版社，2014，第 241 页）；其三是《海国图志》六十卷本（台北成文出版社，1967，第

---

[1] （清）郑复光：《〈镜镜詅痴〉笺注》，李磊笺注，上海古籍出版社，2014，第 241 页；亦可参见（清）郑复光《镜镜詅痴》，商务印书馆，1936，第 85—86 页；笺注版的校释底本为道光二十七年（1847）《连筠簃丛书》刻本，民国版亦由商务印书馆据连筠簃丛书本影印。此外，该书还有李磊译注版，解读更为细致，参见（清）郑复光《镜镜詅痴译注》，李磊译注，上海古籍出版社，2015。

七册第 3112 页）。上述郑复光《火轮船图说》有关"气筒机具"的文字与配图，均出自郭实猎《火蒸水气所感动之机关》，但郑氏在辑录时按自身理解对其有所修改。首先是最具一致性的图片，郑图内的三种版本所呈现的内容大体相同，而与郭图左半部分亦非常相似。只是郑图比起郭图更为形象，融入了个人思考。其次是文字解说，郑氏具体阐释了自己的想法。行文中屡次提及"原说谓癸为盘""原说不甚详备"等，均可表明他是立足于郭实猎的原说并加以修正。最后是写作目的，郭实猎的《火蒸水气所感动之机关》是介绍蒸汽机的"感动之理"，展现蒸汽机可以"推船推车""造成布匹"等多种可能；郑复光的《火轮船图说》则顾名思义，是把"气筒机具"归为火轮船的诸多构造之一，没有涉及蒸汽机车、蒸汽纺纱机等其他可能。因此，郑复光虽然涉及郭实猎的《火蒸水气所感动之机关》，但只见"推船"而不见"推车"与"造成布匹"。

4. 第四次辑录——魏源《海国图志》（六十卷本）

同样在 1847 年，魏源将《海国图志》五十卷本增补为六十卷本，其中收入郑复光的《火轮船图说》，即为卷五十四中的《火轮船图说》。该卷注明由"邵阳魏源辑"，也辑录了郑复光原文内的示意图，即郑图内的第三个版本。《海国图志》第五十四卷《火轮船图说》由文字和图片共同构成。

该文言：

> 附：气筒机具，得自丁君传来之图。甲乙为总管，藏在锅内；气从甲下行至乙，则分为二；上由丙入己，下由丁入庚；乙内有舌如门扇，轴安左边。（如风箱中事件）气从乙入，为

舌所碍，不能两管并进，必寻隙而行。辛为铁条，（即如中柱。）入子孔内。戊为托版，以铜铁为之。（初疑太厚，或夹皮如水炮中事件。丁君言在沸水热气中，皮难坚久，见风枪中事件，亦铜铁也。）壬另一管，上通丁下通癸。原称癸为盘；不类，殆是筒也。内气化水，则入于此。癸外当另有盘贮冷水，癸浸其内，气过盛，使化水，不致毁裂机器也。气寻隙行，假令隙在丙，舌必下而掩丁；气全入己，则戊为之下矣。戊下己足，气来不止，必寻隙入丁，舌自上而掩丙，气全入庚，则戊为之上矣。夫己庚相等，则势均力齐，因子稍泄气，癸能化水，自生呼吸，所以上下甚速，灵动微妙，不可思议。但曲拐之转，因柱上下，可左可右；而飞轮一动，重助其势，则左之必左，右之必右，自有顺无逆矣。[1]

　　相比来说，《海国图志》六十卷本的《火轮船图说》在辑录《镜镜詅痴》的《火轮船图说》时，在不改变原文含义的基础上对内容有所调整。首先在文字上，原文在"有顺无逆"后说："理甚微妙。此心斋所说也。"又附言："又'己、庚相等'云云，疑舌下则不复能上故。以意解之，理诚有然。"辑文未予以收入。其次在图片上，魏源删去了原图中的"丁君心斋"等字眼，并更换朝向重新绘制。当然，魏源辑文与郑复光原文之所以产生差异，一方面可能是因为魏源在辑录过程中有所改动，另一方面也不能完全排除是因为魏源所看到的《镜镜詅痴》并非原版。也就是说，

---

[1]　（清）魏源编纂《海国图志》七，台北成文出版社，1967，第3100～3101页。另注，本书所采用的《海国图志》六十卷本（台北成文出版社，1967），据道光丁未仲夏古微堂镌板，来自新加坡国立大学中文图书馆馆藏，系旧南洋大学图书馆藏书。

《海国图志》六十卷本的辑录来源可能不是"连筠簃丛书"中《镜镜詅痴》的正式刊行本,而是郑复光"改稿付刊"前的初版乃至其他版本。

5. 第五次辑录——魏源《海国图志》(一百卷本)

1852年,魏源再次增补《海国图志》,将六十卷本扩充为一百卷本。颇有意思的是,除保留先前两处辑文外,《海国图志》一百卷本再次辑录郭实猎的《火蒸水气所感动之机关》一文,由此产生魏源的第三处辑文。一百卷本《海国图志》的卷八十五"火轮船图记"共辑录三篇文章,分别为歙县郑复光的《火轮船图说》、西洋人的《火轮舟车图说》、西洋人的《火轮船说》。第一篇文章即前文所述六十卷本《海国图志》的卷五十四《火轮船图说》,后两篇文章则均与《东西洋考每月统记传》有关。

《火轮舟车图说》言:

子作火炉,上开烟窗,丑为火罐寅位开小洞,盖以铁版;上湾装一卯管,与辰桶连。辰桶下装巳、戌、酉三管;巳管通午桶未竿之底,致气推上;酉管通午桶未竿之上,致气推下;惟戌管独湾,通出气之亥管。又辰桶中装小申桶,高低视辰桶之半,而无底板,长短约可罩住,或巳戌或酉戌二管。故丑罐水滚至极,气从丑上卯入辰,过巳至午,则未竿必升上;未竿升而申竿必下。未申竿头装曲柄,各系转轮竿,上下不止,轮即辗轳不住。舟车之利莫便于此。又卯管当半装机关钮,如关之则水气不通辰桶,而未申竿即不运动,舟车可立止不行。其寅位铁版之轻重,约以丑罐中水气之加减五分之一。假如水气得五十斤,则铁版当用四十斤,气满丑时,罐随气可升降。若无此铁，恐罐有迸裂之忧也。昔未作此器时，牛马之外，最捷莫如明驼，日行千里。由今视之，则瞠乎后矣。有心济世者，曷勿仿式为之？

其丁筒内之戊号铁片，既水气蒸激如此，其动甚快，激上迫下。则辛号用一条铁，连合戊号铁片，上出筒外，合着机关，辛号铁条，就感动在外之机关。虽此条但上下感动，而因此牵制于别项活窍，则周围轮机，无不转动也。

又曰：火轮船，自英国寄信至印度，由地中海行走，二月可到。若用常船则虽走地中海捷路，亦须三、四月方到，其方便可见矣。惟此船费银甚多，公司今要罢之，各商情愿捐银，仍照此法办理也。此船由英国京城起程，驶入地中海，地中海东南有一地，在南海之间，如腰带之形相连亚西亚及亚非利加之地，海舟在此，要改般（航）三日之陆路过至红海。另用炊气船接进印度海，直至孟买后，可由陆路转寄孟雅剌各处矣。但此等火船，只可在外洋阔河驾驶，宜慎用于小河窄港。缘斯船中舱之底，火煮两铜锅沸水，待水之沸气，蒸入机窍内，则机关自动，机动则能使船旁两轮，棹水转动不停，其行如飞；恐有迎面小艇，狭港相遇，则有翻倾之害。故中国可行于长江大河，难行于舟艇聚密之小港也。

《火轮船说》言：

《每月统纪传》曰：今西方各国，最奇巧有益之事，乃是火蒸水气舟车所动之机关，其势若大风之无可当也。或用为推船推车，至大之工，不藉风水人力，行走如飞。或用之造成布匹，妙细之业，无不能为，甚为可奇可赞！至其感动之理，却非难明。盖万物之内，多被热气布涨成之。虽铁条厚实之物，性亦如此，近火烘热，则必涨大一些，而水力尤甚。盖水一分煮到极沸，则变为气，须千分百分之地，才可容载之。兹若将一罐，以水斟满，而将盖封之，致气不能出，则水到沸时，其罐必迸裂，是水布涨之力可见矣。今以蒸水之气，感动机关，即是此理也。读者看上画图，可明此理。其甲号者，乃是大铁罐，用时必斟满以水。在下乙号是火炉，炎火甚炽因煮水滚必当有变。气罐内独有丙号一筒，为水气所出，气过此筒则别至丁号大筒。此筒上下皆塞，惟有癸号小筒，水气由之进，至壬号大盘，复冷变回水也。其丙号筒至子号则分为二。其一在己号，入丁号筒之上；其一在庚号，入丁号筒之下。在子号又有一扇小门，转移于己号庚号两小筒之间，此通则彼塞。又丁号筒内有戊号一片铜或铁，密合其筒内径，而可在筒内上下。

水气由丙筒至子号小门，上己筒进丁筒，其戊号铁片，则迫下，且子号小门封塞，己筒水气，则必由庚筒下进至丁筒；其戊号铁片，复激上至子号小门，则封塞庚筒也。戊之铁片，恒常上下如此致所进之气，不复由己庚二筒而出，乃由庚后一癸筒出，至壬处复变水矣。[1]

在《火轮船说》文末附有四张图，可合为两幅：一幅为天干编号示意图，另一幅为地支编号示意图。[2] 其中，天干编号示意图

① （清）魏源：《海国图志》，载《魏源全集》第七册，岳麓书社，2004，第 2013-2015 页。
② （清）魏源：《海国图志》，载《魏源全集》第七册，岳麓书社，2004，第 2016-2019 页。

与郭图的天干编号示意图相同，且其对应于《火轮船说》全文和《火轮舟车图说》第二段文字。这两处文字加上天干编号示意图均明显对应于《火蒸水气所感动之机关》的全部文字与图像。

另《火轮舟车图说》末段，可确认辑录自《东西洋考每月统记传》1833 年的《孟买用炊气船》一文。辑文亦与原文大体相同，改动最大者为译词。原文首句为："炊气船，或曰水蒸船，即俗称火船者是也。其用滚水之蒸气而使机关转行，令船快走，故名也。近来英国之东地公司有以炊气船寄要书送至孟买，如此则二月可到。"辑文首句则为："火轮船，自英国寄信至印度，由地中海行走，二月可到。"郭实猎使用的译词为"炊气船""水蒸船""火船"等，魏源在部分保留"炊气船"和"火船"的基础上改用"火轮船"。

至于地支编号示意图，则对应于《火轮舟车图说》的首段文字。这些图文均无法在《火蒸水气所感动之机关》之中找到对应部分，但很可能也源自《火蒸水气所感动之机关》。做出如上推测的理由有三点：第一，地支编号示意图与天干编号示意图画风一致，有可能出自同一人之手；第二，魏源辑录时重新调整了原文顺序，既然《火轮舟车图说》第二段与第三段文字均能对应于《东西洋考每月统记传》，那么在此之前的第一段文字也有可能与其对应；第三，《火蒸水气所感动之机关》首刊于道光甲午年（1834）五月，文内有一页发生重复。次年（乙未年，1835）四月刊出时重印该期为甲午年五月，载有此文，缺此重复页。① 《东西洋考每月统记传》排版刊印的粗糙混乱可见一斑。可以猜测，重

---

① 此时又记为"道光甲午年四月"，导致刊印混乱的原因不详，详见爱汉者等编《东西洋考每月统记传》，黄时鉴整理，中华书局，1997，第 161—167 页。

复页就是缺失页，即地支编号示意图和《火轮舟车图说》的首段文字，次年重印时未随之重复而发生缺失。魏源编纂《海国图志》时看到了完整无误的原版，而黄时鉴先生在整理影印《东西洋考每月统记传》时未看到。

总的来说，《海国图志》卷八十五"火轮船图记"的后两篇文章《火轮舟车图说》和《火轮船说》基本确定都来自《东西洋考每月统记传》。魏源的辑文与郭实猎的原文相比，具有如下突出之处：第一，在不改变原文大意的情况下，辑文会进行顺序调整和文字微调，以求更为简明流畅；第二，辑文改用"火轮船"作为主要译词来统领原文，同时部分保留"炊气船"和"火船"等用法，原文的译词则有许多种，仍未统一；第三，辑文的目的在于服务第八十五卷的主题——火轮船，如第三篇文章标题就是《火轮船说》，原文的写作目的则是介绍蒸汽机的工作原理，内容包括蒸汽机船、蒸汽机车和蒸汽纺纱机；第四，辑文已表露出使用与"火轮船"相类似的"火轮车"译词之倾向，如第二篇文章标题为《火轮舟车图说》，原文不曾使用。

二 中国人对铁路知识的最初引介

"火蒸车"的传播从属于中国人引介铁路知识的整体潮流，大约兴起于 19 世纪 40 年代。以近代"开眼看世界"的四部代表著作——林则徐的《四洲志》（1840）、丁拱辰的《演炮图说辑要》（1843）、徐继畲的《瀛寰志略》（1848）和魏源的《海国图志》（1852）为例，可以围绕书中有关铁路知识的内容和铁路译词的线索，探析中国人起初如何介绍和看待铁路这一新事物，以及其如何构成铁路认知本土化的重要基点。

1. 林则徐《四洲志》

林则徐（1785—1850）的《四洲志》是四者之中最早写成的，也是篇幅最短的。1839—1840 年，林则徐作为钦差大臣在广东主持禁烟运动与鸦片战争以及对外交涉时为了探知"夷情"，[①] 曾命人翻译苏格兰地理学家慕瑞（Hugh Murray，1779—1846）于 1834 年出版的《世界地理大全》（*An Encyclopaedia of Geography*），[②] 以之为基础进行简化、改编和润色而著成《四洲志》。但是该书原版已难觅踪影，目前可见的最早版本是《海国图志》五十卷本中辑入的内容，即林则徐赴伊犁途中以《四洲志》书稿嘱托魏源所编，后来又被王锡祺收入《小方壶斋舆地丛钞再补编》。[③] 因此现有版本与原版存在何种差异尚未得知，只能暂时采用由《海国图志》五十卷本（道光甲辰仲夏古微堂聚珍板）辑出的《四洲志》。

从其内容来看，《四洲志》多关注世界各国的地理形势、历史沿革、行政区划、军事力量、政治制度、经济物产等，对铁路的关注较少。仅"弥利坚国"（美国）部分提到"火烟车"、"铁路"和"（铁）车路"。（1）"火烟车"，如："其不通河道者，即用火烟车陆运货物，一点钟可行二三十里。其车路皆穿凿山岭，砌成坦途，迄今尚未完竣。如值天寒河冻，亦用火烟车驶行冰面，虽不

---

① 据林则徐的日记所载，道光十八年十一月十五日（1838 年 12 月 31 日）谕旨："颁给钦差大臣关防，驰驿前往广东查办海口事件，该省水师兼归节制。"1839 年 3 月初他才抵达广州就任，后任两广总督，直至 1840 年 10 月底被革职。参见《林则徐全集：第 9 册 日记》，海峡文艺出版社，2002，第 4556—4619 页。

② 对于《世界地理大全》，已有研究多称其为英国人慕瑞所著。但检阅原书版权页可知，该书尚有多位作者，如威廉·华莱士（William Wallace）负责天文学部分，威廉·杰克逊·胡克（William Jackson Hooker）负责植物学部分，罗伯特·詹姆逊（Robert Jameson）负责地质学部分，威廉·斯文森（William Swainson）负责动物学部分，等等。故该书实为慕瑞主持，多人分工合作的成果。

③ 《林则徐全集：第 10 册 译编》，海峡文艺出版社，2002，第 4773 页。

及舟楫，而究省人力。"（2）"铁路"，如"宾西洼尼阿部"（宾夕法尼亚州）的"车有铁路可通近郡"，"南戈罗里部"（南卡罗来纳州）的"有铁路通邻部"。（3）"（铁）车路"，如"纽育部"（State of New York，今译纽约州）的"其通各部车路多铁铸成，费亦不赀"，"纽箬西部"（State of New Jersey，今译新泽西州）的"车路亦皆冶铁为之"，"阿希阿部"（俄亥俄州）的"陆地有铁车路以达邻部"，"弥治颜部"（密歇根州）的"即有铁车路（达）邻部通衢"，"阿那麻马部"（State of Alabama，今译亚拉巴马州）的"陆有铁车路可达邻部"，"弥斯栖比部"（State of Mississippi，今译密西西比州）的"陆地亦有铁车路以通邻部"，"雷栖阿那部"（State of Louisiana，今译路易斯安那州）的"各有铁车路以运货"。"因第阿那部"（State of Indiana，今译印第安纳州）的"陆有铁车路可通各部"。① 鉴于"铁路"与"（铁）车路"两词均用于介绍美国各州的交通状况，句式也一致，可以认为两个译词的含义一致。

而《世界地理大全》在这方面内容与《四洲志》大相径庭，对铁路多有提及。举例来说，铁路不仅遍及英格兰、爱尔兰、苏格兰、美国、秘鲁等国家和地区，而且《世界地理大全》使用了railway、railroad、train（少数指火车，多数则指系列事件或行动）、locomotive steam-engine（蒸汽机车）等多种铁路相关术语。如在介绍美国时，其编号5712的条目"道路"（The roads）中说："美国人注意到铁路衍生的巨大好处。在新英格兰和纽约州（New England, New York，包括缅因州、新罕布什尔州、佛蒙特州、马

---

① （清）林则徐：《四洲志》，载《林则徐全集：第10册 译编》，海峡文艺出版社，2002，第4921-4934页。

萨诸塞州、罗德岛州、康涅狄格州和纽约州等美国东北诸州——引者注），铁路的广泛交通在过去数年间得以形成。马里兰州进行了一项规模远超所有类似者的工程。这条铁路将连接巴尔的摩（Baltimore）和匹兹堡（Pittsburg），全长 300 英里，它必须穿过阿勒格尼山脉（Alleghany Mountains）。巴尔的摩附近的一部分已经完工，三条宽敞的高架渠也已经建成。"[1] 通过其对已建成铁路和在建铁路的概述，可知铁路在 1834 年的美国也处于起步阶段。

至于《世界地理大全》对铁路的更详细描述，是介绍铁路发源地——英格兰的两个铁路条目。

1659. 铁路是很好地促进货物运输的另一种发明。通过让车轮在光滑的表面（原先是木制，但现在绝大部分是铁制）上滚动，一匹马可以拖动一长串载重 10—12 吨的货车。如今载货和载客的车辆主要由蒸汽机车（locomotive steam-engines）牵引。铁路最初只是被小规模使用，主要在纽卡斯尔（Newcastle）附近的煤矿，即把煤从地下运至地面，再运至装船地点。据估计，纽卡斯尔一带的铁路长度约为 300 英里。铁路的应用规模越来越大，尤其是威尔士（Wales）地区，铁路长达 200 英里，其中格拉摩根郡（county of Glamorgan）就有 25 英里。然而，这种事物的最重要项目，也是与商业的一般利益联系最紧密者，是 1830 年 9 月 15 日开通的曼彻斯特（Manchester）至利物浦（Liverpool）的铁路。该路有 31 英里，

---

[1] Hugh Murray, *An Encyclopaedia of Geography: Comprising a Complete Description of the Earth, Physical, Statistical, Civil, and Political* (London: Longman, Rees, Orme, Brown, Green & Longman, 1834), p. 1343.

包括 63 座桥，其中有 30 座桥跨过收费公路，有一座宽敞漂亮的桥横跨于欧韦尔河（Irwell）上。整个工程耗费 82 万英镑，但客货往来如此繁盛，必将得到足够的回报。车辆由蒸汽机车牵引，运送旅客的列车在一小时四十分内就可以到达目的地。克罗姆福德（Cromford）至海皮克（High Peak）铁路也是一项非常实用的工程，横穿德比郡（Derbyshire）的高山地区，连接起与两地同名的两条运河。该路长度为 33 英里，包括 55 座桥，其中的桥比克罗姆福德运河高 992 英尺，总计耗费不超过 18 万镑。按照连接起王国内主导地点的意图，铁路的其他更大规模修建计划已被立项。

1660. 曼彻斯特至利物浦铁路的货运费用受议会法案的限制，但客运费用则不受限制。大部分的收入来自旅客，来自王国各地的旅客们出于好奇来乘车。在过去的半年（1833 年）里，公布的收入达 9.7 万镑，支出则为 5.6 万镑，利润为 4.1 万镑，股息为 4.5%。[1]

这里的内容可分为两部分：其一，铁路在英国的起源过程，如轨道材料从木制到铁制、牵引动力从马匹到蒸汽机车、运输对象从煤到客货兼运、应用范围从局部地区到更多地区等；其二，铁路在英国的发展状况。已建成的铁路有纽卡斯尔一带、威尔士地区、曼彻斯特至利物浦、克罗姆福德至海皮克等铁路，它们的里程、造桥、造价、收支等情况也各不相同。诸如此类，《世界地

---

[1] Hugh Murray, *An Encyclopaedia of Geography: Comprising a Complete Description of the Earth, Physical, Statistical, Civil, and Political* (London: Longman, Rees, Orme, Brown, Green & Longman, 1834), pp. 374-375.

理大全》对铁路在英美等国兴起状况的介绍在数量和细节上均可
圈可点，然而《四洲志》对此并未重视，几乎未翻译辑入，对铁
路知识的引介较为简略。可以推测，《四洲志》中的"铁路"和
"火烟车"分别对应于《世界地理大全》中的"railway"和
"locomotive steam-engine"。

2. 丁拱辰《演炮图说辑要》

《演炮图说辑要》的作者丁拱辰（1800—1875）曾在郑复光的
《镜镜詅痴》中被提及："先是丁君星南寄到《演炮图说》，所载有
微异处，未能明晳，作札相讯。嗣稍有会悟，即改稿付刊工毕。"①
丁拱辰是福建晋江人，早年外出经商，足迹远至南洋和西亚，因
而接触到西方的船舶与火炮等技术，他潜心钻研，自学成才。1841
年，他编成《演炮图说》献给清廷，受到褒奖。②"原书前因防夷
吃紧，亲历训练，随时纪载，积页而成。因撰述绘图独力任之，且
日夕奔驰，殚竭精神，未能一气呵成，觉有重复。今将原书各图
说，加意考核，增减其间，纤钜悉当，更正四卷，书其签曰'演
炮图说辑要'，俾司炮者于中讲求，或有裨补耳。"③ 1843年，也是
在第一次鸦片战争后，丁拱辰将此书修订为《演炮图说辑要》。④

虽然《演炮图说辑要》的主题是火炮及相关技术，但在卷之

① （清）郑复光：《〈镜镜詅痴〉笺注》，李磊笺注，上海古籍出版社，2014，第249页。
② 有关第一次鸦片战争前后丁拱辰献书与获褒奖的情形，详见《演炮图说辑
要》书前之《入禀蒙批》《进呈奏疏》《进呈朱批》《朱批上谕》诸件，出自（清）丁拱辰《演炮图说辑
要》，黄天柱点校，上海辞书出版社，2013。
③ （清）丁拱辰：《演炮图说辑要凡例》，载《演炮图说辑要》，黄天柱点校，上海辞书出版
社，2013，第1页。
④ 今存《演炮图说辑要》虽标为道光二十三年癸卯阳月重辑，实为民国时期晋江丁氏委托泉
州会文堂洪文品重刻本。更多关于丁拱辰的生平事迹和《演炮图说辑要》的版本情况，可
参考黄天柱点校本，亦可参见郭金彬《丁拱辰及其〈演礮图说辑要〉》，《自然辩证法通
讯》2003年第3期。

四有一篇《西洋火轮车火轮船图说》，论述西方传入的、由"火轮机"带动的"火轮车"与"火轮船"的工作原理。"十余年来，更有一种新奇之器，巧夺天工，其器何名？即所谓火轮车，再变而为火轮船是也。"在丁拱辰看来，这种"新奇之器"值得中国效仿学习。"粤稽西洋巧制之艺，若徒供耳目之悦者毋论焉，其有测天时、合气候、省人力以致其轻快便捷利用者，皆此巧制也。我亦应有巧制，以取其轻快便捷利用之法。然须专心格理，求其必得，有所得则利用等耳。"① 西方"巧制"具有实用价值，中国也应拥有这些"巧制"，而"专心格理"是实现"巧制"的途径。

更特别的是，丁拱辰曾试制火轮车："广州为各国贸易之大都会，多见奇器，昔时目睹小式，谨记胸臆，粗知机械之大概。曾召良匠督配尺寸，造小火轮车一乘，周身釜灶皆铜，长一尺九寸，阔六寸，造小轮车一乘，载物三十余斤。驾驭之法，如后图。"又曾试制火轮船："（辰）曾就火轮车机械，造一小火轮船，长四尺二寸，阔一尺一寸，放入内河驶之，其行颇疾。惟质小气薄，不能远行。虽小大之殊观，亦效法之初基，谨绘图于后以备观看。惜粤东匠人，无制器之器，不能制造大只。"② 此外，丁拱辰还附绘《西洋火轮车图》《火轮船图》《小火轮车机械图》等示意图。

就铁路认知而言，丁拱辰使用了"火轮车""火轮船"等译词。另外可以推测，丁拱辰"目睹小式"的时间应在1840年以前，作为"各国贸易之大都会"的广州是他试制火轮车的知识来源地，而这得益于当时广州"一口通商"的独特地位。遗憾的是，他当初所见的"小式"究竟如何已无从得知。

---

① （清）丁拱辰：《演炮图说辑要》，黄天柱点校，上海辞书出版社，2013，第88页。
② （清）丁拱辰：《演炮图说辑要》，黄天柱点校，上海辞书出版社，2013，第89—90页。

3. 徐继畲《瀛寰志略》

从写作背景与经历来看，徐继畲（1795—1873）撰写《瀛寰志略》与林则徐编写《四洲志》颇有相似之处。《瀛寰志略》的初刻本为清道光二十八年（1848）福建抚署刻本，成书耗时约五年。按徐继畲的《自序》所言："自癸卯（1843 年——引者注）至今，五阅寒暑。公事之余，惟以此为消遣，未尝一日辍也。"[①] 其间他在福建任职：由广东按察使升任福建布政使（1843）、署理福建巡抚（1845），升为广西巡抚（1846 年底，未就任），旋调任福建巡抚（1847 年初）、署理闽浙总督（1847），之后曾再度署理闽浙总督（1850）。[②]

在福建布政使和福建巡抚任上，徐继畲常驻厦门，处理"五口通商"后的闽省"夷务"，对外交涉经验丰富。试举道光二十四年三月乙亥（1844 年 4 月 25 日）的一道谕旨为例：

> 谕军机大臣等……其住处一节，既将空房给令赁住，该夷复欲在鼓浪屿栖止，亦经咨商耆英覆绝严拒。现在该夷另派夷目李太郭到闽接替，闻须三四月间方能到厦，藩司徐继畲著即回省任事，仍著该督等随时体察。俟李太郭到后，饬令该道等将住居鼓浪屿一节，坚持原约，向其峻拒。该夷如已帖服，即行饬令妥办，倘仍事渎请，一面咨商耆英，再向璞

---

① （清）徐继畲：《瀛寰志略校注》，宋大川校注，文物出版社，2007，第 9 页。另，这里所采用的《瀛寰志略校注》即以清道光二十八年福建抚署刻本为底本。

② 关于徐继畲 1843—1850 年在福建的任职经历，分别参见《宣宗实录》六，《清实录》第三八册，中华书局，1986，第 1019 页；《宣宗实录》七，《清实录》第三九册，中华书局，1986，第 200、444、480、557 页；《文宗实录》一，《清实录》第四○册，中华书局，1986，第 314 页。

苗申谕，一面仍饬徐继畬驰往厦门，相机经理。①

他往来于福州和厦门之间，负责与英国人交涉。

故与林则徐相似，徐继畬既有知己知彼的需求，也有作为行政主官与西方人直接打交道的现场优势。

> 自道光癸卯于役厦门，得泰西人地图册子，每接晤英、米两国人，则披图询译，于大地国土形势，知其涯略。复搜采杂书数十种，阅五载，成《瀛寰志略》凡十卷。②

《瀛寰志略》与《四洲志》均以地理为主要色彩，关注海外国家的历史、政治、经济等状况。但《四洲志》以翻译《世界地理大全》为底本进行加工，《瀛寰志略》则倾注了作者自身的更多心力，如他"因公驻厦门，晤米利坚人雅裨理"，又"每晤泰西人，辄披册子考证之"，③ 信息来源更为丰富，原创程度相对更高。

综观《瀛寰志略》全书，有两个铁路概念——"铁路"和"火轮车"被提及的频率颇高，前者共出现 8 次，后者共出现 9 次。其中"铁路"均出现在卷九之"北亚墨利加米利坚合众国"（北美洲美国）部分，如表 2-1 所罗列，④ 提到马萨诸塞州、宾夕法尼亚州等 8 个州均已开通铁路，只是多为"有铁路通邻封"，没有更多细节。

---

① 《宣宗实录》七，《清实录》第三九册，中华书局，1986，第 40-41 页。
② 陈庆偕：《序》，载（清）徐继畬《瀛寰志略校注》，宋大川校注，文物出版社，2007，第 3 页。
③ （清）徐继畬：《瀛寰志略校注》，宋大川校注，文物出版社，2007，第 9 页。
④ 表中页码均出自（清）徐继畬《瀛寰志略校注》，宋大川校注，文物出版社，2007。

表 2-1 《瀛寰志略》（卷九美国部分）提及"铁路"一览

提及铁路之州名	原文	页码
麻沙朱色士国（即马萨诸塞州）	陆地有铁路	304
宾夕尔勒尼安国（即宾夕法尼亚州）	境内有铁路可达邻封	307
南喀尔勒那国（即南卡罗来纳州）	有铁路通邻封	309
倭海阿国（即俄亥俄州）	有铁路通邻封	310
密执安国（即密歇根州）	有铁路通邻封	310
阿拉巴麻国（即亚拉巴马州）	内地铁路亦四达	313
鲁西安纳国（即路易斯安那州）	内地亦有铁路	314
英厘安纳国（即印第安纳州）	有铁路通邻封	314

"火轮车"在《瀛寰志略》中作为译词使用是目前已知最早的。它在美国部分出现 6 次，其中马萨诸塞州 2 次："其商船、火轮船无所不到。陆地有铁路，马车与火轮车并用。火轮车行甚速，每日可三四百里。"宾夕法尼亚州 1 次："境内有铁路可达邻封，火轮车、船之烟柜，多造于此。""纽约尔国"（今译纽约州）1次："内地通衢，多用铁汁冶成，以利火轮车之行。"美国总论有 2次："又造火轮车，以石铺路，镕铁汁灌之，以利火轮车之行，一日可三百余里。"此外，卷六比利时部分出现 2 次：比利时"既绝荷兰，荷兰遏其港口，使不得通。乃造铁轇轆路，（以石铺路，镕铁汁灌之，使平如砥，以利火轮车之行。欧罗巴各国皆有之。）以火轮车由陆转运，以达于海"。卷七英吉利部分出现 1 次："火轮船之制，四五十年前始创为之。先是欧罗巴诸国，织布多用火轮机。能者推广其法，遂造为火轮船。近年米利坚又推广其法，造火轮车，而镕铁为路，以速其行，亦可谓精能之至矣。"①

---

① （清）徐继畬：《瀛寰志略校注》，宋大川校注，文物出版社，2007，第 304、307、306、318、214、261-262 页。

与《四洲志》相比，《瀛寰志略》对铁路知识的引介显然更为深入和具体。在涵盖范围方面，《瀛寰志略》不局限于美国，涉及美国、比利时、英国等多国，并说"欧罗巴各国皆有之"，即使是对于美国的铁路，也涉及更多的州，并提到铁路"以石铺路"、"镕铁汁灌之"（铁轨）等特征；在译词方面，除两者共同使用的"铁路"，《瀛寰志略》还首次使用"火轮车"，后世流传比"火烟车"更广；在铁路历史方面，《瀛寰志略》论及蒸汽机的推广应用促成铁路的诞生，即从"火轮机"（蒸汽纺纱机）到"火轮船"（蒸汽船）再到"火轮车"（蒸汽机车）的发展顺序。当然，这些内容不乏谬误，例如书中说："近年来米利坚又推广其法，造火轮车。"徐继畬没有认识到铁路的起源国是英国，而误认为是美国。

4. 魏源《海国图志》

相对于林则徐的《四洲志》和徐继畬的《瀛寰志略》，魏源的《海国图志》堪称综合前两部著作的集大成之作。[①] 魏源在1842年初刻五十卷本和1847年增刻六十卷本的叙言中表明文献来源之一是"近日夷图、夷语"，又在1852年增补一百卷本的叙言中详述了已用和新增的"夷图"和"夷语"，包括《坤舆图说》（利玛窦）、《职方外纪》（艾儒略）、《地球全图》（南怀仁与蒋友仁）、《外国史略》、《万国图书集》、《平安通书》、《每月统纪传》、《地理备考》（玛吉士）、《合省国志》（高理文）、《天文地球合论》（玛吉士）与"近日水战火攻船械之图"等。因

---

① 本小节与第三章第一节所涉及之《海国图志》，若非特别说明，均默认指代《海国图志》一百卷本。

此，魏源言："何以异于昔人海图之书？曰：彼皆以中土人谭西洋，此则以西洋人谭西洋也。"①《海国图志》的文献来源之广，远超《四洲志》与《瀛寰志略》，得益于此，其对铁路知识的涉及也是最多的。

再从魏源编纂此书前后的生平经历来看，亦可探察《海国图志》的部分特征。1845 年他参加殿试，被赐同进士出身，先后任署理东台知县（1845—1846）、权知兴化县事（1849—1850）、海州分司运判（1850—约 1853）、高邮州知州（1850—1853）。②他大多在江苏和浙江活动，官阶不高，但实务经验丰富。与林则徐和徐继畬相比，魏源与西方人打交道的机会较少，经验稍逊，但他有更多的时间和精力著书立说。因此，《海国图志》的篇幅之巨与内容之细，也远超前两部著作。

从《海国图志》一百卷本所使用的铁路方面的译词来看，其中共出现"火车"6 次、"火轮车（火轮之车）"8 次、"火烟车"2 次、"铁路"6 次、"铁轇辘路（铁轇辘之路、轇辘路）"5 次、"铁辙"2 次、"（铁）车路"8 次，总计译词 7 种、出现 37 次。涉及国家与频次如下："荷兰及弥尔尼壬国"（荷兰与比利时）5 次、"英吉利国"（英国）3 次、"弥利坚国"（美国）22 次、"大吕宋国"（西班牙）1 次、"奥地里加国"（奥地利）1 次等。③见表2-2。

---

① 为方便起见，这里所列书名、作者及所引文字，均采用魏源之原文，其中部分内容将在下文提及时予以校正。参见（清）魏源《海国图志》，载《魏源全集》第四册，岳麓书社，2004，第 1-8 页。

② 《魏源大事年表》，载《魏源全集》第二十册，岳麓书社，2004，第 759-777 页。

③ 上述各国虽注明今译名，但需要注意的是，当时各国疆域等情形往往与今日不同。

表2-2 《海国图志》（百卷本）主要提及铁路译词一览

卷次	详细目录	原文	辑录来源	页码
（1）"火车"译词				
卷四十	荷兰及弥尔尼壬国	作铁路以火车往来	《外国史略》	1166
卷五十一	英吉利国广述上	用火车往来	《英国论略》	1386
卷五十一	英吉利国广述上	火车四万辆	《外国史略》	1395
卷六十二	弥利坚国东路二十部	其外更有火车	《美理哥国志略》	1668
卷六十二	弥利坚国东路二十部	陆有火车	《美理哥国志略》	1672
卷八十三	贸易通志	皆被火车拉动	《贸易通志》	1975
（2）"火轮车"译词（亦含"火轮之车"）				
卷三十九	大吕宋国	火轮船与火轮车亦少	《地球图说》	1136
卷四十	荷兰及弥尔尼壬国	以火轮车由陆转运以达海	《瀛寰志略》	1167
卷六十	弥利坚国总记中	火轮之车，以便陆地转运	《万国地理全图集》	1639
卷六十一	弥利坚国总记	又有火轮车	《地球图说》	1648
卷六十一	弥利坚国总记	又造火轮车	《瀛寰志略》	1655
卷六十一	弥利坚国总记	以利火轮车之行	《瀛寰志略》	1655
卷六十二	弥利坚国东路二十部	其烟柜在车则云火轮车	《美理哥国志略》	1674
卷八十三	贸易通志	又有火轮车	《贸易通志》	1975
（3）"火烟车"译词				
卷六十	弥利坚国总记中	即用火烟车陆运货物	《四洲志》	1638
卷六十	弥利坚国总记中	亦用火烟车驶行冰面	《四洲志》	1638
（4）"铁路"译词				
卷四十	荷兰及弥尔尼壬国	作铁路以火车往来	《外国史略》	1166
卷四十	奥地里加国	其铁路甚广	《外国史略》	1293
卷六十一	弥利坚国总记下	内地开河、平铁路	《外国史略》	1653
卷六十二	弥利坚国东路二十部	车有铁路可通近部	《四洲志》	1673
卷六十二	弥利坚国东路二十部	有铁路通邻部	《四洲志》	1678
卷八十三	贸易通志	一日运渠，一日铁路	《贸易通志》	1976
（5）"铁辙辘路"译词（亦含"铁辙辘之路""辙辘路"）				
卷四十	荷兰及弥尔尼壬国	今亦制铁辙辘路	《万国地理全图集》	1157
卷四十	荷兰及弥尔尼壬国	乃造铁辙辘路	《瀛寰志略》	1167
卷五十一	英吉利国广述上	又造辙辘路	《英国论略》	1386

续表

卷次	详细目录	原文	辑录来源	页码
卷六十	弥利坚国总记中	又造铁轣辘之路	《万国地理全图集》	1639
卷六十一	弥利坚国总记下	故国内多造铁轣辘之路	《地球图说》	1648
（6）“铁辙”译词				
卷八十三	贸易通志	铺以铁辙	《贸易通志》	1975
卷八十三	贸易通志	则亦为石渠铁辙	《贸易通志》	1976
（7）“（铁）车路”译词				
卷六十二	弥利坚国东路二十部	其通各部车路，多铁铸成，费亦不赀	《四洲志》	1671
卷六十二	弥利坚国东路二十部	车辆亦皆冶铁为之	《四洲志》	1673
卷六十二	弥利坚国东路二十部	陆地有铁车路以达邻部	《四洲志》	1681
卷六十二	弥利坚国东路二十部	即有铁车路邻部通衢	《四洲志》	1681
卷六十三	弥利坚国西路十一部	陆有铁车路可达邻部	《四洲志》	1687
卷六十三	弥利坚国西路十一部	陆地亦有铁车路以通邻部	《四洲志》	1688
卷六十三	弥利坚国西路十一部	各有铁车路以运货	《四洲志》	1689
卷六十三	弥利坚国西路十一部	路有铁车路可通各部	《四洲志》	1690

注：表中各卷名如“大西洋”或“外大西洋”皆从略，仅列出细目。页码均出自（清）魏源《海国图志》一百卷本（岳麓书社 2004 年版）。

首先，《海国图志》吸收了《四洲志》和《瀛寰志略》引介铁路知识的部分内容，并沿用了前两部著作的铁路译词。其次，无论是铁路译词的种类，或是提及铁路译词的频次，还是涉及有铁路国家的范围，《海国图志》都因辑录了更多的文献而远胜前两部著作。最后，《海国图志》对于铁路译词的运用，发生了许多变化，与前两部著作之间是青出于蓝而胜于蓝的继承与发展关系，对铁路知识的引介达到了新的高度。

三 十九世纪中叶铁路认知的评析

对这一时期铁路认知的评析将分为三部分：其一，对“火蒸车"的传播与流变进行总结，概括其时空特征；其二，分析引进与传播技术知识的网络，挖掘不同文本和主体之间的联系；其三，从整体上对铁路认知初构进行检视，阐述其意义。

1. "火蒸车"传播的时空特征

总的来说，郭实猎的《火蒸水气所感动之机关》一文在1842—1852年共被辑录五次（见表2-3）。并且，该文在传播过程中还可能涉及郭实猎在《东西洋考每月统记传》中的文章《孟买用炊气船》（1833）与《火蒸车》（1835），以及著作《贸易通志》（1840）等。显而易见，郭实猎最早介绍的铁路知识并未因《东西洋考每月统记传》短暂办刊历史的结束而被湮没，而是被持续传播并发生流变。魏源、梁廷枏、郑复光等人的不断辑录与改写都是例证，其中既有如魏源辑录三次者，也有如郑复光对其反思修正者，这些是中国人最早的铁路认知之重要组成部分。

表2-3　《火蒸水气所感动之机关》的辑录及其沿用（1842—1852）

序次	时间	作者	书名	详情
第一次辑录及其沿用	1842	魏源	《海国图志》五十卷本	卷五十"附录"之《西洋器艺杂述》
	1847	魏源	《海国图志》六十卷本	卷五十九"西洋器艺杂述"
	1852	魏源	《海国图志》一百卷本	卷九十四"西洋技艺杂述"之《西洋器艺杂述》
第二次辑录	1846	梁廷枏	《海国四说》	《兰仑偶说》
第三次辑录	1847	郑复光	《镜镜詅痴》	《火轮船图说》
第四次辑录及其沿用	1847	魏源	《海国图志》六十卷本	卷五十四"火轮船图说"
	1852	魏源	《海国图志》一百卷本	卷八十五"火轮船图记"之《火轮船图说》
第五次辑录	1852	魏源	《海国图志》一百卷本	卷八十五"火轮船图记"之《火轮舟车图说》与《火轮船说》

这个由多人不断辑录与改写的过程，在时间和空间的维度上体现出一些突出的传播特征。一方面是时序上动态演进的特征。如果说郭实猎的原文是对铁路知识的一次传播，那么魏源的《西洋器艺杂述》（1842）、梁廷枏的《兰仑偶说》（1846）、郑复光的《火轮船图说》（1847）、魏源的《火轮舟车图说》（1852）和《火轮船说》（1852）等都属于二次传播，魏源辑录郑复光的《火轮船图说》（1847）则属于三次传播。既有郭实猎—郑复光（丁守存）—魏源的间接传播线索，也有郭实猎—魏源的直接传播线索。郭实猎的原文在多条线索的传播过程中被不断截取重组，有所改写，最终魏源《海国图志》一百卷本内并存三种版本。再以1847年为例，《镜镜詅痴》初版、《镜镜詅痴》修订版、《海国图志》六十卷本均刊印于当年，包括修订、辑录、二次辑录等在内的传播速度非常快。

另一方面是空间上跨地域的特征。《东西洋考每月统记传》刊行于广州和新加坡，跨越华南和东南亚；魏源虽居于江苏扬州，但其编纂《海国图志》的最初材料来自林则徐，而林则徐的材料则来自其在广东任职期间的搜集；梁廷枏向来居于广东，自然容易看到在广州刊行的该刊；郑复光和丁守存虽身在北方而不具备地利之便，却仍然能够获取该刊，并加以吸收利用。这些既可证明郭实猎介绍西方科技最新进展之举产生了切实的传播效果，亦可间接反映他所最早介绍的铁路知识的传播是全国性的。当然，该刊创刊于广州，而广州在鸦片战争前具有与西方国家"一口通商"的独特地位，[①] 故中西文化最先在此碰撞交流，使得"火蒸

① 《高宗实录》七，《清实录》第一五册，中华书局，1986，第1024页。

车"的传播横跨鸦片战争之前与之后。

2. 引进与传播技术知识的网络

结合"火蒸车"的多次传播与铁路知识的最初引介来看，中国人的铁路认知至此得以初构，表明存在引进与传播西方先进技术知识的网络。这个网络可从两个层面来理解：第一个层面是文本（著述）的网络，第二个层面是主体（作者）的网络。文本的网络在"火蒸车"的传播和铁路知识的最初引介中均得到体现。尤其是中国的铁路认知起源——1834年郭实猎在《东西洋考每月统记传》中刊载的《火蒸水气所感动之机关》一文，最具代表性。该文被中国人接受而发生传播与流变，体现于《海国图志》五十卷本、《海国四说》、《镜镜詅痴》、《海国图志》六十卷本、《海国图志》一百卷本等不同的文本内。这些文本之中，既存在直接辑录关系，如《海国图志》五十卷本辑录郭实猎原文；也存在间接辑录关系，如《海国图志》六十卷本辑录《镜镜詅痴》；还有如《海国图志》之五十卷本、六十卷本与一百卷本的不断扩充汇总者。

主体的网络与文本的网络密切相关而不尽相同。比如《海国图志》的作者魏源是核心人物，但他并非科学家。魏源的辑录对象郑复光也是主体网络的突出代表，《镜镜詅痴》的《火轮船图说》直接展示了郑氏与多位同行的联络交流。像郑氏这样的中国科学家并非一人，而可视为一个小群体。《火轮船图说》文中提及两位丁姓科学家。一位是丁守存。文中言"丁君心斋""此心斋所说也"等，这位丁心斋就是丁守存（1812—1883），山东日照人，《清史稿》有传：

道光十五年进士，授户部主事，充军机章京。守存通天文、历算、风角、壬遁之术，善制器。时英吉利兵犯沿海数省，船炮之利，为中国所未有。守存慨然讲求制造，西学犹未通行，凡所谓力学、化学、光学、重学，皆无专书，覃思每与暗合。大学士卓秉恬荐之，命缮进图说，偕郎中文康、徐有壬赴天津，监造地雷、火机等器，试之皆验。[1]

从道光十五年（1835）至鸦片战争期间，丁守存在北京做官，同时致力于钻研科学技术，活跃于京津地区。郑复光之所以能够撰成《火轮船图说》，是因为丁守存寄给他"原说"文字与图片等材料，这些材料的最初源头之一可确定就是郭实猎的《火蒸水气所感动之机关》。

另一位是丁拱辰。其《演炮图说辑要》也证明了丁拱辰与郑复光、丁守存等人之间在科技方面的交流互动关系。一方面，郑复光受到丁拱辰启发，借鉴了《演炮图说辑要》的蒸汽机知识。另一方面，《演炮图说辑要》的问世也离不开郑复光与丁守存的贡献，书前《陈跋》的作者陈庆镛说：

甲辰夏，林太史晴皋以同里丁星南《演炮图说辑要》四册见示。余于算学疏舛，且仪器之制未之学也，爰属友人郑浣香复光、丁心斋守存互相厘订，于其疑者条而辩之，审定郅崔，即于原书刊识其处，附以质正。

---

① 赵尔巽等：《清史稿》第四十六册，中华书局，1977，第 13928 页。

经陈氏牵线，郑复光与丁守存对该书进行审订，二人还为此写有《郑浣香先生来札》和《丁后序》。郑复光言：

> 今先生细心入微，又勤于咨访，故能言之凿凿，钦佩之至。兹有请益三事，另单求教，特恳陈侍御颂南先生觅便附寄，谅先生必乐为指示，不辜数千里外企慕之体也。①

丁守存则言：

> 甲辰初秋，陈颂南侍御过我，袖出《演炮图说辑要》钞本共四卷，乃显南增损前刻，自为厘正者，条分缕析，粲然大备……而于夷艘之情状，则又不翅手讲指画，增太真燃犀照水怪，不是过矣。予未谋星南之面，而读其书，知其志，知其学，恨不从之游，以质我胸中所蓄。读既竟录数语于后，璧诸颂南以还星南，俾知海内同志者，犹有山左日照同姓之字心斋、名守存其人也可。②

正是通过"海内同志"的"求教"和"指示"，郑复光、丁拱辰与丁守存等人相互探讨和启发，形成《镜镜詅痴》与《演炮图说辑要》等成果，其中有关火轮车的部分推动了铁路知识的初步传播，促进了铁路认知的初构。除了这些与郑复光相关的合作

---

① （清）郑复光：《郑浣香先生来札》，载（清）丁拱辰《演炮图说辑要》，黄天柱点校，上海辞书出版社，2013，第1页。

② （清）丁守存：《丁后序》，载（清）丁拱辰《演炮图说辑要》，黄天柱点校，上海辞书出版社，2013，第1—2页。

型人物、协助型人物、请教型人物等构成的研究群体[1]，郑复光与魏源、梁廷枏乃至郭实猎等人也在事实上构成了关于火车与蒸汽机知识的传播网络。借助于此种引进与传播的网络，中国铁路认知起源方能呈现出在郭实猎之后接连发生五次辑录的清晰线索。

3. 铁路认知初构的意义

铁路认知的传播与初构标志着 19 世纪 40—50 年代中国已在一定程度上实现集铁路认知、铁路倡议和铁路实体于一体的起步。换而言之，中国人此时已经具备对铁路"是什么""要不要修建""怎么修建"等问题的一定认识。

就铁路认知层面而言，郭实猎在《东西洋考每月统记传》的《火蒸水气所感动之机关》和《火蒸车》等文章中率先以中文介绍铁路知识。这些铁路知识在 1842—1852 年被魏源、梁廷枏和郑复光等"开眼看世界"者所辑录，并在传播时被或多或少地加入了辑录者自身的理解；就铁路倡议层面而言，魏源在《火轮舟车图说》（1852）中率先提出："昔未作此器时，牛马之外，最捷莫如明驼，日行千里。由今视之，则瞠乎后矣。有心济世者，曷勿仿式为之？"[2] 既然火轮车和火轮船速度惊人，那么就可以学习西方进行制造，这很大程度上可以被视为中国人的首次铁路倡议；就铁路实体层面而言，丁拱辰在 1843 年以前试造出"长一尺九寸""载物三十余斤"的小火轮车，是中国人最早自造的能实际运行的蒸汽机车模型。

---

① 合作型人物还有郑北华、鲍嘉荫、鲍嘉亨等，协助型人物有杨墨林、杨尚志、黄铁年等，请教型人物有程恩泽、何绍基、陈庆镛、苗夔、张穆、罗士琳、易之瀚、程鲁眉、张明益、梅余万、李瑞印宗、庞子芳、项轮香、吴大冀、叶志诜等，详见许静《〈镜镜詅痴〉的群体研究现象》，浙江大学，2013，第 20-25 页。
② （清）魏源：《海国图志》，载《魏源全集》第七册，岳麓书社，2004，第 2013 页。

从宏观视野来看，铁路认知的初构是近代以引进和传播技术知识为重要内容的西学东渐潮流再次启动的象征之一。一方面，明清之际以利玛窦（Matteo Ricci，1552—1610）和徐光启（1562—1633）为代表的那一波西学东渐潮流时隔已久。郭实猎、魏源、梁廷枏和郑复光等人的事迹表明，19世纪30—40年代情况发生变化，新教传教士从事传教和传播西学的活动越来越活跃，中国士人对于西学的兴趣也与日俱增。

另一方面，他们对西学的认识往往可上溯至利玛窦和徐光启的时代。如郑复光在《镜镜詅痴自序》（1847）中说到其书的光学主题时，就先追溯到论述"测实"的、有形的《几何原本》，然后谦称未能超越汤若望（Johann Adam Schall von Bell，1591—1666）所著"测虚"的《远镜说》。"以物象物，即以物镜镜。可因本《远镜说》，推广其理。敢曰尤贤，詅吾痴焉耳。"[①] 再如魏源在《海国图志》（1852）"后叙"中说："谭西洋舆地者，始于明万历中泰西人利马窦之《坤舆图说》，艾儒略之《职方外纪》……及国朝而粤东互市大开，华梵通译，多以汉字刊成图说。"[②] 他将利玛窦的《坤舆万国全图》（《坤舆图说》）视为中国人研究西方地理的脉络之源头。梁廷枏《兰仑偶说》（1846）序则言："其人近粗习中华文字，间有译梓成帙，流入市廛。实即所旧行之新闻纸，有考证天文者，有纪述风土者。其言往往归重耶稣教，意有在也。西洋阳玛诺之撰《天问略》称：'不动之天为诸圣所居，奉天主者乃得升之。'钦定四库，目虽著录其书，而摘指其谬，未尝因人废言

---

① （清）郑复光：《镜镜詅痴自序》，载《〈镜镜詅痴〉笺注》，李磊笺注，上海古籍出版社，2014，第3页。

② （清）魏源：《海国图志》，载《魏源全集》第四册，岳麓书社，2004，第7页。

也。"① 他对当时西方人的中文作品表示警惕，认为其中往往包含传教意图。虽然如此，但他以明末清初的耶稣会士阳玛诺（Emmanuel Diaz，1574—1659）为例，强调不能"因人废言"，要将传播宗教与传播西学区分开来。

---

① （清）梁廷枏:《海国四说》，骆驿、刘骁校点，中华书局，1993，第 103 页。

第三章 从"火蒸车"到"火轮车"：译词与铁路认知的本土化

在铁路认知在华传播与初构的过程中，铁路译词的变化是考察认知本土化的一个合适切入点。后来为人熟知的"火车""铁路""火轮车"等名词，在 19 世纪 30—50 年代均已被创造出来。然而当时被创造出来的铁路译词并非仅限于此，其中经历了译词使用的转变与筛选。那么问题就是：各种铁路译词源自何处，最初创造的译词与后来常用的译词之间发生了什么样的变化，铁路译词的变化与铁路认知的本土化存在何种关联。本章将先接上一章，从《海国图志》对传教士著作的辑录中探察译词变化，然后全面梳理并分析 1835—1878 年创造出来的铁路译词，最后围绕铁路认知本土化及其反映出的科技观进行反思。

一 铁路译词变更与认知本土化：以魏源为例

《海国图志》一百卷本除了辑录前文提及的《东西洋考每月统记传》《四洲志》《演炮图说辑要》《瀛寰志略》等，还辑录了《外国史略》《英国论略》《美理哥国志略》《贸易通志》《地球图说》《万国地理全图集》等其他著作。由于条件所限而无法面面俱到，故选择三部传教士著作——郭实猎的《贸易通志》、裨治文的

《美理哥合省国志略》和祎理哲的《地球图说》（《地球说略》），来考察铁路译词变化与认知本土化的联系。

1. 郭实猎《贸易通志》

魏源在《海国图志》第八十三卷辑录了郭实猎的《贸易通志》，涉及铁路内容。

> 遂造火轮舟。舟中置釜，以火沸水，蒸入长铁管……且火机所施不独舟也，又有火轮车，车旁插铁管煮水，压蒸动轮，其后竖缚数十车，皆被火车拉动，每一时走四十余里，无马无驴，如翼自飞。欲施此车，先平其险路，铺以铁辙，无坑坎，无纤曲，然后轮行无滞。道光十年，英吉利国都两大城间，造辙路九十余里，费银四百万员，其费甚巨，故非京都繁盛之地不能用。近日西洋各国都多效之……然地有纤曲高下，不可行火轮者，惟在填平道路，将碎石堰地，使其平坦；两旁轨辙，以铁为槽，行时溜转如飞，则一马之力牵六马之重。西洋贸易，不但航海，即其在本国水陆运载，亦力求易简轻便之术：一曰运渠，一曰铁路。①

文章从"火机所施"的"火轮舟"说到"火轮车"，其中有关铁路的译词有"火轮车""火车""铁辙""铁路"。

那么《贸易通志》的原文是否与此一致？这需要先说明该书的版本情况。现今流传的《贸易通志》均出自王锡祺的《小方壶斋舆地丛钞》（简写为《丛钞》），而《丛钞》又出自魏源《海国

---

① （清）魏源：《海国图志》，载《魏源全集》第七册，岳麓书社，2004，第1975-1976页。

图志》。在此之前的更早版本存世极少，目前已知的几个藏本（或影印本），仅见于大英图书馆、牛津大学图书馆、美国哲学学会图书馆、香港信义宗神学院图书馆、中国国家图书馆等处。① 据国图藏本（ID 号为 312002002835，曾系郑振铎藏书和北京图书馆藏书），书前仅有包含"贸易通志"四个大字的封面，没有版本、作者等详细信息。该书是最初版本，还是某个修订本尚无法断定，但总之更贴近郭实猎原意，可与魏源辑录版本进行比较。综合前人研究推测之，该藏本与大英图书馆藏本、牛津大学图书馆藏本和香港信义宗神学院图书馆藏本一致，是 1840 年在"新嘉坡坚夏书院"出版的原本。

与《海国图志》辑文相对应的原文，在《贸易通志》卷三的"运货"和"道路"部分。② "运货"部分主要论述蒸汽船的发明："明士暗想，将用蒸之力庶乎可动物业。遂包之以长铁筒，而插柄，上下张缩其蒸，靠蒸之力自动。还造铁机，彼此相连往来，得摇。加之以轮，就火速转也。查其本源，识其委曲，这等机能足动舟，自然现出。其船中放黄釜，内斟煮水，蒸入长铁筒，击轮快转，船驶如若摇橹，一点时走三十有余里。"又提到译词"火船"："川之急水，俗舟难冲，只火船容易溯流而上。水路甚远，经历日月，只乘火船，速航不期而到。"还提到译词"火舟"："西方各国，现今修文偃武，增设学校，以安民心，专务进前，广其艺而推

---

① 对郭实腊《贸易通志》版本与内容的考察，可参见熊月之、庄钦永、沈国威、王扬宗等人的著述，例如熊月之《郭实腊〈贸易通志〉简论》，《史林》2009 年第 3 期；沈国威、王扬宗《关于〈贸易通志〉》，《或问》2004 年第 7 期。

② 《贸易通志》分为五卷：卷一为发语、交易大略、商贾、公司、自主商；卷二为各国通商、中国、中国邻邦、南海各地、五印度国、西国、欧罗巴各国、比亚默利加列国、南亚默利加列国；卷三为运货、海图、道路、港口；卷四为通国行宝、银票、银馆、挽银票、担保会；卷五为新地、通商制度、章程、保护、商约。

其学。火舟结四海，彰风化如天成久道，鼓舞甄陶，昭文明而流教泽。”[①] 并没有使用译词“火轮舟”。

“运货”部分末尾言：

> 终者细观火机，查其精微之蕴，而知其益，天下各机所新造者不比火机矣。愈精造之愈久习其用，愈挽颓风却道划为平地，毫无曲处，乃必然之理。设使坑坎，轮即阻滞，不动烂坏其轣辘，必须内外洒扫整洁，不然轮不转焉。造此等路者，使费浩繁，论铁之多，披山开险之劳，自然看出其事不少。故道光十年间，在英国两大城所造之轣辘道之费，长九十有余里，共费银四百万员。然他国效其法，西国各地方作之。峨罗斯正要造路，连蒙古买卖镇（即恰克图旁的清代中俄贸易中心——引者注）与京都也。倘若如此，大清与峨交通容易不绝矣。[②]

这里由“火机”说到“轣辘道”，又提及道光十年（1830）“英吉利国都两大城间”建造铁路一事，均与辑文相对应。

“道路”部分则言：

> 民之生意赖通路也。不造路，不得易运；不得运，运货价钱昂；昂孰肯买之乎。故国贸易之兴衰，营运之甚盛，皆依造路之情……将货载车，使费甚重，经由坭路千碍万阻，连滞而行也。况其马食干刍谷豆，亦必费银，然地方无河无沟，如

---

① 〔德〕郭实猎：《贸易通志》，新嘉坡坚夏书院，1840，第 33 上－33 下页。
② 〔德〕郭实猎：《贸易通志》，新嘉坡坚夏书院，1840，第 34 上－34 下页。

何处之乎？故由水路不交通之国，生意惟微，通商不多也。博学名儒，万计千筹，而用法术，致移开所塞者。虽凿险开道，徘徊四顾，欲行欲止，踌躇半筹莫展。毕竟始作新样，填平道路，将石碎壒地，打击平坦，两边定铁轨辙，接其辆轮，内磨其光，使之快转如反掌。故此运货不止作速，乃一匹马之力，是以成六匹马之工，车走如飞，并无阻也。英吉利人始造轏辘之路，尚加火机，造火车，就像火船一盘。车傍插铁筒，煮水厌蒸动轮，其后紧缚车数十辆，被火车拉者。如此每时辰走四十有余里不等，各动之物中，此乃极快。车无马无驴，到底如若插翼飞驰。远客一视之，莫不景仰。其人之伎俩，无以加矣。大能高大，才气透达，由是观之。①

这部分将铁路作为陆路交通的最新发展而加以介绍，使用"铁轨辙""轏辘之路""火车"等译词。

总的来看，《贸易通志》原文与《海国图志》辑文虽然不难看出相互对应之处，但是两者之间存在明显差异。差异之一就是译词不同。郭实猎使用了"火舟""火船""火机""轏辘道""铁轨辙""轏辘之路""火车"等译词，魏源则使用了"火轮舟""火机""火轮车""火车""铁辙""铁路"等译词。可见魏源仅沿用"火机"和"火车"，而以"火轮舟"代替"火舟"和"火船"，以"铁辙"和"铁路"代替"铁轨辙"和"轏辘道"（"轏辘之路"），并新增与"火轮舟"相似的"火轮车"。差异之二就是内容不同。郭实猎原文较为零碎，魏源对其进行了大幅度改写，重

① 〔德〕郭实猎：《贸易通志》，新嘉坡坚夏书院，1840，第40上、43下-44上页。

新组织了语言。正如徐继畲对"西人汉字杂书"的评价，认为"其书俚不文，淹雅者不能入目"，需要"荟萃采择"。[①] 当然，《贸易通志》的部分内容在"荟萃采择"的过程中被删去，如郭实猎描述西方国家"火舟结四海"的具有较强倾向性的话语，如"修文偃武""广其艺而推其学""昭文明而流教泽"等，《海国图志》就未予辑录。

2. 裨治文《美理哥合省国志略》

在郭实猎致力于著书立说的同时，美国传教士裨治文（Elijah Coleman Bridgman，1801—1861，又名高理文）也于1838年在"新嘉坡坚夏书院"出版《美理哥合省国志略》，[②] 介绍美国的历史与现状。其序文称：

> 予虽荒陋无闻，华人多见广识，惟合省地舆土产、人物规条，一切国中事物，尚未领悉于胸中。故予不揣庸愚，略为详说……或百年后，流入中土，苟有不耻下观者，故予为之击节设道。

落款为"时道光十八年岁次戊戌孟夏中浣 高理文题书"。裨治文的序文语气谦虚，表示其目的是"流入中土"，使中国人了解美国。

---

① （清）徐继畲：《瀛寰志略校注》，宋大川校注，文物出版社，2007，第9页。
② 据哈佛燕京图书馆藏《美理哥合省国志略》，书扉页标明为道光十八年新嘉坡坚夏书院出版。该书首印后再版多次，书名各异，如《亚墨理格合众国志略》《亚美理驾合众国志略》《大美联邦志略》等，译词与内容也多变。魏源在《海国图志》中称之为《美理哥国志略》，亦被王锡祺的《小方壶斋舆地丛钞》所录。1997年，刘路生根据"新嘉坡坚夏书院"版点校之，刊发于《近代史资料》第92号，本书兼采该点校版与道光十八年"新嘉坡坚夏书院"原版。

在《美理哥合省国志略》对美国社会的介绍中，有不少内容涉及轮船和铁路等新式交通的发展情况，尤其是创造出"火车"和"火烝车"等译词。该书引介铁路知识主要有三处。一是"马沙诸些省"（即马萨诸塞州）条内有"火车"："海内往来舟楫颇多，火船渡船等亦不少也。道途之车，通计约数百余辆。每辆或用马四匹或五六匹或一二匹不等。每日能行六七百里。其外更有火车，不用马匹，内以火力旋绕，日可行千余里。"二是"新约基省"（即纽约州）条内亦有"火车"："又省内为百货通流之地，故多运河。河内运货，则有火船。陆路运货，则有火车。火车火船，若速行，每点余钟可行五六十里，慢行每点可行三四十里。"三是"边西耳文省"（即宾夕法尼亚州）条内有"火烝车"："又有作烟柜之所七间，其烟柜在车则云火烝车，在船则曰火船。此皆赖水烝之力旋转而行也。"① （点校本均以"蒸"代替"烝"——引者注）

魏源在编纂《海国图志》而述及美国（弥利坚国）时，即频频辑录《美理哥合省国志略》（《美理哥国志略》），将其作为基本参考资料。虽然魏源所采用的裨治文之书可能有不同版本，但是我们仍可通过文本对比发现其中译词的变化。《海国图志》中对应于上面三处铁路知识引介的部分在卷六十二"外大西洋"之"弥利坚国东路二十部"，内容分别如下：（1）"马沙朱硕斯部"（即马萨诸塞州）条内有"火车"："海内商船、火船甚众，陆地之车用马四匹，或五六匹，或一二匹，日行六七百里。其外更有火车，惟以火力旋轮，日可行千余里。"（2）"纽育部"（即纽约州）

---

① 〔意〕裨治文：《美理哥合省国志略》，刘路生点校，载《近代史资料》编辑部编《近代史资料：总92号》，中国社会科学出版社，1997，第4~21页。

条内亦有"火车"："其运货，河有火船，陆有火车。若速行，每点钟可五六十里；慢行，每点钟可三四十里。"（3）"宾西洼尼阿部"（即宾夕法尼亚州）有"火轮车"："又有作烟柜之所，其烟柜在车则云火轮车，在船则曰火轮船，此皆赖水烝之力旋转而行。"①

由《美理哥合省国志略》与《海国图志》相比较可知，裨治文原本使用译词"火车"和"火烝车"，魏源一面继续使用译词"火车"，另一面却弃用"火烝车"而改用"火轮车"。这种译词改动与魏源辑录《贸易通志》时的译词改动颇为相似，当然，也尚不能完全排除是由《美理哥合省国志略》的版本不同所导致的。

3. 祎理哲《地球图说》（《地球说略》）

《海国图志》对铁路知识的引介，有两处出自《地球图说》，分别在卷三十九"大西洋"之"大吕宋国"部分和卷六十一"外大西洋"之"弥利坚国总计下"部分。《地球图说》于 1848 年出版于宁波华花圣经书房，作者系美国长老会的传教士祎理哲（Richard Quarterman Way，1819—1895）。1856 年，他将《地球图说》扩充为《地球说略》，也在宁波出版。由于《地球图说》原文难觅，而《地球说略》与其大体一致，故暂且采用《地球说略》与《海国图志》进行比对。另外，《地球说略》随后传入日本，故又可用 1860 年箕作阮甫训点版作为比照。

《海国图志》卷三十九"大吕宋国"云：

---

① （清）魏源：《海国图志》，载《魏源全集》第七册，岳麓书社，2004，第 1668、1672、1674 页。

宗天主教，民之文者弹琴行乐，武者斗牛尚勇。火轮船与火轮车亦少。①

《地球说略》对应之"大吕宋国图说"则云：

所述之教，概以天主教为重。初国中之人毋许他教同行，见有述他教者，尝用极刑，如剪去指甲、割下耳鼻，使其痛改。若仍不改，或投兽食，或使火焚，或用绳缢，必置之死地而后已。至今虽不复如是，而不许他教同行，则犹是也……是国之人，最好斗牛之戏，男女观者如堵其门也……又男女并好弹琴跳舞为乐……至火轮船、火轮车等，是国少有造作，而贸易之事亦罕与他国相通。②

箕作阮甫训点版《地球说略》之"大吕宋国图说"云：

是国之人，最好斗牛之戏，男女观者如堵其门也……又男女并好弹琴跳舞为乐……至火轮船、火轮车等，是国少有造作，而贸易之事亦罕与他国相通。③

《海国图志》卷六十一"弥利坚国总计下"云：

国内运载货物，陆则有大车小车藉马力以行走，又有火

①　（清）魏源：《海国图志》，载《魏源全集》第六册，岳麓书社，2004，第1136页。
②　〔美〕袆理哲：《地球说略》，华花圣经书房，1856，第52-53页。
③　〔美〕袆理哲：《地球说略》，〔日〕箕作阮甫训点，东都江左老皂馆藏梓，1860，第51-52页。

轮车，中可住千人，一时能行百八十里，故国内多造铁轇轕之路；在水则有火轮船，往来纷纭，较他国更繁盛。①

《地球说略》对应之"合众国图说"则云：

民之往来装载，多用火轮车，车之轮稍遇崎岖则不能行走，且落地势又甚重，所过泥涂常恐被陷，以故地上将铁汁镕冶，布置铁路二行，阔约四五寸，平如砥，以便车轮经过，无虞妨害也。其车有数车品，合共约容数百人，一日能行千里，可称飞快。又火轮船，因是国河港交贯，货物装运，人民往返，亦多藉之。②

箕作阮甫训点版《地球说略》与原版文字相同。③

通过两处内容的比较，可以发现以下三点。第一，魏源辑录时基本忠实于原著，但会对文字进行缩减，使之精简。第二，魏源对译词的使用与祎理哲既有一致性，也有差异性。相一致者如"火轮车"与"火轮船"，不同者如祎理哲说"将铁汁镕冶，布置铁路二行"，魏源则说"多造铁轇轕之路"。第三，魏源在辑录时也偶有错误，如《地球说略》原本说："其车有数车品，合共约容数百人，一日能行千里。"魏源则误作为"又有火轮车，中可住千人，一时能行百八十里"。"共约容数百人"被转述为"中可住千人"。

---

① （清）魏源：《海国图志》，载《魏源全集》第六册，岳麓书社，2004，第1647-1648页。
② 〔美〕祎理哲：《地球说略》，华花圣经书房，1856，第96页。
③ 〔美〕祎理哲：《地球说略》，〔日〕箕作阮甫训点，东都江左老皂馆藏梓，1860，第94页。

二　铁路译词的整理与分析：1835—1878

作为包括车辆、信号、轨道、场站等诸多部分在内的综合技术系统，铁路的专有名词可谓数不胜数，想要逐一穷尽其来源亦难做到。这里所说的铁路译词，仅指对应于“火车”和“铁路”的系列基本译词，前者如前文述及之“火蒸车”“火轮车”等，后者如“铁辙”“铁轣辘”等。

1. 传教士创造的铁路译词

最早的铁路译词应当追溯到19世纪30年代铁路认知的发端，即第一章所述郭实猎首创“火蒸车”的事迹。他在《东西洋考每月统记传》（以下简称《统记传》）的诸篇文章内创造的译词有“火蒸车”“铁轣辘”“铁辙之道”等。除此之外，郭实猎在《万国地理全集》中还创造了衍生译词“铁轣辘路”和“铁轣辘之路”，在《贸易通志》也创造了“轣辘道”“轣辘之路”“铁轨辙”等。同时期的作品还有裨治文的《美理哥合省国志略》，其中创造的译词是“火车”和“火烝车”。后来，美国传教士玛高温还创造了“火轮车道”（1851）。

（1）“火蒸车”，出自郭实猎在《东西洋考每月统记传》道光乙未年（1835）六月号的《火蒸车》一文。其中说：“况且驾火蒸车，一个时间走九十里路，如鸟之飞，不用马不恃牛，任意飞跑。”并且提到“火蒸船只”和“火蒸机”，[①] 而“火蒸机”就是郭实猎在《统记传》道光甲午年（1834）五月号的《火蒸水气所

① 爱汉者等编《东西洋考每月统记传》，黄时鉴整理，中华书局，1997，第185-186页。

感动之机关》一文所说的"火蒸水气所感动之机关"。① 所以，郭实猎比较形象地使用"火蒸车""火蒸船只""火蒸机"来指代蒸汽机车、蒸汽船和蒸汽机。

（2）"铁轆辘"，也出自郭实猎《火蒸车》一文。其中说："利圭普海口，隔曼者士特邑一百三十里路。因两邑的交易甚多，其运货之事不止，所以商贾等作平路，钻山浚潴，建桥以推车之转。作两个铁轆辘，备其路平坦，无上无下，及车轮非碍，欲用马拖车，便也，其程甚慢。故用火蒸车。"② 这是在说"利圭普"（利物浦）至"曼者士特"（曼彻斯特）的铁路。"轆辘"的含义之一就是轨道。西汉时语言学家扬雄在《方言》中即言："繀车，赵魏之间谓之轆辘车，东齐海岱之间谓之道轨。"③ 宋代苏轼也有诗句曰："松下纵横余屐齿，门前轆辘想君车。"④ "汉人煮箦"的故事也与"轆辘"及轨道有关。⑤ 因此，"两个铁轆辘"就是指铁路的两条铁轨。

（3）"铁轆辘"是在郭实猎那里衍生出来的译词。一个是他的《万国地理全集》，使用了"铁轆辘路"。⑥ 由于无法看到《万国地

---

① 爱汉者等编《东西洋考每月统记传》，黄时鉴整理，中华书局，1997，第126页。
② 爱汉者等编《东西洋考每月统记传》，黄时鉴整理，中华书局，1997，第186页。
③ （清）钱绎撰集《方言笺疏》，李发舜、黄建中点校，中华书局，1991，第210页。
④ （北宋）苏轼：《次韵舒教授寄李公择》，载（清）王文诰辑注《苏轼诗集（全八册）》第三册，孔凡礼点校，中华书局，1982，第832页。
⑤ 故事云："汉人有适吴者，吴人设笋。问之，曰竹也。归而煮其箦，不熟，谓妻曰，吴人轆辘，欺我如此。《博雅》：'车轨道谓之轆辘。'借轨道为诡道，吴人轆辘犹言吴人诡道也。"最早出处不详，有说出自魏邯郸淳《笑林》，亦有说出自西晋陆云《笑林》。本书参见（明）周祈《名义考十二卷》卷八，上海书店，1994，第154页。
⑥ 《万国地理全集》存世极少，庄钦永发现英国利兹大学图书馆有其藏本，并撰文介绍。后来又又明确提出该书仅有一个版本，刊于香港福汉会。并存在两种刻本：初刻本（约1844）和修补本（约1848）。庄氏之研究详情分别参见〔新〕庄钦永《郭实猎〈万国地理全集〉的发现及其意义》，《近代中国基督教史研究集刊》2006年第7期；〔新〕庄钦永《有关郭实猎〈万国地理全集〉的若干考证》，载张禹东、庄国土主编《华侨华人文献学刊》第五辑，社会科学文献出版社，2017，第17~43页。

理全集》原书，故我们只能借助二手来源——魏源《海国图志》
一百卷本所辑录之《万国地理全图集》，如《海国图志》卷四十
"荷兰及弥尔尼壬国"说："今亦制铁轙辘路。"卷六十"弥利坚国
总记中"说："又造铁轙辘之路。"① 无论是"铁轙辘路"，还是
"铁轙辘之路"，都是指铁路。如果魏源所引即为郭实猎原文，那
么这些都源自郭实猎在 1835 年所用的"铁轙辘"。另一个就是他
的《贸易通志》，该书卷三说："故道光十年间，在英国两大城所
造之轙辘道之费，长九十有余里，共费银四百万员。"又说："英
吉利人始造轙辘之路，尚加火机，造火车，就像火船一盘。"② 这
里的"轙辘道"和"轙辘之路"是"铁轙辘道"和"铁轙辘之
路"的简略版，亦皆指铁路。

（4）"铁辙之道"，出自郭实猎《东西洋考每月统记传》道光
戊戌年（1838）正月号的《贸易》一文。其中说："西国之民，造
铁辙之道，车轮若火急，半个时辰可走五十余里。亦建火船，不待
顺风潮汐，而不扬帆，自然飞驶矣。故此远地若邻国，运货之工钱
甚少，而经营互相市易，其如示诸掌乎。"③ 这里所说的"铁辙"
和"铁轙辘"一样都是指铁轨，"铁辙之道"就是指铁路。他介绍
西方建造铁路即"铁辙之道"的经验，旨在论述交通运输对于开
展商贸的重要性，提倡发展交通以鼓励贸易。

（5）"铁轨辙"，亦出自郭实猎《贸易通志》。其中卷三说：
"毕竟始作新样，填平道路，将石碎墁地，打击平坦，两边定铁轨
辙，接其辆轮，内磨其光，使之快转如反掌。"④ 这里所说"铁轨

---

① （清）魏源：《海国图志》，载《魏源全集》第六册，岳麓书社，2004，第 1157、1639 页。
② 〔德〕郭实猎：《贸易通志》，新嘉坡坚夏书院，1840，第 34 上－34 下、44 上页。
③ 爱汉者等编《东西洋考每月统记传》，黄时鉴整理，中华书局，1997，第 315 页。
④ 〔德〕郭实猎：《贸易通志》，新嘉坡坚夏书院，1840，第 43 下－44 上页。

辙"就是铁轨。文中所说的平道路、铺碎石、装铁轨等都是建造铁路的重要步骤。

（6）"火车"，出自裨治文《美理哥合省国志略》。其中介绍"马沙诸些省"（马萨诸塞州）时说："海内往来舟楫颇多，火船渡船等亦不少也。道途之车，通计约数百余辆。每辆或用马四匹或五六匹或一二匹不等。每日能行六七百里。其外更有火车，不用马匹，内以火力旋绕，日可行千余里。"① 可见裨治文将"火车"与"火船"相提并论。按上文所述，与此相近使用"火车"的还有郭实猎《贸易通志》，其中的卷三说："英吉利人始造轞辘之路，尚加火机，造火车，就像火船一盘。"也是将"火车"与"火船"并提。

（7）"火烝车"，亦出自裨治文《美理哥合省国志略》。其中介绍边"西耳文省"（宾夕法尼亚州）时说："又有作烟柜之所七间，其烟柜在车则云火烝车，在船则曰火船。此皆赖水烝之力旋转而行也。"② 此处"烝"与"蒸"同义，"火烝车"与"火蒸车"类似，皆指蒸汽机车。

（8）"火轮车道"，出自美国浸礼会传教医师玛高温（Daniel Jerome MacGowan，1814—1893）的《博物通书》（1851）。③ 该书第六章"电气通标"云："至于历路安置铜线之法，在西土，自京都至各大邑多有火轮车道，即于道旁安置，每二十丈立一短竿，

---

① 〔意〕裨治文：《美理哥合省国志略》，刘路生点校，载《近代史资料》编辑部编《近代史资料：总 92 号》，中国社会科学出版社，1997，第 14 页。

② 〔意〕裨治文：《美理哥合省国志略》，刘路生点校，载《近代史资料》编辑部编《近代史资料：总 92 号》，中国社会科学出版社，1997，第 21 页。

③ 该书英文名为 *Philosophical Almanac*，本书采用澳大利亚国家图书馆藏本，馆藏 Bib ID 为 1873768。

以为表记。"① 这里的"火轮车道"当属"火轮车"的衍生译词。

2. 中国人创造的铁路译词

除了传教士创造的铁路译词，还有不少中国人创造的铁路译词，分别是林则徐创造的"火烟车"（1840）、"铁路"（1840）、"铁车路"（1840），徐继畬的"火轮车"（1848），郭连城的"火车道"和"火轮车路"（1859），张德彝的"铁道"（1866），李鸿章的"火车路"（1872），顾观光的"铁轨路"（1874）等。

（1）"火烟车"，出自林则徐《四洲志》（1840）。该书介绍"弥利坚国"（美国）部分时说："国中运河长三千五百里，疏浚二十年始浚。其不通河道者，即用火烟车陆运货物，一点钟可行二三十里。其车路皆穿凿山岭，砌成坦途，迄今尚未完竣。如值天寒河冻，亦用火烟车驶行冰面，虽不及舟楫，而究省人力。"② "火烟车"与"火蒸车"、"火烝车"等的译法相似，直观地反映了蒸汽机车运行时的景象。

（2）"铁路"，亦出自林则徐《四洲志》。该书介绍美国之"宾西洼尼阿部"（宾夕法尼亚州）说："车有铁路可通近郡。"美国之"南戈罗里部"（南卡罗来纳州）亦然："有铁路通邻部。"③虽然我们今天所熟知的"铁路"最早出自此，然而按丁韪良的《格物入门》所述，美国直至19世纪中叶尚有"马拉火车"，因此《四洲志》中的"铁路"不一定与今日的"铁路"相同。

（3）"铁车路"，亦出自林则徐《四洲志》。该书介绍美国之

---

① 〔美〕玛高温：《博物通书》，真神堂咸丰元年正月镌刻本，1851，第22上页。
② （清）林则徐：《四洲志》，载《林则徐全集：第10册 译编》，海峡文艺出版社，2002，第4921页。
③ （清）林则徐：《四洲志》，载《林则徐全集：第10册 译编》，海峡文艺出版社，2002，第4927、4929页。

"阿希阿部"（俄亥俄州）说："陆地有铁车路以达邻部。"美国之"弥治颜部"（密歇根州）亦然："即有铁车路（达）邻部通衢。"① 可以推测，"铁车路"是《四洲志》内"铁路"的衍生译词。

（4）"火轮车"，出自徐继畬的《瀛寰志略》（1848）。该书中多次出现"火轮车"，最先使用之处在卷六"比利时"部分：比利时"既绝荷兰，荷兰遏其港口，使不得通。乃造铁轣辘路，（以石铺路，熔铁汁灌之，使平如砥，以利火轮车之行。欧罗巴各国皆有之。）以火轮车由陆转运，以达于海"。② 这里两次使用"火轮车"，也沿用了郭实猎创造的"铁轣辘"译词。

（5）"火车道"，出自郭连城的《西游笔略》（1859）。该书为1859 年（咸丰九年）郭氏以中国天主教徒的身份随团前往罗马的纪行，其中七月十七日（即 1859 年 8 月 15 日）载："曾闻车撒杨铎言电雷线，陆则置于火车道旁，水则缒于洋海之底，以通各国，倘有新闻、军情或买卖要事，则以电气触动铁线机枢，如空谷传声之法，若无阻碍，半时可绕地球七百五十周。"③ "电雷线"即为电报线，"火车道"则属于"火车"的衍生译词。值得注意的是，该书出版于三年多以后，最早的版本系"同治二年新刻鄂省崇正书院藏板"。

（6）"火轮车路"，亦出自郭连城《西游笔略》。该书内咸丰九年七月十八日（即 1859 年 8 月 16 日）载："现在太西诸国有火轮车路通行四方郡邑，间遇朝廷有事，报以电雷，数刻则举国皆

---

① （清）林则徐：《四洲志》，载《林则徐全集：第 10 册 译编》，海峡文艺出版社，2002，第4931 页。

② （清）徐继畬：《瀛寰志略校注》，宋大川校注，文物出版社，2007，第 214 页。

③ （清）郭连城：《西游笔略》，上海书店出版社，2003，第 39 页。

知。"① 这里的"火轮车路"是"火轮车"的衍生译词。

（7）"铁道"，出自张德彝《航海述奇》。该书为同治五年（1866）张德彝随团"游历"西方时的日记，当年六月初访问俄国，参观皇宫："又有水法，系从铁道通来者。"六月底至法国："酉初一刻至巴黎，一路楼阁华美，人物繁盛，轮车铁道，玉石琼莹。"② 虽然该日记汇编成书时已是次年，但仍可认为"铁道"首创于1866年。

（8）"火车路"，出自李鸿章于同治十一年（1872）九月十一日写给丁日昌（1823—1882）的信《复丁雨生中丞》。信内言及时势："电线由海至沪，似将盛行，中土若竟改驿递为电信、土车为铁路，庶足相持……俄窥西陲，英未必不垂涎滇、蜀。但自开煤铁矿与火车路，则万国缩伏，三军必皆踊跃，否则日蹙之势也。"③ 李鸿章同时用"铁路"和"火车路"，将此与"电线"（"电信"）、"开煤铁矿"等归为洋务内容。他时任直隶总督兼北洋大臣，认为修建铁路可用于军事运输，是抵抗俄国、英国等侵略边疆的必要手段。

（9）"铁轨路"，出自顾观光《九数外录》（1874）。④ 该书内有一篇《动重学记》说："凡二体相切相磨，皆能生面阻力，而动速渐减。使牵力与面阻力等，则物之行悟（实应为"恒"——引

---

① （清）郭连城：《西游笔略》，上海书店出版社，2003，第42页。

② （清）张德彝：《航海述奇》，钟叔河校点，岳麓书社，1985，第555-571页。

③ （清）李鸿章：《复丁雨生中丞》，载《李鸿章全集：30 信函二》，安徽教育出版社，2007，第474页。

④ 顾观光在《清史稿·畴人二》有传："顾观光，字尚之，金山人。太学生，三试不售，遂无志科举，承业为医。乡钱氏多藏书，恒假读之。博通经、传、史、子、百家，尤究极天文历算，因端竟委，能抉其所以然，而摘其不尽然。时复蹈瑕抵隙，搜补其未备。"详见赵尔巽等《清史稿》第四十六册，中华书局，1977，第13998-14001页。

者注）为平速矣。车行于石路之牵力……火石路为千分之六十四；铁轨路牵力或为物重二百四十分之一，或为三百分之一；平石路为七十分之一；石子路为十五分之一。”① 其文论述了“石路”“火石路”“铁轨路”“平石路”等不同路面情况下牵引力与阻力的不同。“铁轨路”顾名思义是安装了铁轨的道路，指铁路。

3. 铁路译词的总结与分析

上述诸多铁路译词，大体可分为“车”和“路”两类。若将“铁轣辘”与“轣辘道（轣辘之路）”、“铁轣辘路（铁轣辘之路）”等归为一种，则共计为16种译词。后来常用的“火车”“火轮车”“铁路”“铁道”等词都已出现。此外，还可以分别从翻译方式、译词时序、译者身份三个层面出发，对铁路译词进行简要分析。

从翻译方式来看，铁路译词呈现丰富多元的特点。其一是采用直观形象的翻译方式，如较早的“火蒸车”“火烝车”“火烟车”等，都来源于蒸汽机车运行时的场景，生动地反映了“火蒸水气”或火车冒烟的情景，具有相当的表现力；其二是利用既有汉语词汇的翻译方式，如“铁轣辘”的“轣辘”、“铁辙之道”和“铁轨辙”的“辙”等，都属于已有的形容轨道的书面语，添上“铁”组成新词之后就具有了新的语义；其三是借鉴已有译词的翻译方式，尤其是同属新式交通的蒸汽船，如“火船”在谢清高的《海录》（1797）介绍“咩哩干国”（美国）时就已出现，②“火车”可与其相对应。在使用译词时，亦存在“火蒸车”与“火蒸船”、

① 《九数外录》最早于清同治十三年（1874）由江南机器制造总局刊印，但难以查阅，故采用光绪十二年（1886）槐庐丛书本，参见（清）顾观光《九数外录》，光绪丙戌年春二月吴县朱氏家塾校刊本，1886，第32上-32下页。

② （清）谢清高口述，杨炳南笔录，安京校释《海录校释》，商务印书馆，2002，第264页。

"火轮车"与"火轮船"等相对应的情况。

从译词时序来看，铁路译词的创造时期为 1835—1874 年。在 16 种译词之中，19 世纪 30 年代有 5 种，19 世纪 40 年代有 5 种，19 世纪 50 年代有 3 种，19 世纪 60 年代有 1 种，19 世纪 70 年代有 2 种。由此可见，超过一半以上的铁路译词集中出现于 19 世纪 30—40 年代，尤其是鸦片战争期间以及之前的数年内。19 世纪下半叶创造的铁路译词虽然不算很少，但往往是之前译词的衍生词，比如"火轮车道"（1851）和"火轮车路"（1859）之于"火轮车"（1848），再如"火车道"（1859）和"火车路"（1872）之于"火车"（1838）。这种 19 世纪上半叶和下半叶的译词对比也反映出译词使用的基本状况：一方面，不同的人使用不同的译词，同一个人也会使用不同的译词，在很长时间内都没有实现统一；另一方面，后期出现了围绕"火轮车"和"火车"等的衍生译词，侧面表明译词使用在一定程度上渐趋固定。

从译者身份来看，可分为外国传教士和中国人两大群体。在 16 种铁路译词之中，传教士共创造 7 种，其中郭实猎 4 种，裨治文 2 种，玛高温 1 种；中国人共创造 9 种，其中林则徐 3 种，郭连城 2 种，徐继畬、张德彝、李鸿章和顾观光各 1 种。后来常用的四种译词之中，"火车"由传教士创造，"铁路"、"火轮车"和"铁道"则由中国人创造。结合时序来看，前期以传教士为主，后期以中国人为主。这也折射出近代西学东渐潮流的整体变化，即在鸦片战争前先由新教传教士所开启，而在鸦片战争后中国人"开眼看世界"，逐渐回应并参与互动。传教士的角色虽然尚未消失，但已不复最初的引领作用。

三 "火轮车"引领铁路认知本土化

铁路译词反映的铁路认知本土化进程，可从比较的视野进行多方面理解。从铁路内部来比较，"火蒸车"与"火轮车"分别象征着铁路认知本土化的起源与实现；从铁路外部来比较，"火轮船"起初就伴随"火轮车"左右，是理解铁路认知本土化过程中不可忽视的部分。另外，结合前两章内容来看，铁路认知本土化进程所反映的科技观也值得探析。

1. 从"火蒸车"到"火轮车"

如果说郭实猎创造的译词"火蒸车"（1835）标志着铁路认知的发端，那么至此也可以说，徐继畬创造的译词"火轮车"（1848年）标志着铁路认知的本土化。新教传教士们从19世纪30年代起致力于以中文介绍铁路知识，中国人则从19世纪40年代开始引进和吸收。一方面传教士的相关著述是中国人铁路认知的早期重要来源，部分铁路译词被继承，如裨治文的"火车"就被沿用至今；另一方面传教士的相关著述没有被照搬过来，而是被改动不少，许多铁路译词被更改，如传教士创造的"火蒸车""火烝车"等都被逐渐弃用，中国人创造的"火轮车"则被广泛使用。所以，铁路认知的本土化在此主要表现为认知建构主体从传教士向中国人的转移过程。

"火蒸车"的传播即郭实猎《火蒸水气所感动之机关》（1834）的传播，是铁路认知从发端走向本土化的直接证明。郭实猎最早介绍的铁路知识没有被湮没，而是在魏源、梁廷枏、郑复光等人的不断辑录与改写中得到持续传播并发生流变的。1842—1852年，对于原文中"火蒸水气"的"感动之理"，以及"推船推车"和"造成布匹"等说法，《海国图志》五十卷本仅言及"推船"并改用"火轮船"译词；《海国四说》虽沿用"火蒸车"，但也改用"火轮船"译词；《镜镜詅痴》同样改用"火轮船"，只见"推船"而不见"推车"与"造成布匹"；《海国图志》一百卷本在部分保留"炊气船"和"火船"等译词的基础上改用"火轮船"来统领原文，并使用与"火轮船"相似形式的"火轮舟车"。

考察铁路知识的最初引介则不仅站在中国的视角，而且立足更为宏观的视角，回顾了19世纪40—50年代铁路认知本土化的概况。《四洲志》在论述美国部分中提到"火烟车""铁路""（铁）车路"，但并未完全翻译辑入《世界地理大全》有关铁路的内容，对铁路知识的引介相当简略；《演炮图说辑要》在讨论火炮及相关技术之余论述了西方传入的、由"火轮机"带动的"火轮车"与"火轮船"的工作原理，并已经有尝试制造的实践经验；《瀛寰志略》提及"铁路"和"火轮车"的频率颇高，对铁路知识的引介显然更为深入和具体；《海国图志》一百卷本综合吸收了《四洲志》和《瀛寰志略》引介铁路知识的部分内容，并且继承和发展了各种铁路译词，促成铁路知识引介跃升至新的水平，从而也使得铁路认知本土化达到新的高度。

铁路译词的变更是考察铁路认知本土化的关键线索。具体地看铁路译词的变更，《海国图志》一百卷本在对郭实猎的《贸易通志》、裨治文的《美理哥合省国志略》、祎理哲的《地球图说》（《地球说略》）等不同传教士著作的辑录过程中，均发生了译词变更。对于《贸易通志》，魏源仅沿用"火机"和"火车"，而以"火轮舟"代替"火舟"和"火船"，以"铁辙"和"铁路"代替"铁轨辙"和"轇辘道"（"轇辘之路"），并新增与"火轮舟"相似的"火轮车"。对于《美理哥合省国志略》，魏源一方面继续使用译词"火车"，另一方面却弃"火炗车"而用"火轮车"。对于《地球图说》（《地球说略》），魏源沿用祎理哲所使用的"火轮车"与"火轮船"，也会以"铁軥辘"代替"铁汁镕冶，布置铁路"。由此可见，以《海国图志》一百卷本为代表，标志着"火轮车"逐渐占据铁路译词的主导地位，亦可与铁路认知的本土化互为表里。

至于铁路译词的总体变更，主要铁路译词的创造发生于1835—1874年，共计约为16种译词。后来常用的"火车""火轮车""铁路""铁道"等词语都已出现，而且呈现丰富多元的翻译方式。变更之一反映于译词时序，多数铁路译词集中出现于19世纪30—40年代，19世纪下半叶创造的铁路译词往往是之前译词的衍生词，如"火轮车道"和"火轮车路"之于"火轮车"，又如"火车路"和"火车道"之于"火车"，侧面表明译词使用在一定程度上渐趋固定。变更之二反映于译者身份，外国传教士和中国人两大群体分别创造7种和9种译词。结合时序来看，前期以传教士的译词为主，后期以中国人的译词为主。

2. "火轮船"与"火轮车"

除了从"火蒸车"到"火轮车"的译词演变，"火轮船"与"火轮车"的关系也值得探究。近代轮船与铁路的出现均得益于蒸汽机的发明，且都是蒸汽机应用于交通领域的产物。"火轮船"所代表的蒸汽船译词及其认知，与"火轮车"所代表的铁路译词及其认知密切相关，是理解铁路认知本土化过程中不可忽视的部分。

其一，"火轮船"早于"火轮车"，是指蒸汽船的实体与译词的问世时间更早。在18世纪晚期，法国、英国、美国等就已出现了比较成功的试验性蒸汽船，如 1783 年法国里昂的 "火舟号"
（Pyroscaphe）。最早的商业应用则出现于 1807 年的美国，是由富
尔顿（Robert Fulton，1765—1815）设计的 "克莱蒙号"
（Clermont），应用于美国纽约和奥尔巴尼之间的哈德逊河，[①] 早于
世界上第一条铁路——1825 年通车的英国斯托克顿至达灵顿铁路。
与实体相对应的，有关蒸汽船的译词也可追溯至谢清高的《海录》
（1797），书中介绍 "咩哩干国"（美国）时说到 "火船"，[②] 远远
早于有关蒸汽机车的最早译词——郭实猎 1835 年在《东西洋考每
月统记传》的《火蒸车》一文中提出的 "火蒸车"。

其二，"火轮船" 类似于 "火轮车"，是指译词的翻译方式具
有明显的相似性。几乎所有关于 "火轮车" 的译词都有对应的 "火
轮船" 译词：与 "火车" 相似者为 "火船"；与 "火蒸车" 相似者
为 "火蒸船只"（出处如郭实猎《火蒸车》一文）；与 "火轮车"
相似者为 "火轮船"（出处如魏源《海国图志》五十卷本之卷五
十），还有 "火轮舟"（出处如魏源《海国图志》五十卷本之卷四十
九）。至于这种相似性是由于铁路译词的翻译方式受蒸汽船译词的影
响，还是蒸汽船译词的翻译方式受铁路译词的影响，尚不能完全确
定，但就比 "火车" 更早的 "火船" 而言，前者的可能性更大。

其三，"火轮船" 多于 "火轮车"，是指对蒸汽船的关注多于
蒸汽机车。"火蒸车" 的传播就是一例，郭实猎的《火蒸水气所感
动之机关》（1834）文章是为了论述 "火蒸水气所感动之机关" 的
工作原理，兼顾 "推船"（蒸汽船）、"推车"（蒸汽机车）与 "造

---

① 〔英〕辛格等主编《技术史：第 5 卷 19 世纪下半叶（约 1850 年至约 1900 年）》，远德玉、
丁云龙主译，上海科技教育出版社，2004，第 96 页。

② （清）谢清高口述，杨炳南笔录，安京校释《海录校释》，商务印书馆，2002，第 264 页。

成布匹"(蒸汽纺纱机)等三种蒸汽机应用。在传播过程中则不然,例如魏源《西洋器艺杂述》(1852)仅提及《西夷火轮船图说》,郑复光《火轮船图说》(1847)及其被辑录版(《海国图志》六十卷本之卷五十四)亦仅提及"火轮船"。对两者重视程度的差异不仅体现于认知初构的阶段,而且体现于后来轮船与铁路事业在中国的发展过程中。19世纪60年代,专门制造轮船的福州船政局(1866)和江南制造局下属轮船厂(1867)就已先后建立。1869年,福州船政局所造第一艘轮船、排水量1370吨的"万年清"号下水。①这些都比官办的首条铁路——唐胥铁路(1881)要早得多。

其四,"火轮船"与"火轮车"相同,是指两者相同的时代背景。第一次鸦片战争后部分有识之士"开眼看世界",逐渐意识到中国技不如人,因而魏源提出著名口号"师夷长技以制夷"。②1866年(同治五年),时任闽浙总督的左宗棠在奏请创办福州船政局时言:"自海上用兵以来,泰西各国火轮兵船直达天津,藩篱竟成虚设,星驰飙举,无足当之。"又言:"欲防海之害而收其利,非整理水师不可;欲整理水师,非设局监造轮船不可。"③ 也就是

① 戚其章:《北洋舰队》,山东人民出版社,1981,第9页。
② 在《海国图志》的叙言中,除了"师夷长技以制夷"以外,五十卷本介绍全书概况分为十六点,最后两点为:"知己知彼,可款可战,匪证奚方,孰医瞑眩,述夷情备采第十五;轨文匪同,货币斯同。畴师艘械,涛驶火攻。述器艺贷币第十六。"六十卷本在增补如卷五十四之郑复光《火轮船图说》等多卷后,则将此改为:"水国恃舟,犹陆恃堞,长技不师,风涛谁礜,述战舰条议第十六;五行相克,金火斯烈,雷奋地中,攻守一辙,述火器火攻条议第十七;轨文匪同,货币斯同,神奇利用,盍殚明聪,述器艺贷币第十八。"然而,岳麓书社2004年版《魏源全集》之《海国图志》注解认为五十卷本与六十卷本的叙言仅有个别字词变化,绝大部分照旧。这些改动不仅证伪了该观点,而且也是其师夷长技思想的进一步体现。参见(清)魏源《海国图志叙》,载《海国图志》,道光壬寅五十卷本,1842,第1上、4上页;(清)魏源编纂《海国图志》一,成文出版社,1967,第11-12页;(清)魏源《海国图志》,载《魏源全集》第四册,岳麓书社,2004,第3页。
③ 孙毓棠编《中国近代工业史资料》第一辑上,科学出版社,1957,第375-376页。

说，"火轮船"等"坚船利炮"是造成国家危机的原因，要解决危机就必须重视并学习制造"火轮船"。"火轮车"与"火轮船"一样，均属此背景下需要学习的"长技"之列。至于"长技"所反映的思想观念变化，接下来将予以详述。

3. 铁路认知本土化反映的科技观

从"火蒸车"到"火轮车"的铁路认知本土化过程，反映出近代西学东渐潮流启动之初的科技观。构成这种科技观的主要内涵有四个方面：一是对传统科技观的批判，二是对西方科技的学习态度，三是对科技的实用取向，四是对铁路的支流定位。它们贯穿近代中国铁路认知从起源到初构的本土化过程中，亦为考察近代的西学东渐和后来的洋务运动等提供思想观念层面的切入点。

对传统科技观的批判表现为反思技不如人的困境，驳斥认为科技是"奇技淫巧"的观点。郑复光曾深入反思中国"制器"不如西方的原因：

> 至于制器亦古人一种技艺，不惟商彝周鼎流传者，足征制造精工，即《考工》论述，具见格理渊薮，是自古文人未尝不究心于此。后世视为工匠末事，鄙弃不道过矣，宜其视西人为巧不可阶也……唯制器一道，儒家明其理，工人习其本，不能相兼，故难与西人争胜。[1]

"制器"分为儒者和工匠两个彼此不兼容的传统，往往被视为

---

[1] （清）郑复光：《郑浣香先生来札》，载（清）丁拱辰《演炮图说辑要》，黄天柱点校，上海辞书出版社，2013，第1页。

"工匠末事"而"鄙弃不道"。他所批判的这种传统科技观,李鸿章在1864年也有相似表述:"无事则嗤外国之利器为奇技淫巧,以为不必学,有事则惊外国之利器为变怪神奇,以为不能学。"① 在这种解释里,中国自古就有科技的发展线索,但是由于儒者传统和工匠传统的渐行渐远,导致科技被视为无足轻重的"工匠末事"和"奇技淫巧",因而技不如人。要想"与西人争胜",就必须改变这种传统科技观,对科技进行重新定位。

对西方科技的学习态度就是突破传统科技观的表现,不仅由轻视科技转变为重视科技,而且主动学习西方先进科技。除了魏源的著名口号"师夷长技以制夷"外,丁拱辰在《西洋火轮车火轮船图说》中也说:

> 粤稽西洋巧制之艺,若徒供耳目之悦者毋论焉,其有测天时、合气候、省人力以致其轻快便捷利用者,皆此巧制也。我亦应有巧制,以取其轻快便捷利用之法。然须专心格理,求其必得,有所得则利用等耳。②

左宗棠于1875年作《重刻海国图志叙》亦言:

> 泰西弃虚崇实,艺重于道……百余年来,中国承平,水陆战备少弛。迨泰西火轮车舟有成,英吉利遂蹈我之瑕,构兵思逞,并联与国竞互市之利,海上遂以多故。③

---

① 《李鸿章全集:29 信函一》,安徽教育出版社,2007,第 313 页。
② (清)丁拱辰:《演炮图说辑要》,黄天柱点校,上海辞书出版社,2013,第 88 页。
③ (清)左宗棠:《重刻海国图志叙》,载(清)魏源《海国图志》,载《魏源全集》第七册,岳麓书社,2004,第 2255 页。

西方国家的"火轮车舟"等技术比中国先进，实现了"轻快便捷利用"，故能"构兵思逞"。对于西方"巧制"，既非"不必学"，亦非"不能学"，而应重视"制器"，"师夷长技"，以求达到"我亦应有巧制"的目标。

对科技的实用取向表现为重点关注实用技术，关注技术的实际效用。出现这种取向与鸦片战争"坚船利炮"的刺激直接相关，也是儒家经世致用思想的体现。明清之际的西学东渐潮流中，以天文、历算、地理等领域为主，实用技术领域则是红夷大炮。① 再以徐光启评价利玛窦为例："顾惟先生之学，略有三种：大者修身事天，小者格物穷理，物理之一端，别为象数。"② 虽然徐光启也被认为是经世致用者，但是在他那里科学与技术属于"小者格物穷理"，天主教才是"大者修身事天"。显然，在徐光启看来，西学中的实学即使重要，也仍然是地位低于"大者"的"小者"。

相比而言，近代西学东渐潮流在初期更专注于实用技术。张穆《镜镜詅痴题词》（1846）言："尝念天下何者谓奇才，实学即奇才也。一艺之微，不殚数十年之讲求则不精。屠龙刻楮，各从所好。精神有永有不永，而传世之久暂视之。"③ 他称赞郑复光对"制器"的"数十年之讲求"堪称精通"实学"的"奇才"，铁路技术即属于实学范畴内。魏源《海国图志叙》（1842）也说，要想"驭外夷"，必须"以实事程实功，以实功程实事"。④ 铁路技术同

---

① 雷环捷、朱路遥：《明末科技与宗教的互动——徐光启引进红夷大炮事略述评》，载《基督教学术》第十五辑，上海三联书店，2016，第343—359页。

② （明）徐光启：《刻几何原本序》，载〔意〕利玛窦口译，徐光启笔受《几何原本》第一册，中华书局，1985，第1页。

③ （清）张穆：《镜镜詅痴题词》，载（清）郑复光《〈镜镜詅痴〉笺注》，李磊笺注，上海古籍出版社，2014，第1页。

④ （清）魏源：《海国图志叙》，载《海国图志》，道光壬寅五十卷本，1842，第1下-2上页。

样也属于"实事"的范围。这里的"实学"与"实事"，仅涉及徐光启所说的"小者格物穷理"，而未涉及"大者修身事天"。换句话说，对科技的实用取向与洋务运动的宗旨——后来张之洞提出的"中体西用"相一致，可视为洋务运动的部分思想准备。

表 3-1 《海国图志》三种版本关于技术内容的目录对比

版本	卷次	卷目
五十卷本	卷五十	洋炮图说；西洋器艺杂述
六十卷本	卷五十三	仿造战船诸议
	卷五十四	火轮船图说
	卷五十五	铸炮铁模说；仿铸洋炮说；炸弹飞炮说；炮车炮架图说
	卷五十六	西洋用炮测量说；西洋炮台图说；炮台旁设重险说
	卷五十七	西洋自来火铳说；仿造西洋火药法
	卷五十八	攻船水雷图说；用地雷法
	卷五十九	西洋器艺杂述
	卷六十	西洋远镜作法
一百卷本	卷八十四	仿造战船议
	卷八十五	火轮船图说
	卷八十六	铸炮铁模图记
	卷八十七	仿铸洋炮议；炸弹飞炮说；炮车炮图说
	卷八十八	西洋用炮测量记上
	卷八十九	用炮测量论下
	卷九十	西洋炮台记
	卷九十一	西洋自来火铳法
	卷九十二	攻船水雷图记上
	卷九十三	攻船水雷图记下
	卷九十四	西洋技艺杂述
	卷九十五	西洋远镜作法

对铁路的支流定位是指铁路在技术取向之中是支流而非主流，时人所追求的实用技术以"坚船利炮"为主。以表 3-1 所示《海

国图志》三种版本关于技术内容的目录对比为例，① 郭实猎《火蒸水气所感动之机关》的辑文被编入的卷次名称为"西洋器艺杂述""火轮船图说""西洋技艺杂述"等。也就是说，"火蒸水气所感动之机关"的主要用途在于"推船"，且被归于"杂述"之"西洋器艺"。进一步地，从五十卷本到六十卷本，再从六十卷本到一百卷本，《海国图志》关于技术的卷目和内容越来越多。其中有关铁路的部分极少，更多的是轮船与火器等"坚船利炮"。侧面的例子是丁拱辰在《演炮图说辑要凡例》中称："原书前因防夷吃紧，亲历训练，随时纪载，积页而成。因撰述绘图独力任之，且日夕奔驰，殚竭精神，未能一气呵成，觉有重复。今将原书各图说，加意考核，增减其间，纤钜悉当，更正四卷，书其签曰'演炮图说辑要'，俾司炮者于中讲求，或有裨补耳。"② 可见有关铁路的内容在《演炮图说辑要》书中仅为旁支。总之，铁路虽然也被列入所谓"师夷长技"的"夷"之"长技"，但"长技"的重点不在此，而在"火轮船"等"坚船利炮"。

---

① 本表的卷次与卷目，分别采自道光壬寅五十卷本、台北成文出版社 1967 年版（六十卷本）、光绪二年平庆泾固道署重刊本（一百卷本）等三种版本的《海国图志》目录。

② （清）丁拱辰：《演炮图说辑要凡例》，载《演炮图说辑要》，黄天柱点校，上海辞书出版社，2013，第 1 页。

第四章 从"一体防范"到"自强要图"：洋务运动时期铁路认知的转变

随着铁路认知的本土化，有关铁路的公共议题在洋务运动时期得以形成，进入官方视野和政策层面。吴淞铁路、唐胥铁路等中国铁路实体也正是在此时开始陆续修建，铁路建设取得一定成效。那么接下来要探究的问题就是：洋务运动时期的铁路认知是否一成不变，铁路认知在这个关键时期里发生了什么样的变迁，哪些因素影响了时人的铁路认知。本章将在之前数章的基础上，回顾与梳理洋务运动时期铁路认知的转变，并抓取转变过程中的关键线索。透过铁路问题在洋务运动中的性质变化，具体来说即铁路与"自强"口号的关系变化，亦可为反思洋务观与自强观提供观照。

一 洋务运动时期的铁路问题及其前奏

1. 分期与评价：问题的引出

对于晚清乃至整个近代中国的铁路史研究而言，洋务运动时期都是绕不开的重要阶段。比如铁路实体的肇始，本书在第一章讨论中国第一条铁路时所涉及的铁路均建于此时。凌鸿勋曾总结道："中国之有铁路，自唐胥段兴筑成功数起，已有七十年，而自淞沪路最初之发动，则已有八十年历史。此八十年中，举凡我国社会的转变，思想的醒觉，经济的发展，以及政治的演进，国运的隆替，在在于铁路问题有关。"[①] 宏观而言，作为"洋务"的组成部分，铁路与经济、政治、思想等领域的相互作用都在这一时期开始显现，对中国社会的影响日益突出。

以往的研究者对洋务运动时期铁路史做过各种评价，可透过他们划定的不同铁路史分期略窥一斑，大致有两类。第一类是进一步细分的分期。肯德把洋务运动时期划分为"外国试图说服中国允许引进铁路"时期（1863—1878）和"中国人自己发起的进步运动"时期（1894—1907）；[②] 张心徵划分为"外力开始侵入时期"（1835—1871）和"反对新式交通时期"（1872—1894）；[③] 杨勇刚则划分为"筑路要求的提出和中国铁路的创建（1874—1889）"和"官营铁路的兴办和筑路高潮的掀起（1889—1903）"两个时期。[④]

第二类是未进一步细分的分期。宓汝成认为 1847—1894 年属于"欧美资本主义国家为开辟市场企图在中国建筑铁路和清朝政府决定创设铁路"的时期；[⑤] 李国祁认为光绪甲午以前是"试办铁路时期，也是李鸿章铁路国防政策时期"；[⑥] 徐墀认为 1863—1894 年属于"令人沮丧的引进铁路（此处他将铁路称为 iron

---

① 凌鸿勋：《中国铁路志》，文海出版社，1954，第 1 页。
② Percy Horace Kent, *Railway Enterprise in China: An Account of Its Origin and Development* (London: Edward Arnold, 1907), p. 1.
③ 张心徵：《中国现代交通史》，台湾学生书局，1976，第 36 页。
④ 杨勇刚编著《中国近代铁路史》，上海书店出版社，1997，第 1 页。
⑤ 宓汝成：《帝国主义与中国铁路：1847—1949》，经济管理出版社，2007，第 1 页。
⑥ 李国祁：《中国早期的铁路经营》，中研院近代史研究所专刊，1961，第 3 页。

highway——引者注）的努力”时期，仅有成果是华北的官办铁路；[1] 张嘉璈认为 1866—1894 年是“反对筑路时期”；[2] 凌鸿勋认为 1867—1894 年是“闭关时期”；[3] 曾鲲化认为 1876—1894 年是“枢辅倡议臣民阻挠时期”；[4] 拉尔夫·休尼曼（Ralph Huenemann）认为 1876—1894 年是自强阶段，支持筑路派和反对筑路派的论争焦点在于铁路使人民富裕还是使人民贫穷；[5] 马陵合认为甲午以前是“朝野对借债筑路从排斥到初步认可”的时期；[6] 郝娜认为 1876—1895 年是“清末政治变迁与铁路初办”的时期。[7]

这些铁路史分期之所以形形色色，是因为它们所选取的视角各异，如帝国主义的侵略、民族主义的兴起、政治的集权化、铁路外债的变化、铁路政策的演变、重要人物的影响等，涵盖经济、政治、外交、军事等诸多领域。基于此呈现的洋务运动时期铁路史亦面貌各异，有“外国开始侵入”“试办”“令人沮丧”“反对筑路”等多种评语，构成后人拓展研究的基础。颇有意思的是，这些分期的时间下限大多定为 1894 年即甲午年，上限却各不相同，从 19 世纪 30 年代到 70 年代的都有。也就是说，以往的研究在时间范围上几乎都不同于 1861—1894 年的洋务运动时期，有的甚至从 1876 年吴淞铁路的开通算起。但实际上，铁路问题贯穿洋务运

---

① Mongton Chih Hsu, *Railway Problems in China*: *For the Degree of Doctor of Philosophy in the Faculty of Political Science*（New York: Columbia University, 1915），p. 16.

② 张嘉璈：《中国铁道建设》，杨湘年译，商务印书馆，1946，第 1 页。

③ 凌鸿勋：《中国铁路志》，文海出版社，1954，第 8 页。

④ 曾鲲化：《中国铁路现势通论：甲编》，华华铁路学社，1908，第 40 页。

⑤ Ralph William Huenemann, *The Dragon and the Iron Horse*: *The Economics of Railroads in China 1876-1937*（Cambridge: The Council on East Asian Studies Harvard University, 1984），p. 37.

⑥ 马陵合：《清末民初铁路外债观研究》，复旦大学博士学位论文，2003，第 1 页。

⑦ 郝娜：《近代中国的铁路与集权化国家的成长（1876—1937）》，复旦大学博士学位论文，2011，第 1 页。

动的始终，更经历了从对铁路"一体防范"到以铁路为"自强要图"的重大转变。从铁路认知的视角出发，借鉴铁路体制演变的分期，可实现对洋务运动时期的全覆盖，进而探索铁路发展与洋务运动亦即铁路与"自强"的关系变化。

在铁路认知方面，接续前面诸章的结论，以魏源《海国图志》一百卷本所代表的铁路认知的初构为立足点；在铁路体制方面，以"总理衙门以筹办'夷务'的理念管理铁路事务"（1861—1885）和"铁路事务划归海军衙门管理"（1885—1895）的体制分期为借鉴。① 两者结合起来，可围绕铁路认知的发展史形成如下分期：（1）1852—1861年，洋务运动之前的铁路倡议和自强先声；（2）1861—1874年，洋务运动前期对铁路的"一体防范"；（3）1874—1885年，洋务运动中期对铁路"一体防范"的松动；（4）1885—1894年，洋务运动后期铁路成为"自强要图"。接下来先聚焦1852—1861年的第一阶段，考察作为前奏的铁路倡议和自强先声如何承上启下。

2. 铁路的倡议与自强的先声：1852—1861

自魏源《海国图志》一百卷本刊印后的约10年间，有关铁路的认识及其相应的科技观均未发生突破性变化。如第三章所述，之前从"火蒸车"到"火轮车"的铁路认知本土化过程反映了当时的科技观，其主要内涵为对传统科技观的批判、对西方科技的学习态度、对科技的实用取向和对铁路的支流定位。但这一时期的全国形势变化很大，可谓内外交困。一方面，轰轰烈烈的太平

---

① 其中，1861—1885年的总理衙门阶段还可以细分为漠视到疑惧、提防（1861—1876），洋务派逐步取得主动（1877—1880），开始自建铁路（1881—1885）等三个阶段，详见寇兴军《中国近代铁路体制演变史》，中华书局，2016，第42页。

天国运动(1851—1864)席卷大半个中国,[①]并建都天京(今南京)与清廷分庭抗礼;另一方面,第二次鸦片战争(1856—1860)期间,英法联军攻占北京。清廷与列强签订了《天津条约》《瑷珲条约》《北京条约》等不平等条约。"中国试图在不变动原有制度的基础上运用传统政治、军事、经济资源进行全面抵抗,但反而遭受到更大耻辱与失败。"[②] 在变局中,出现了一些思想理论领域的新动向,例如洪仁玕《资政新篇》(1859)所代表的铁路倡议和冯桂芬《校邠庐抗议》(1861)所代表的自强先声,构成洋务运动之前铁路认知转变的思想准备。

太平天国于 1856 年发生高层内斗的"天京事变",通常被认为是由盛转衰的转折点。三年后,洪秀全的族弟洪仁玕(1822—1864)呈交《资政新篇》,提出诸多向西方学习的建议,"以广圣闻,以备圣裁,以资国政"。其中的一条建议"兴车马之利"就是修建铁路,具体而言涵盖如下内容。(1)铁路认识。火车运行的原理是"因用火用气用风之力太猛"。"外邦火轮车"一天一夜"能行七八千里",朝发夕至可达"三四千里"。(2)鼓励制造。应允许能制造火车者"自专其利",直至"限满准他人仿做"。(3)铁路干线。"于二十一省通二十一条大路",作为"全国之脉络","通则国家无病焉"。(4)铁路规制。针对"通省者"、"通郡者"、"通县及市镇者"和"通大乡村者"等四种情况,应修筑铁路宽度分别为三丈、二丈五尺、二丈和一丈多。(5)维护方法。"差役时领犯人修葺崩破之处"。(6)铁路邮政。每二十里设立一

---

① 关于太平军的活动范围,可参考《太平天国革命形势略图(1851年—1865年)》,详见郭毅生主编《太平天国历史地图集》,中国地图出版社,1989,第7—8页。

② 高华:《近代中国社会转型的历史教训》,《战略与管理》1995年第4期。

个"书信馆"，充作"四方耳目"。寄发书信按重量和路程计费，并在列车经过时交递，"各先束成一捆"，不需要停车。①

对上述内容的评价亦可分为多个方面。其一是该建议反映出求新求变的改革意图。《资政新篇》被认为是"近代中国的先进人士为了学习西方所提出的最早的近代化纲领"。②洪仁玕的"兴车马之利"建议不仅是学习西方科技的较早号召，而且可视为近代中国首个官方（太平天国官方，非清廷官方）的铁路倡议。其二是该建议仅停留于纸面文件。铁路的修建既需要技术基础，也需要耗费巨大的人力和财力，太平天国不具备开展交通基础设施建设的条件。整个《资政新篇》过于理想化，在战事倥偬和权力纷乱之际仅沦为空头文件。其三是该建议对铁路的认识有不少误解。显而易见的是，洪仁玕对于蒸汽动力原理、机车行车速度、铁轨轨距等均有不明或不实表述。

无独有偶，与洪仁玕不同阵营的冯桂芬（1809—1874）也在其《校邠庐抗议》（1861）中阐述向西方学习的主张。冯桂芬系江苏吴县人（今苏州市境内），"自未仕时已名重大江南北"。他于1832年（道光十二年）中举，又于1840年（道光二十年）高中榜眼。太平军兴起时，他正在家丁父忧，"服甫阕而金陵陷。诏募赀团练于乡"，"及粤贼陷苏州，避居上海"。他代表上海绅商向湘军主帅曾国藩写信求援，"陈沪城危状，及用兵机宜，累数千言"。"国藩读之感动"，③派遣李鸿章于1862年（同治元年）率军援沪，冯氏此后成为李鸿章的重要幕僚之一。《校邠庐抗议》著于淮军抵

① （清）洪仁玕：《资政新篇》，载中国科学院哲学研究所中国哲学史组编《中国哲学史资料选辑：近代之部》，中华书局，1959，第70-78页。
② 茅家琦主编《太平天国通史》中册，南京大学出版社，1991，第324页。
③ 赵尔巽等：《清史稿》第四十四册，中华书局，1977，第13437-13438页。

沪前的 1861 年（咸丰十一年）冬，正是冯氏有感于国家内忧外患而作。

在自序中，冯桂芬坦然承认《校邠庐抗议》付诸实施的可能性不大。"名之曰'抗议'，即位卑言高之意。"① 该书共有"公黜陟议""汰冗员议""免回避议""厚养廉议"等 40 篇，试图通过涵盖政治、经济、军事、文化等多领域的"抗议"，提出一个较为全面的社会改革方案。这个方案呈现两个主要特征，一是多为针砭时弊之言，二是与科学技术相关者甚多。从科技的视角来看，冯桂芬继承且发展了魏源"师夷长技以制夷"的思路。他不赞成魏氏"以夷攻夷"和"以夷款夷"的观点："愚则以为不能自强，徒逞谲诡，适足取败而已，独'师夷长技以制夷'一语为得之。"比如，购买引进武器不如自主制造武器，只有"能造、能修、能用"才是"我之利器"，否则仍然是"人之利器"。②

进一步地，冯桂芬较早表露出"中体西用"的指导思想。"采西学议"中主张学习西方科技："由是而历算之术，而格致之理，而制器尚象之法，兼综条贯，轮船、火器之外，正非一端。"即除"轮船"和"火器"等坚船利炮外，也要学习"历算之术"、"格致之理"和"制器尚象之法"。并且说："如以中国之伦常名教为原本，辅以诸国富强之术，不更善之善者哉？"③ 也就是说，包括先进科技在内的西方"富强之书"属于"末"和"用"，"中国之伦常名教"则是"本"和"体"，采用这种"中体西用"的路线有利于实现自强。王韬后来对此评价道："知西学之可行，不惜仿

① （清）冯桂芬：《校邠庐抗议》，上海书店出版社，2002，第 2 页。
② （清）冯桂芬：《校邠庐抗议》，上海书店出版社，2002，第 49-51 页。
③ （清）冯桂芬：《校邠庐抗议》，上海书店出版社，2002，第 56-57 页。

效；知中法之已敝，不惮变更。"① 维新变法时，光绪帝曾下旨广为印刷《校邠庐抗议》，发放给北京各级官员收集签注意见，以此考验官员的政治态度和对西学的认识。②

二　对铁路的"一体防范"（1861—1874）

1. "一体防范"的背景与来源

对铁路的"一体防范"处于肯德所谓"外国试图说服中国允许引进铁路"时期。前文已经提到，外国人的铁路倡议最早可追溯至 1847 年英国军官戈登鼓吹在台湾基隆修建运煤铁路。③ 至 19 世纪 60 年代，随着中国因第二次鸦片战争与西方发生更多接触，类似的铁路倡议增多。这种逻辑的产物，还包括 1865 年英商杜兰德在北京建小铁路的实体演示，1872 年英人修建天津至北京铁路的传言，④ 甚至包括 1876 年的吴淞铁路。西方国家此时提出的修建铁路要求，以商人为行为主体或以商业利益为主要诉求。

面对此种情形，清廷新设"总理衙门以筹办'夷务'的理念管理铁路事务"，在对外交涉中展现出铁路认知的变化。1861 年 1 月（咸丰十年十二月）咸丰帝批准"京师设立总理各国通商事务衙门，著即派恭亲王奕䜣、大学士桂良、户部左侍郎文祥管理"，⑤ 通常被认为是洋务运动的开端。总理衙门的名称看似以"通商"

① （清）王韬：《跋》，载（清）冯桂芬《校邠庐抗议》，上海书店出版社，2002，第 88 页。
② 李侃、龚书铎：《戊戌变法时期对〈校邠庐抗议〉的一次评论——介绍故宫博物院明清档案部所藏〈校邠庐抗议〉签注本》，《文物》1978 年第 7 期。
③ 宓汝成：《帝国主义与中国铁路：1847—1949》，经济管理出版社，2007，第 20 页。
④ 《申报》载："天津有一西人前往英国置大火轮车一乘，意欲以其车来往天津、京师两处。"详见《天津行火轮车》，《申报》1872 年 8 月 28 日；亦可详见《论内地将购设火轮车路》，《申报》1872 年 11 月 28 日。
⑤ 《文宗实录》五，《清实录》第四四册，中华书局，1986，第 1022 页。

为主，实则办理多种洋务，从固有体制内打开一个小缺口。当时的认识还有因内忧外患和技不如人而要求变。"查治国之道，在乎自强。而审时度势，则自强以练兵为要，练兵又以制器为先。"[①]基于"自强"的目标，可以"笼络"和"驯服"西方列强，学习其"练兵"和"制器"，是洋务运动的基本思路。

由此可知，19 世纪 60 年代初铁路在中国具有内外双重的宏观背景。外部有西人屡次提出修铁路要求，内部有清廷掀起寻求"自强"的洋务运动。再结合前文表 3-1 "《海国图志》三种版本关于技术内容的目录对比"来看，铁路虽然也被列入所谓"师夷长技"的"夷"之"长技"，但"长技"的重点不在于此，而在于"火轮船"等"坚船利炮"。在这一时期，旨在试制"坚船利炮"的安庆内军械所（1861）、江南制造局（1865）、福州船政局（1866）等陆续创建。与之形成鲜明对比的是，铁路在中外交涉之下被严令要求"一体防范"，甚至被视为"自强"的对立面。此种铁路认知如何产生又如何转变，是接下来要探讨的主要问题。

从 1863 年起，英国、法国和美国等方面屡次谋求修建上海至苏州铁路。1864 年（同治三年正月），李鸿章（时任江苏巡抚）向总理衙门汇报："承谕铁路与发铜线，事同一律，万难允许；可援照俄国前案驳斥，并密致通商各口岸，一体防范等因……三国（英、法、美三国——引者注）所觊觎者，在苏州未通商地方，竟以开路为主……至于南洋长江各口岸，早已通商，而未闻假道……更可见其眼光所注，不在彼而在此。是则各口岸之防范犹后，而苏省之禁绝当严也……鸿章当力持定见，多方禁阻，并函

---

① （清）文庆等纂辑《筹办夷务始末》同治卷二五，上海古籍出版社，2002，第 394 页。

致通商各口岸，一体防范。"① 李氏认为英、法、美等国请求修建铁路是因为急于将势力伸入内地，包藏侵略目的。他表示会遵照总理衙门"万难允许"的指示而"多方禁阻"，并在函文中两次提及"一体防范"，代表此时对于西人修建铁路要求的立场。所谓"一体防范"的一体，既指防范主体——从中央至地方的各级政府尤其是各通商口岸，又指防范对象——铁路与电报（发铜线）等各种西人所请办事务。

2. 全国性的"一体防范"

如果说上述李鸿章上报总理衙门一事是铁路议题首次进入官方层面，那么 1865 年（同治四年）总理衙门指示各省督抚一节则意味着形成全国性的拒斥铁路政策。由于西人提出修铁路要求的次数增多，总理衙门不得不重视此事。"其开设铁路一事，屡经各国公使晤时提及，均经本衙门理阻各在案。"② 函件强调电报被"海外各国"用以"通信息"，铁路被用以"利往来"，都是"各国争欲举办之件"。此事隐藏的风险就是西方国家"通信息"和"利往来"，导致中国陷入被动。电报一旦铺设，则"是地隔数千百里之遥，一切事件，中国公文尚未递到，彼已先得消息，办事倍形掣肘"。铁路的风险尤甚："如开设铁路，洋人可任便往来，较之尽东其亩，于大局更有关系。是以叠经本处力为拒绝。"鉴于此事的巨大利益诱惑，总理衙门判断西人必定不会死心，还会继续尝试乃至私自进行，于是通报各地，一面公布过往经验："所有本处先后阻止各国情形，专肃布闻，即希密为转饬所属。"一面要求

---

① 宓汝成编《中国近代铁路史资料：1863—1911》第一册，中华书局，1963，第4-5页。

② 本小节总理衙门之函件，及各省督抚之回函，均出自宓汝成编《中国近代铁路史资料：1863—1911》第一册，中华书局，1963，第19-21页。

严防死守："嗣后各国领事如有向地方官请立铜线暨开铁路等事，须查照本处办法，力为设法阻止，以弭衅端而杜后患。"

对此要求，督抚们纷纷表示将会落实。徐宗干（福建巡抚）称会"谨遵照条约所属随时查阻，以弭衅端而杜后患"。李鸿章（江苏巡抚）判断"英国觊觎尤甚"，因为英国"商船入中国者最多"，"于商人最有利益"。他阐述中国不宜修铁路的原因有两点：一是"费烦事巨"，二是"变易山川"。"彼族亦知断不能允，中国亦易正言拒绝。"西方人虽然热衷于此，但是未将铁路视为非办不可、志在必得的事务，所以交涉时拒绝不会带来恶果。沈葆桢（江西巡抚）也认为铁路"窒碍尤多"。主要有两点弊端：一是将来的弊端。"平天险之山川，固为将来巨患。"铁路凿山架桥，破坏了地形的险要，将会影响战时的防守。二是眼下的弊端。"而伤民间之庐墓，即启目下争端。"铁路施工必定需要征用民房、坟墓、农田等，容易与民间引发争端。所以无论西人如何怀有"觊觎之心"而"百端尝试"，只要"执事定识定力，确乎不摇"，就都可以防止铁路修建。

毛鸿宾（两广总督）亦表示"遵照钧示，密饬所属，随时体察，实力阻止"。他在广州也遇到与李鸿章在上海的类似情况："去年接晤英法各国驻广领事，曾经间谈及之，当即将中国地势民情与外国大不相同之处，并中外均有不便各缘由，详细开导，切实指陈。该领事等似颇领会，俱各俯首无词。"他给出的不宜修铁路的理由比李鸿章和沈葆桢更多，共有五点。其中有三点与前面相同者，一是"无论凿山塞水，占人田业，毁人庐墓，沿途骚扰，苦累无穷"，二是"于中国地方大局种种关碍，实属断难准行"，三是"需用数百万巨项，岂不徒事虚糜，是于外国人亦有损无益"。另有两点与前面不同者，一是行业竞争。"此路一开，遂专为外国火车独行之路，中国车马既难与之并驾齐驱，更不堪其横冲直撞，势将断绝往来，商民交困。"强调铁路将冲击中国的交通运输业。二是治安环境。"内地股匪未靖，伏莽滋多，遇此等惊世骇俗之举，乘机煽动，作梗生端，即外国人之在中国者，亦断不能平安无事。"铁路不适用于当时大小"匪乱"频发的不安全形势。

另外，盛京将军、吉林将军、福州将军、黑龙江将军、浙江巡抚、湖广总督等也都表示会遵照执行，所持立场与论点未有超越之处。据此可知，此时清政府从中央到地方均对铁路持"一体防范"的拒斥态度。换而言之，对铁路的"一体防范"是全国性的。虽然此后的数十年里有关铁路争议发生过许多次，但是反对筑路者往往只会重复这些已经使用过的理由。值得注意的是，后被视为洋务派代表的李鸿章、沈葆桢等人，此时也支持并贯彻"一体防范"。这既表明官员们的铁路认知极其有限，也反映他们此时把铁路视为政治、国防与外交层面的问题，而非经济、商业或技术层面的问题。

3. 铁路作为"自强"的对立面

由于对铁路的无知和对侵略的担忧，这种对铁路的"一体防范"甚至表现为将铁路定位为"自强"的对立面。1865年（同治四年），海关总税务司赫德向总理衙门呈递《局外旁观论》，提出中国的改革建议。其中一条为："凡有外国可教之善法，应学应办。"他认为铁路是"外国之好法"，应"做轮车以利人行"。"然旁观劝行之意不在此，系在外国日后必请之事。"总理衙门认为赫德所言"于中外情形尚能留心体察"，但是"究系局外议论"，且铁路等事项"亦非急切能办之事"，所以未予呈奏。

1866 年（同治五年），英国驻华使馆参赞威妥玛向清廷递交《新议略论》，亦提出一些改革建议。其中同样说到铁路，认为筑路将更多地使中国获益。"外国虽受其益，中国受益尤多。"资金方面可以向外国借债。"中华用项不足，约请借贷。"技术与管理方面亦可求助外国。"暂约外国人相帮，迨其习熟。"面对接连上书，总理衙门将《局外旁观论》和《新议略论》呈奏，言铁路等建议是"各国处心积虑所必欲力争之事"，需有所预防，故而"饬交沿海、沿江、通商口岸"的督抚大臣们"妥议"。

清廷随即颁布上谕，断定"洋人之立意"是在"目前无可寻衅"的情况下，"先发此议论"而"为日后藉端生事"做铺垫，试图在将来实践其"所陈轮车、电机等事"，并"由通商口岸而起"至内陆。为了应对洋人"觊觎之意"和"窥伺之渐"，唯一的办法就是"自强"。"固思外国之生事与否，总视中国之能否自强为定准。"又说与"洋人日相交涉"的部分督抚"俱应熟悉中外情形"，可尽快筹划"如何设法自强，使中国日后有备无患，并如何设法预防，俾各国目前不致生疑之处"，因此谕令官文（湖广总督）、曾国藩（两江总督）、左宗棠（闽浙总督）、瑞麟（两广总督）、李鸿章（署理两江总督）、刘坤一（江西巡抚）、马新贻（浙江巡抚）、郑敦谨（湖北巡抚）、郭嵩涛（署理广东巡抚）、崇厚（三口通商大臣）等"悉心妥议"，"专折速行密奏"。①

该谕旨虽非以铁路为主题，但将西人的修铁路建议界定为西人"藉端生事"的目的之一。中国"能否自强"决定了西人"生事与否"，故需要"设法自强"。铁路被视为西方人牟利和侵略的

---

① （清）文庆等纂辑《筹办夷务始末》同治卷四〇，上海古籍出版社，2002，第 5-15 页。

工具，并在这个意义上被推向了"自强"的对立面。各省督抚的
意见也证明了这一点，目前可见的官文、刘坤一、崇厚等人均在
回复中表示需加以防范，所论述不宜修铁路的理由也大致与上一
年毛鸿宾、沈葆桢、李鸿章等所述相同。左宗棠则认为，"西洋各
国，向以船炮称雄海上"。尤其是造船，其原理通用于制造铁路在
内的其他机器。"至轮车机器、造钱机器，皆从造船机器生出，如
能造船，则由此推广制作，无所不可。"① 因此，当前重点在于
"习造轮船与习驾驶"（其辖下福州船政局于 1865 年下半年创建）。
对于左宗棠的观点，可暂且不论其对铁路技术的认识是否正确，
而可以很明显看出其符合前文所述的科技观——尤其是对科技的
实用取向和对铁路的支流定位，及"自强"观——"自强以练兵
为要，练兵又以制器为先"。

铁路和"自强"的对立体现出洋务运动期间清朝开始认识到
体现中外不平等关系的条约体系。② 清政府方面已明确认识到条约
体系的强制性和侵略性："查洋人与各国连和，所以必重条约者，
盖以条约为挟持之具……或系约中本系明晰，而彼必曲申其说，
或条约中未臻妥善，而彼必据以为词，极其坚韧性成，得步进步，
不独于约内所已载者，难稍更动，且思于约外未载者，更为增
添。"铁路作为西人想要列入条约之内容，也是"挟持之具"。"目
前如开铁路、发铜线，洋人请贩盐斤，轮船驶入内河等数事，皆约
内所无，时时前来饶舌。虽经臣等叠次驳回，而其心仍觊觎不
已。"③ 因此，对铁路的"一体防范"和倡导"自强"都是为了防

---

① （清）文庆等纂辑《筹办夷务始末》同治卷四二，上海古籍出版社，2002，第69-70页。
② Lee En-han, *China's Quest for Railway Autonomy 1904-1911: A Study of the Chinese Railway-Rights Recovery Movement* (Singapore: Singapore University Press, 1977), pp. 265-267.
③ （清）文庆等纂辑《筹办夷务始末》同治卷四九，上海古籍出版社，2002，第227页。

止新增不平等，而非消除原有的不平等。

三 "一体防范"的松动（1874—1885）

1. 对铁路态度的转变

对铁路的"一体防范"并非一成不变，而是呈现不断松动的发展趋势。松动的萌芽甚至可以追溯至 1867 年（同治六年）中外修约交涉前总理衙门对各省督抚的意见征询。虽然所有督抚均表态赞成"一体防范"，应谨防西人将铁路列入条约中，但此时出现了一些与之前不同、未完全否定铁路的言论。如沈葆桢（总理船政、前江西巡抚）言："秦筑长城，当时以为殃，后世赖之。铜线、铁路，如其有成，亦中国将来之利也。"又说："泰西智巧绝伦，果能别创一法，于民间田庐坟墓毫无侵损，绘图贴说，咸使闻知，百姓退无后言，朝廷便当曲许，否则断难准行。"[1] 李鸿章（湖广总督）也说："或谓用洋法雇洋人，自我兴办，彼所得之利，我先得之。但公家无此财力，华商无此钜资。官与商情易隔阂，势尤涣散，一时断难成议，或待承平数十年以后。然与其任洋人在内地开设铁路电线，又不若中国自行仿办，权自我操，彼亦无可置喙耳。"[2] 沈葆桢和李鸿章的言论相比之前有突破之处，即承认铁路本身有利。只是目前不具备相应的种种条件，故应坚持"一体防范"。

至于"一体防范"正式松动的标志，乃是 1874 年（同治十三年）李鸿章（直隶总督兼北洋大臣）所上《筹议海防折》。当年因

---

① （清）文庆等纂辑《筹办夷务始末》同治卷五三，上海古籍出版社，2002，第 310 页。
② （清）文庆等纂辑《筹办夷务始末》同治卷五五，上海古籍出版社，2002，第 350 页。

日军入侵台湾，海防问题遂备受关注，总理衙门"请饬下南北洋大臣、滨海沿江各督抚将军"对"练兵、简器、造船、筹饷、用人、持久各条"进行筹议。① 《筹议海防折》即因此而奏，其中强调几十年来中国面临"数千年来未有之变局"和"数千年来未有之强敌"，需要进行实际改革。"故臣尝谓办洋务制洋兵，若不变法而徒骛空文，绝无实济。"针对用人一条，李鸿章提出："查南、北洋滨海七省自须联为一气，方能呼应灵通。惟地段过长，事体繁重……何况有事之际军情瞬息变更，倘如西国办法，有电线通报径达各处海边，可以一刻千里，有内地火车铁路屯兵于旁，闻警驰援可以一日千数百里，则统帅尚不至于误事，而中国固急切办不到者也。"② 这里强调铁路的军事功能，是李国祁所说"李鸿章铁路国防政策时期"的开端。

自此之后，兴建铁路的呼声越来越高。1877 年初（光绪二年十二月），丁日昌（福建巡抚）巡视台湾后，"全台形势约已十得七八"，建议修建铁路以经营和巩固台湾。"轮路宜于台湾而不必宜于内地，矿务筹诸现在即可取效于将来。"立足于台湾的特殊形势，他详细论述铁路未修的七条有害之处、修铁路的十条有利之处，以及七条对可能反对意见的反驳，从而提出台湾铁路计划。"自前山极北之鸡笼起，至极南之恒春止。"这也就是从今天台湾的基隆沿东部直至屏东的恒春。丁日昌虽提到经济领域的内容，但仍以国防为主要宗旨，即应对日本与西方国家对台湾的图谋。"轮路开，矿务兴，则兵事自强，而彼族之狡谋亦自息。"③ 这个计

① （清）文庆等纂辑《筹办夷务始末》同治卷九八，上海古籍出版社，2002，第 618 页。
② 《李鸿章全集：6 奏议六》，安徽教育出版社，2007，第 159~165 页。
③ 中国科学院近代史研究所史料编辑室、中央档案馆明清档案部编辑组编《洋务运动》第二册，上海人民出版社，1961，第 346~353 页。

划获得朝廷肯定,但因种种原因而无法实现。后来丁日昌"奏请
拨台湾办理轮路经费改办马车路",经总理衙门议奏并请旨同意:
"台湾铁路,俟矿务大兴,再行举办。拟先拨款二三十万两,设立
马车路,以利行师,实非无见,应请饬下丁日昌先行举办。从
之。"① 该计划虽然流产,却是首个得到清政府批准的铁路倡议。

2. 铁路认知的增长

清政府内部对铁路态度的转变仅限于以李鸿章为代表的部分
官员,自此进入支持筑路派与反对筑路派之间相互争论不休的阶
段。支持筑路派出现的原因是多方面的,其中作为思想准备的是
铁路认知的增长。总的来看,少数"开眼看世界"的有识之士已
具备对铁路的综合性认识。他们不仅掌握世界铁路发展的基本情
况,而且鼓吹铁路是实现富强的基础,还极具危机意识地提出具
体的铁路倡议,甚至提出向外人借债筑路的建议。虽然这种铁路
认知的增长影响有限,但是从各方面对"一体防范"政策形成冲
击,促使一些官员转为思考新的铁路政策。代表性的论述如薛福
成《创开中国铁路议》(1878)、马建忠《铁道论》与《借债以开
铁道说》(1879)、王韬《建铁路》(1882)等。

作为首位驻英公使,也是首位驻外公使,郭嵩焘对西方文明
的见识来自其亲身体验。② 1877 年(光绪三年),他在伦敦致信李
鸿章,先言铁路的历史:"计其富强之业,实始自乾隆以后火轮船
创始乾隆初,未甚以为利也。至嘉庆六年始用以行海。又因其法

---

① 《德宗实录》一,《清实录》第五二册,中华书局,1987,第 720 页。
② 《德宗实录》光绪元年七月壬戌(1875 年 8 月 28 日)载:"命福建按察使郭嵩焘开缺以侍
郎候补。命候补侍郎郭嵩焘、直隶候补道许钤身为出使英国钦差大臣。"参见《德宗实录》
一,《清实录》第五二册,中华书局,1987,第 253 页。

创为火轮车，起自嘉庆十八年。其后益讲求电气之学，由吸铁机器传递书信，至道光十八年始设电报，于其国都渐推而远。"再言铁路利于富强："来此数月，实见火轮车之便利，三四百里往返，仅及半日，其地士绅力以中国宜修造火轮车相就劝勉，且谓英国富强实基于此。"[①] 可见他已能把握推动第一次工业革命的技术进步状况，尤其是蒸汽动力的推广，并较早把铁路和富强联系起来。后人评价郭氏："他们的洋务（指李鸿章、沈葆桢等——引者注）仅止于坚船利炮的自强，一意欲以洋枪洋炮来巩固既有体制。郭则进一步涉及到体制的改革，并且批评到传统士大夫的灵魂深处。"[②] 郭嵩焘对西方的了解更为全面，认识更为深入，最后所达到的思想层面也更高。

次年，身为李鸿章幕僚的薛福成写成《创开中国铁路议》。他细述铁路的益处有"便于商务者""便于转运者""便于调兵者""与邮政相表里者""与机器诸厂相表里者"等，并举了直观的比较例子："盖闻美之旧金山，乘轮车至纽约，为程万一千里，行期不过八日，是万里而如数百里之期也。旅费不过洋银百余枚，是万里而如千余里之费也。"因此他的论点也是铁路利于富强，中国要想富强就要修建铁路。"今泰西诸国竞富争强，其兴勃焉，所恃者火轮舟车耳。轮舟之制，中国既仿而用之，有明效矣。窃谓轮车之制不行，则中国终不能富且强也。"既然铁路益处甚多，东邻的日本也"锐意营造"，那么为何中国"独瞠乎居后者"？其原因在于"囿于见闻，而异议有以阻之"。这些异议包括"恐引敌入室"

---

① （清）郭嵩焘：《光绪三年三月伦敦致合淝伯相书》，载《罪言存略》，清光绪丁酉秋沔阳李氏铁香室校印本，1897，第20上-20下页。

② 汪荣祖：《走向世界的挫折：郭嵩焘与道咸同光时代》，岳麓书社，2000，第326页。

"恐夺小民生计""冢墓必遭迁徙""禾稼必被薰灼"等，皆为"不知此皆揣摹影响而不审于事实者"。薛氏认为，修建津沽铁路将会成为中国铁路的成功试点。"自大沽至天津，水路纡曲，逾二百里，若由陆路开径道，不过百里。似宜筹经费集商股，修一铁路，与水道相辅并行。俾民闻见日多，数年之后，运载渐旺，他处必有闻风而起者，未始非为山覆篑之一助也。"[①] 他还提出一个全国性的铁路计划，只是相当粗略。

1879 年（光绪五年），李鸿章的另一位幕僚马建忠连作《铁道论》和《借债以开铁道说》，体现出深厚的西学素养。马氏"少好学，通经史。愤外患日深，乃专究西学，派赴西洋各国使馆学习洋务。历上书言借款、造路、创设海军、通商、开矿、兴学、储材，北洋大臣李鸿章颇称赏之，所议多采行"。[②] 其《铁道论》认为铁路具有多方面功能："军旅之征调，粮饷之转输，赈济之挽运，有无之懋迁，无不朝发夕至。"所以开宗明义地提出："所以立富强之基者，莫铁道若也。铁道之设，节目纷繁，难以悉数，然总不外乎筹款、创造、经理三大端。"虽然铁路是"富强之基"，但洋务运动以来铁路在中国毫无进展可言。"中国自军兴以来，制造之局几遍直省，一切枪炮兵器，渐仿外洋为之，而于外洋致富致强最要之策，如火轮车一事，反漠然无所动于中。盖以为中国有窒碍难行者。而吾以为火轮车惟中国可行，惟中国当行，且惟中国当行而不容稍缓。"中国发展铁路既有"时会之可行"、"地势之可行"和"人力之可行"，亦可收"救患之利"、"节用之利"和"开源之利"。此外，"试思今日之域外，环中国之疆宇，无非铁道

---

① （清）薛福成：《庸庵文编》卷二，上海古籍出版社，2010，第40-44页。
② 赵尔巽等：《清史稿》第四十四册，中华书局，1977，第12482页。

也"。英国、俄国、法国、日本等国纷纷在中国周边筑路，已隐隐有包围之势。"吾若不乘其未发之时急行兴作，将不数年，各国之铁道已成，一旦与国失和，乘间窃发，而吾则警报未至，征调未齐，推毂未行，彼已凭陵我边陲，控扼我腹心，绝我粮饷，断我接济。吁！可危也。"① 马氏对于铁路的利弊分析比较全面，其中对于列强在中国周边筑路窥伺的担忧后来更是基本得到应验。

在《借债以开铁道说》一文中，他针对中国难以筹措资金修建铁路的困境，大胆提出借债筑路的办法。"今中国议开铁路，当以筹款为先。顾将筹之于官乎？而京协等饷，拮据已甚。抑将筹之于民乎？而风气未辟，集股维艰。无已，则有借洋债之一法。"当然，他极力证明只要操作得当，借债筑路并不会损害中国利权，如只向外商借款而不允许其入股："借债与入股有别，入股可坐分每年赢余，借债者惟指望按年之利息。中国创行铁道，绵亘腹地，岂可令洋商入股，鼾睡卧榻之旁？"② 另外，他建议采用此办法修京津铁路，作为试点。就甲午前的中外关系而言，马建忠的借债筑路策略有可能奏效。

1882 年，避居香港的思想家王韬在港刊印著作文集《弢园文录外编》，内有一文名为《建铁路》。③ 他开篇即言："电气通标，轮车铁路，西国以为至要之图，而中国以为不急之务，且以为中国断不能行，亦断不可行。"铁路在西方是"至要之图"，在中国则是"不急之务"。为了驳斥那些认为铁路在中国"断不能行"和"断不可行"的观点，他在文中结合中外情形，论述铁路的各种益

① （清）马建忠：《适可斋记言》，张岂之、刘厚祜校点，中华书局，1960，第 10~16 页。

② （清）马建忠：《适可斋记言》，张岂之、刘厚祜校点，中华书局，1960，第 18~25 页。

③ 有关王韬的详细生平事迹，可参见张海林《王韬评传附容闳评传》，南京大学出版社，1993。

处，意在证明"轮车铁路之利国利民，莫可胜言"。王韬希望中国能将铁路从"不急之务"转变为"至要之图"。"夫天下事，未有不受之以渐而图之以豫者，惟明者能料之于先，识者能见之于著。三十年之后，其事机又将一变乎？"同时，尽快自建铁路能够防止外人觊觎。"或者谓轮车铁路未尝不利于国家，便于商贾，与其因西商之请而为之，不若我中国之自为。"① 这里所说的"至要之图"，实际上已经接近于"自强要图"。

3. 多次试办与激烈争议

对铁路的"一体防范"还受到多次试办的铁路实体和愈演愈烈的铁路争议之冲击，矛盾的凸显表明"一体防范"所代表的抵制政策已摇摇欲坠，难以适应中国社会形势的需要。先看铁路实体的试办，例如 1876 年通车的吴淞铁路和 1881 年通车的唐胥铁路。前者由英美商人假借修"马路"为名私建，是"外国试图说服中国允许引进铁路"时期的产物；后者由李鸿章等洋务派以运煤为由修建，是清廷内部支持筑路派的初步成功。两者之中，先通车后停运、再通车后拆除的吴淞铁路更能体现"一体防范"的运作与松动。②

作为中国首条面向市场开通运营的铁路，吴淞铁路在筹划阶段就被寄托发挥引导和示范作用的希望。1876 年《英国领事商务报告》等指出："想从中国政府得到正式的许可是徒劳的；因此，便有这样一种想法，先正式买地，然后突然把铁路建造起来，也

---

① （清）王韬：《弢园文录外编》，汪北平、刘林整理，中华书局，1959，第87-88页。
② 1876 年 7 月 3 日，吴淞铁路上海至江湾段开通运营，8 月停运。12 月 1 日全线开通运营，次年 8 月停运，随后线路被拆除。详情参见曾鲲化《中国铁路史》，新化曾宅，1924，第26-31 页。

许能受到（中国当局的）容忍；而且还可以把这样一条铁路作为一个范例去教育中国人。"英国人也认识到，中国内部并非一致拒斥铁路。"兴办铁路和电报……是在华英侨长久以来所抱有的主导见解。而且，中国人中的所谓'进步的思想家们'，亦大有同感。虽然农业人口和知识界一般对此表示恼怒与嫌弃，而据说广大内地丝、茶市场，例如杭州、湖州和苏州的商贾们，却殷切期望得到这些便利。"① 至少部分知识界和商业界人士支持修建铁路。在中外交涉时，李鸿章亦曾试图调解，赎回自办。"洋商资本不致无着，而中国自主之权亦无所损，似是两全之法。"② 但未实现，铁路赎回后被拆除。

有关吴淞铁路的交涉引发如此结局，反映出"一体防范"仍占据主导。《申报》曾刊专门文章分析原因："中国必欲毁此路者亦有故焉，英人深知此事大为有益，但当力劝中国为之，如轮船、枪炮、电报等事亦均次第效行矣，何必于铁路一事而独皆行之以诡计，无怪中国之不允也。今若此路不拆，恐英人援此以为例，他日又在他处再造一路，又须与之购买，是中国本欲兴此铁路，因此反多一周折也。"③ 按此观点，吴淞铁路不但是侵犯主权的"诡计"，而且有英国人"援此以为例"的风险。在国家利益受损的情况下，铁路本身的利弊问题也就没那么重要。

中法战争期间，铁路成为法国向中国索取利益的主要企图之一。法方在1884年9月提出："看中国现虽不予偿款，必须予以别项，即系或允中国由东京至滇省添造铁路，并允于滇省通商所造

---

① 宓汝成编《中国近代铁路史资料：1863—1911》第一册，中华书局，1963，第36-37页。
② 《李鸿章全集：31 信函三》，安徽教育出版社，2007，第379页。
③ 《论吴淞铁路》，《申报》1877年9月18日。

铁路之费，中国应行襄助……或中国允予以台湾地方……或允予以海南地方。如不了办，本国……总要兵至北京，彼时再知告中国如何办法。"[1] 也就是说，中国被讹诈要么出让铁路利益，要么割让台湾或海南。其后战局逐渐有利于中方，故最终于1885年6月签订的《越南条款》（亦称《中法新约》）在第七款中规定："由法国在北圻一带开辟道路，鼓励建设铁路。彼此言明，日后若中国酌拟创造铁路时，中国自向法国业此之人商办；其招募人工，法国无不尽力襄助。惟彼此言明，不得视此条系为法国一国独受之利益。"[2] 虽然不如之前的讹诈严重，但这仍属于通过不平等条约的方式被迫让出部分铁路利益。

再看铁路争议的冲击，同样是基于国家利益的优先考量，支持筑路派也在此时变得更加活跃，不但引发激烈争议，更可以从中窥见清廷对于铁路态度的变化。他们认为只有从国家战略层面出发尽快修建铁路并为我所用，才能避免侵略，实现自强。1880年（光绪六年）十一月底，前淮军将领刘铭传因"念中国大局"而上《筹造铁路以图自强折》，阐述列强尤其是俄国和日本对中国的危害，形势已经迫在眉睫。虽然"自强之道"理应包括"练兵""造器"等内容，"然其机括，则在于急造铁路"。他所陈述修铁路的主要理由是军事因素："铁路之利于漕务、赈务、商务、矿务、厘捐、行旅者，不可殚述。而于用兵一道，尤为急不可缓之图。"[3]至于如何入手，他建议先修筑清江浦（今江苏淮安）至北京铁路。

随后，上谕命直隶总督兼北洋大臣李鸿章和两江总督兼南洋

① 邵循正等编《中法战争》五，上海人民出版社，1957，第552页。
② 王铁崖《中外旧约章汇编：第一册（1689—1901）》，生活·读书·新知三联书店，1957，第468页。
③ （清）刘铭传：《刘壮肃公奏议》，文海出版社，1973，第211-214页。

大臣刘坤一筹议回奏。其间内阁学士张家骧上疏反对，认为存在三大弊端：（1）"利尚未兴，患已隐伏"；（2）"势迫形驱，徒滋扰攘"；（3）"虚糜帑项，赔累无穷"。^① 于是上谕命李鸿章再议。李氏随即表态支持刘铭传，又一一反驳张家骧。刘坤一亦支持修铁路，声明"实与李鸿章、刘铭传有同志"，但言及"此项铁路、火车有妨民间生计"，并强调"规画必须详慎"。^② 然而形势不容乐观，1881 年（光绪七年）正月初反对声四起，^③ 御史洪良品陈述修铁路的五个害处；侍讲张楷陈则言九处不利；^④ 通政使司参议刘锡鸿更是写出不可行者八、无利者八、有害者九的长篇大论。^⑤ 在许多官员"佥以铁路断不宜开"的情形下，清廷宣布："刘铭传所奏，著毋庸议。"^⑥ 仍未采纳修铁路的提议。

虽然支持筑路派未能达成目的，但是反对筑路派也有被罚的情况。1884 年 10 月（光绪十年九月），内阁学士徐致祥上《论铁路利害折》，提出铁路八害说，将利弊总结为："利小而害大，利近而害远，利显而害隐。"应对铁路严加拒斥："外洋有以此说煽诱者，拒弗纳。中国有以此说尝试者，罪毋赦。"次年 1 月（光绪十年十一月）他又上《请罢开铁路急修河工折》，认为倡导或赞成修铁路者"非奸即谄，而置国家之大害于不顾"，将导致"借夷之

---

① 交通、铁道部交通史编纂委员会：《交通史路政编》第一册，交通、铁道部交通史编纂委员会，1935，第 21 页。

② 中国科学院历史研究所第三所工具书组校点《刘坤一遗集（全六册）》第二册，中华书局，1959，第 599-600 页。

③ 除下述三人外，更多反对意见可见于中国科学院近代史研究所史料编辑室、中央档案馆明清档案部编辑组《洋务运动》六，上海人民出版社，1961，第 149-154 页。

④ 赵尔巽等：《清史稿》第四十一册，中华书局，1977，第 12420-12421 页。

⑤ 详见宓汝成编《中国近代铁路史资料：1863—1911》第一册，中华书局，1963，第 97-102 页。

⑥ 《德宗实录》二，《清实录》第五三册，中华书局，1987，第 815 页。

款以增夷之利，用夷之法以遂夷之计"。① 对此，上谕判定："若妄
逞臆见，信口诋讦，此风断不可长。徐致祥此奏并不平心论事，辄
敢肆行訾诋，殊属妄诞，著交部议处。"② 最终，徐致祥因言论荒
唐而被罚连降三级。

上述事例说明，此时清廷上下对待铁路的态度和看法并存两
条不同线索。线索之一是继续执行"一体防范"的策略，严防死
守列强的筑路要求和尝试，从而避免列强以铁路为工具而侵犯中
国的利益。吴淞铁路的交涉和结局、中法战争时有关铁路的交涉
都是这条线索的代表。线索之二是清廷内部出现"急造铁路"的
呼声。随着铁路认知的增加，支持筑路派从"防范外人筑路"进
一步至"应当自主筑路"，以"权自我操"实现"利自我收"，实
际上已逐渐将铁路视为"自强要图"，李鸿章和刘铭传的言论是这
条线索的代表。徐致祥因荒唐言论而受惩处则说明，清廷最高决
策层也已认识到铁路的益处。由于包括但不限于"一体防范"等
因素的限制，对于铁路的禁令在这一时期仍未放开。

四　铁路成为"自强要图"（1885—1894）

1. 创建铁路与加强海防的结合

从理论准备来看，将铁路定位为"自强要图"的观点在 1885
年之前就已形成，如前文所述马建忠"致富致强最要之策"
（1879）、刘铭传"急不可缓之图"（1880）、王韬"至要之图"
（1882）等，皆可归入其类。此外，李鸿章于 1880 年底为支持刘

---

① 有关二折的具体内容，详见夏震武编《嘉定长白二先生奏议》，文海出版社，1973，第42-
　55页。
② 《德宗实录》三，《清实录》第五四册，中华书局，1987，第817页。

铭传的《妥议铁路事宜折》，也认为"铁路为富强要图"。^① 但从现实情形来看，1885 年以前的筑路成果仅有历经波折才建成运营的唐胥铁路，长约 9 公里，用于将唐山开平煤矿的产煤运至胥各庄。因此，修建铁路与兴办洋务、追求自强等之间尚缺乏统一的契机，只能说已有不少萌芽。直到海防之议兴起，通过创建铁路与加强海防的结合，才使铁路是"自强要图"的观点得到越来越广泛的认同，促使清廷最高决策层支持修建铁路。这个近代中国铁路史上标志性的转折点，是 1885 年总理海军事务衙门（以下简称海军衙门）的成立。

最早将创建铁路与加强海防联系起来者当数李鸿章于 1874 年（同治十三年）所上《筹议海防折》，前文也已述及。体制层面上，1883 年（光绪九年），总理衙门增设海防股。"掌南北洋海防之事。凡长江水师、沿海炮台、船厂，购置轮船、枪炮、药弹，创造机器、电线、铁路及各省矿务皆隶焉。"^② 实际上，海防股所管辖铁路仅唐胥铁路。中法战争结束后，清廷组织筹议海防，左宗棠于 1885 年 7 月（光绪十一年六月）上《复陈海防应办事宜请专设海防全政大臣折》，提出七条筹办海防建议，其中之一为"铁路宜仿造也"。"天下俗论纷纷，究不必与之辨白，所谓民可使由、不可使知也。如电报、轮船，中国所素无者，一旦有之，则为断不可少之物。倘铁路造成，其利尤溥。"他认为铁路是"断不可少之物"，不必纠缠于反对意见，应纳入海防事务之中。"请俟海防大臣派定之后，饬令议办。"一个多月后，左宗棠病逝，其遗折中亦言："方今西域初安，东洋思逞，欧洲各国，环视眈眈。若不并力补

---

① 《李鸿章全集：9 奏议九》，安徽教育出版社，2007，第 254 页。
② 张侠等编《清末海军史料》上，海洋出版社，1982，第 31 页。

牢，先期求艾，再有衅隙，愈弱愈甚，振奋愈难，虽欲求之今日而不可得。伏愿皇太后、皇上于诸臣中海军之议，速赐乾断。凡铁路、矿务、船炮各政，及早举行，以策富强之效。"[①] 铁路被视为洋务的一部分，有利于实现富强。

经过多轮商议，清廷于 1885 年正式设立海军衙门。"光绪十一年，诏设海军衙门，依军机总署例，命醇亲王奕譞综之，大学士李鸿章专司筹办。十三年，北洋海军成，置提督、总兵等官。甲午师熸。"[②] 该衙门主管海军，兼顾铁路。"十二年四月鸿章以铁路开通可为军事上之补救，奏请将铁路事务划归总理海军衙门管理。奉旨依议。"[③] 醇亲王奕譞是光绪帝生父，在"甲申易枢"后跻身清廷权力核心。1888 年奕譞曾言："窃臣奕譞自亲历北洋，巡视海防后，深悉铁路为自强之要图。正与共事诸臣商酌拟办。"[④] 他也认为创建铁路与加强海防息息相关，故而明确提出铁路是"自强之要图"，支持李鸿章在北洋辖下筑路。

除了提升铁路的战略定位，李鸿章还通过进呈火车的直接方式影响最高统治者的铁路认知，其成果即 1888 年底至约 1889 年初建成的西苑铁路（亦称紫光阁铁路）。翁同龢在 1888 年 12 月 8 日（光绪十四年十一月初六）的日记中记载："合肥（指李鸿章——引者注）以六火轮车进呈，五进上，一送邸（指醇亲王奕譞——引者注），今日呈皇太后御览。今紫光阁铁路已成，未知可试否

---

① 《左宗棠全集：全 15 册》奏稿八，刘泱泱等校点，岳麓书社，2014，第 545-546、554 页。
② 赵尔巽等：《清史稿》第十二册，中华书局，1977，第 3461 页。
③ 交通、铁道部交通史编纂委员会：《交通史路政编》第一册，交通、铁道部交通史编纂委员会，1935，第 73 页。
④ 交通、铁道部交通史编纂委员会：《交通史路政编》第一册，交通、铁道部交通史编纂委员会，1935，第 45 页。

也？是为权舆，记之。"① 经杨乃济考证，此时已在西苑（今中南海）的紫光阁旁建起一段窄轨小铁路，后又沿中海和北海西岸延展至静心斋，长约 3 公里。该路专供慈禧等参观和体验，对于促使慈禧"从犹豫不决转为支持修路起了一定的促进作用"。② 基于这些背景，在奕譞和李鸿章等秉政重臣的协力推动下，近代中国的铁路事业在曲折中向前推进。

2. 从开平铁路到津沽铁路的延展

唐胥铁路在海军衙门成立后迎来延展契机。开平煤矿产煤原先运至胥各庄后，通过一条新挖小运河转运至芦台之阎庄，再通过蓟运河至大沽，便可转往全国各地。1886 年，开平矿局商董请求将铁路延展至阎庄，其《展筑铁路禀稿》称："查南北洋兵舰及招商局轮船、各机器局汽炉，皆赖开平五槽煤济用，所关于时局者甚大，海上万一有警，尤恃开平煤为军储第一要图，不徒以众商集资数十万，当筹所以维持而振兴之也。"③ 展筑理由之一就是舰船汽炉等设备离不开煤炭燃料，而煤炭燃料的供应又离不开铁路运输。李鸿章对此予以批准，并在致奕譞信中说："运煤便商，于民间庐墓耕作毫无妨碍，批准试办，殊与洋人无涉，亦欲借此渐开风气也。"④ 这几乎堪称理想情形，不会招致强有力的反对意见。很快，新成立的开平运煤铁路公司利用所招募商股开始筑路，次年竣工。

开平铁路（即唐胥铁路延展至阎庄后）的成功使得进一步延

---

① （清）翁同龢：《翁文恭公日记》第二十七册，常熟翁氏家藏影印版，商务印书馆，1935，第 78 下页。
② 杨乃济：《西苑铁路与光绪初年的修路大论战》，《故宫博物院院刊》1982 年第 4 期。
③ 《展筑铁路禀稿》，《申报》1886 年 7 月 27 日。
④ 《李鸿章全集：34 信函六》，安徽教育出版社，2007，第 107 页。

展成为可能。1887 年 3 月（光绪十三年二月），海军衙门请修阎庄至大沽和天津的津沽铁路。领衔者奕譞自述对铁路认知的转变过程："臣奕譞向不（亦）习闻陈言，尝持偏论。自经前岁战事，复亲历北洋海口，始悉局外空谈与局中实际，判然两途。"基于管理实务的经验，他表示"见闻亲切，思补时艰"。海军衙门帮办大臣曾纪泽则结合其外交和洋务经验表达相同立场："臣曾纪泽出使八年，亲见西洋各国轮车铁路，于调兵、运饷、利商、便民诸大端，为益甚多，而于边疆之防务，小民之生计，实无危险窒碍之处。近在总理各国事务衙门行走，于此事更加留意探询，所闻相同。"他们认为中国当前无力修建如同外国那种"纵横如织"的铁路网，不能全方面利用铁路带来的好处，只能集中于铁路的"调兵运械"功能，应该"择要而图"，循序渐进。

海军衙门陈述修建津沽铁路的理由时着眼于加强海防，将该路定位为"有关海防要工"。直隶省的海防事关北京安危，向来深受重视。①虽然其海岸线与其他沿海省份相比不算长，但是"小舟可处处登岸"，大型轮船亦可在大沽、北塘等港口停泊。此外，山海关至洋河口一带"无不水深浪阔"，敌军也容易登陆。但清军无法处处设防，仅能做到"择要害各宿重兵，先据所必争之地"，造成"防营太少"和"究嫌空虚"的局面。尤其是大沽口至山海关的直隶北段，军队调动面临"夏秋海滨水阻泥淖"和"有旱道不通之处"的困难。旦遇到敌军入侵，清军"势难随机援应"，将会陷入捉襟见肘的境地。

因此，津沽铁路的作用也围绕如何有利于海防而展开。其一，

---

① 有关唐胥、开平、津沽、津通诸路及直隶海防所涉及之大致行政区划与地理位置，可参见中国历史地图集编辑组编辑《中国历史地图集》第八册，中华地图学社，1975，第 6 页。

铁路具备客运（运兵）功能，便于军队调动，甚至有助于节省军费。"如有铁路相通，遇警则朝发夕至，屯一路之兵，能抵数路之用，而养兵之费，亦因之节省。"该功能主要针对负责岸防的陆军。其二，铁路具备货运（运煤）功能，可将煤炭快速运至港口。"北洋兵船用煤，全恃开平矿产，尤为水师命脉所系。开平铁路若接至大沽北岸，则出矿之煤，半日可上兵船。"该功能主要针对北洋水师。其三，铁路的货运功能还可以促进煤炭销售。"若将铁路由大沽接至天津，商人运货最便，可收取洋商运货之资，藉充养铁路之费。"铁路的商业利益将与铁路的自身发展之间形成良性循环。

立足于已建的开平铁路和将建的津沽铁路，海军衙门还针对直隶省的海防提出更为长远的铁路规划。开平铁路是"北塘至山海关中段之路"，也是"运兵必经之地"。如果能将铁路南延至大沽，北延至山海关，那么岸防部队就可"在此数十里间驰骋援应"，虽万人而"不啻数万人之用"。津沽铁路就是这条大沽至山海关铁路的中间阶段，分为"阎庄至大沽北岸八十余里"和"大沽至天津百余里"两段。"津沽铁路办妥，再将开平迤北至山海关之路，接续筹办。"待全线告成后，还可以在他处修路。"设合用无弊，拟将京外开矿各处，均次第仿照兴办。"①有关津沽铁路的提议和从试点到推广的思路得到慈禧的首肯，遂付诸实践。

至于津沽铁路的具体修建方式，则是延续之前胥各庄至阎庄铁路的官督商办方式，由开平铁路公司进行商股招募。该公司在招股章程中介绍该项目"蒙海军衙门具奏，钦奉懿旨允准"，路线

---

① 上述总理海军事务衙门奏折之内容，均出自交通、铁道部交通史编纂委员会《交通史路政编》第一册，交通、铁道部交通史编纂委员会，1935，第42~44页。

为"从芦台至北塘、大沽、天津等处"，长度约为 90 公里，预算为"行平化宝银一百万两"，招募每股一百两。① 值得注意的是，招股章程特意强调了铁路公司的名称已不贴切，称"今既推至津沽，所经乡镇，地名不一，若泥于开平二字，似不相称"，因而拟改名为"中国铁路公司"。这个名称不但是开创性的，而且结合先前海军衙门的奏折来看，"中国铁路公司"也是在为长远的铁路规划做一些铺垫。招股章程还大力宣扬官督商办的方式："官不勒商，商不瞒官，附股诸君可请放心。"② 但是现实情况并不如意，集股远远未达预期。在李鸿章的主持下，修建方式改为借债筑路，在基本无损利权的前提下借得洋款。工程由此顺利进行，于 1888 年通车，总里程（包括开平铁路）达 130 公里。

3. 台湾铁路的部分创建

在加强海防的背景下，与开平、津沽诸路同时期创建的还有台湾铁路。前文已经述及，日军侵台后，福建巡抚丁日昌于 1877 年上疏建议修建铁路以经营和巩固台湾。"轮路开，矿务兴，则兵事自强，而彼族之狡谋亦自息。"③ 虽得到批准而未能实施。法军侵台后，台湾海防再度受到重视。1885 年 10 月（光绪十一年九月）慈禧颁懿旨："台湾为南洋门户，关系紧要，自应因时变通，以资控制。著将福建巡抚改为台湾巡抚，常川驻扎。福建巡抚事即著闽浙总督兼管。"④ 台湾设省后，曾力主修建铁路的刘铭传为

---

① 行平化宝银简称行化，是当时天津的通用记账银两。详见赵德馨主编《中国经济史辞典》，湖北辞书出版社，1990，第 806 页。
② 上述招股章程之内容，均出自《铁路公司招股章程》，《申报》1887 年 4 月 27 日。
③ 中国科学院近代史研究所史料编辑室、中央档案馆明清档案部编辑组编《洋务运动》第二册，上海人民出版社，1961，第 351 页。
④ 《德宗实录》三，《清实录》第五四册，中华书局，1987，第 1023 页。

首任福建台湾巡抚，倾力推进"清赋、造台、安置水陆电报"等开发建设工作，并于1887年4月（光绪十三年三月）上疏请求筹办基隆至台湾府城（今台南市）铁路。他延续先前认为铁路是"急不可缓之图"的观点，仍从"自强要图"出发定位铁路："伏念铁路为国家血脉，富强至计，舍此莫由。"又回顾1880年上《筹造铁路以图自强折》的经历："臣于光绪六年曾经条陈具奏，其时风气未开，举朝疑议。"批评反对者"书生谋国"，而如今情势不同。"现在开平成效聿彰，举国群疑，观此无难尽释。"从唐胥铁路到开平铁路的延展已使风气有所变化。

在奏疏的论述中，刘铭传亦秉承创建铁路与加强海防相结合的宗旨，立足于朝廷战略和台湾实情，强调铁路的交通、商业、行政和军事等诸多功能。

首先是交通工程方面，台湾岛地势东高西低，故河流走向多自东向西，且降水丰沛。"春夏之交，山水涨漫，行人断绝，无能往来。"为沟通岛内南北交通，需耗费巨资建造大小桥梁。若建铁路，则可一并兴修"此项桥工二十余处"，帮助"公家先省桥工银数十万两"。

其次由交通进而言及商务，台湾商业起步阶段仍靠船运，然而若干主要港口皆存在缺陷。安平港（今属台南）和旗后港（今属高雄）两港"海涌沙飞，自春徂秋，船难近泊"。沪尾港（今属新北）"日形淤浅，轮船候潮出入，耽误时机"。基隆港虽然"无须候潮，泊船较便"，但是"因距淡水旱道六十里，运货殊难"。因此，"内山货物难以运出，非造铁路不足以繁兴商务"。

再次是有关设省的行政方面，铁路有助于新筑省城。"台湾既经分省，须由中路建设省城，方可控制南北。"然而拟定区域"地近内山,不通水道",不但"运料艰难",而且容易存在建城后"商贾寂寥"和"居民稀落"的问题。"若修车路,货物立见殷繁,于建造各项工程转运之费,节省尤多。"铁路有助省城各项建造工程,并促进省城繁荣。

最后也是最重要的军事方面,台湾海防需兼顾西部海岸的漫长地带和南北两端,易攻难守。安平、旗后、沪尾和基隆四个港口,均已在刘铭传主持下"购炮筑台,可资守御"。但其他地区"海口分歧,万难遍布军队,概行设守"。假如敌军"以旱队猝登,隔绝南北声气",就有可能进行"内外夹击"。修建铁路方便快速调兵,"何处有警,瞬息长驱,不虑敌兵断我中路"。这种论点与海军衙门请修津沽铁路的理由相同,也是长期以来支持筑路派所共有的。

凡此种种,其所指向的根本目标都是利用铁路经营和巩固台湾。"台湾一岛,孤悬海外,现在建省设防,截然为南洋屏障,必须开浚利源,使经费不难自给,南北防勇,征调可以灵通,方能永保严疆,自成一省。"但是修建台湾铁路的最大障碍在于筹款困难,为此刘铭传与商人议定"集商股承修,约需工本银百万两,将来即于铁路取偿"。如此既"于公款无关出入",而且"将来坐收厚利",还"于台湾大局裨助匪浅"。他还在奏疏中列出《商办台湾铁路章程》共八条,阐述如何实行官督商办。对此,海军衙门议覆时亦指出:"伏查台湾孤悬海外,物产蓄盛,非兴商务不足以开利源,非造铁路不足以兴商务。"基本肯定刘铭传的提议。其后,慈禧也颁懿旨予以同意。①

---

① 上述刘铭传之奏折,海军衙门之议覆及慈禧之懿旨等内容,均参见中研院近代史研究所编《海防档:戊 铁路(一)》,中研院近代史研究所,1957,第22-29页。

尽管获得朝廷支持，初期招股也颇为顺利，但是台湾铁路工程仍面临许多问题，无法完成原定 300 多公里的筑路计划。自1887 年开工后，先是督办铁路者易人，后是工程耗费超出预算，接着入股商人请求退出，导致前景堪忧。为使工程继续，刘铭传又于 1888 年 11 月（光绪十四年十月）上疏请求将台湾铁路改为官办。他陈述的理由一以贯之："臣查台湾铁路办成，不独利商便民，且于海防大局有裨，故臣费尽经营，创议兴办。"[①] 台湾铁路的重要性在于海防及商务，不应半途而废，对此朝廷仍予以支持。1891 年，基隆至台北段铁路竣工。同年，刘铭传去职，邵友濂继任。两年后，工程因经费不足而终止，此时修至新竹，故最终修成基隆至新竹约 90 公里的铁路。台湾铁路竣工通车部分不到原计划的三分之一，总计耗银却已达约 130 万两，[②] 远超原定约 300 公里耗费约 100 万两的预算。

4. 津通铁路之争与"毅然兴办"铁路

台湾铁路开工后不久，北方的津沽铁路修成。李鸿章于 1888 年 10 月 9 日（光绪十四年九月初五）乘坐火车视察津沽、开平二路，从天津到唐山约 130 公里路程"只走一个半时辰"，"一律平稳坚实"，"快利为轮船所不及"。[③] 四天后，他即致函海军衙门，称"惟煤矿商人及铁路各商均以铁路便益，力求由天津接造至通州"，又称"该商所禀均系实情，复令司道公议，亦议如所请，特

---

① 中研院近代史研究所编《海防档：戊 铁路（一）》，中研院近代史研究所，1957，第 37 页。
② 中国科学院近代史研究所史料编辑室、中央档案馆明清档案部编辑组《洋务运动》第六册，上海人民出版社，1961，第 281 页。
③ 交通、铁道部交通史编纂委员会：《交通史路政编》第一册，交通、铁道部交通史编纂委员会，1935，第 46 页。

具牍咨呈钧署核夺"。[①] 11 月 30 日（十月二十七），海军衙门奏请修建津通铁路，强调"铁路为自强之要图""铁路洵为今日自强之急务"。其一方面转达商人的请修理由，已成之津沽铁路"出息抵用养路经费则有余，抽还造路借本则不足"，将筑之津通铁路盈利可观，不但可还本，且可"报效海军经费"，另一方面突出修路的政治意义，先言："通塞之权，操之自我，断无利器假人之虑。"又言："俾早日竣工，以副朝廷筹备海防，推行尽利之至意。"[②] 津通铁路不但是自主的，而且对于加强海防有积极作用。修路请求旋得批准，仍由中国铁路公司进行募股。

不料，此事激起轩然大波，反对修建津通铁路的意见层出不穷，形成一场持续约半年的朝堂纷争，也是双方既有矛盾的又一次大规模爆发。这场争议实际分为两个阶段，以 1889 年 2 月（光绪十五年正月）为界。此前为第一个阶段，津通铁路获准修建后，旋即受到抨击。反对者或持异议者有屠仁守、恩承、徐桐、余联沅、吴兆道、洪良品、张炳琳、林步青、徐会沣、李培元、王仁堪、王文锦、曹鸿勋、高钊中、翁同龢、孙家鼐、奎润、崑冈、松森、丰烈、溥顾、奎郁、盛昱、溥良、黄卓元、李鸿逵、乌拉喜崇阿、祁世长、景善、孙诒经、薛允升、文治、李端棻、明桂、徐致祥、冯尔昌、李端遇、游百川等。[③] 牵涉范围很广，包括不同衙门、不同品级和不同形式（独奏或会奏），形成群情汹涌之势。慈禧于 1889 年 1 月 21 日、22 日（十四年十二月二十、二十 ）连

---

① 《李鸿章全集：34 信函六》，安徽教育出版社，2007，第 421 页。
② 中研院近代史研究所编《海防档：戊 铁路（一）》，中研院近代史研究所，1957，第 39-41 页。
③ 上述诸人之官职及对应奏疏，详见宓汝成编《中国近代铁路史资料：1863—1911》第一册，中华书局，1963，第 146-157 页。

颁两道懿旨，要求海军衙门会同军机大臣商议覆奏。此后仍有朱琛（左庶子）、何福堃（广西道监察御史）等人上奏反对筑路。

2月13日（十五年正月十四），海军衙门与军机大臣会奏，为修建津通铁路进行辩护。首先，修筑该路的必要性应来自中法战争后加强海防的宏观战略需求。"筹款购械以立海军，调舰会师以巡海防。因海岸之绵亘也，始议设铁路以省兵；因铁路之经费无出也，再续办津通之轨以养路。"总结而言："外助海路之需，内备征兵入卫之用，一举两益。"其次，反对意见可概括为三点："诸臣折中所称铁路之害不外资敌、扰民及夺民生计三端。"由此展开论述，加以反驳。最后，建议命令处理洋务更多的沿江沿海省份之将军督抚"各抒所见，再行详议以闻"，以避免"局外浮谈"。① 该回复代表李鸿章、奕譞等主事者商议后的应对策略。李鸿章是应对争议、参与论战的主力，认为反对筑路者的理由并不新鲜，并两度进行驳斥和详细解释。② 2月6日，他在致其兄李瀚章（漕运总督）的信中提及前后情形："邸（即醇邸，指奕譞——引者注）意初欲停罢，又属敝处议复……旋接元日邸电，甚以鄙言为是，即拟稿会同枢臣复奏，灯节前后当可揭晓。举朝无真识见真是非，可谓中国无人矣。"③ 结果如其所言，慈禧于2月14日颁懿旨命多位将军督抚"迅速覆奏"。此举的理由就是他们"办理防务，利害躬亲，自必讲求有素"，而"在廷诸臣于海防机要素未

---

① 中国科学院近代史研究所史料编辑室、中央档案馆明清档案部编辑组编《洋务运动》第六册，上海人民出版社，1961，第226-231页。

② 李鸿章的论述为《复醇邸 议铁路驳恩相徐尚书原函》和《复总署 议驳京僚谏阻铁路各奏》，分别详见《李鸿章全集：34 信函六》，安徽教育出版社，2007，第473-475、476-480页。

③ 《李鸿章全集：34 信函六》，安徽教育出版社，2007，第488页。

究心，语多隔膜"。①

此后争议进入第二个阶段，即由庆裕（盛京将军）、定安（署理盛京将军）、曾国荃（两江总督）、卞宝第（闽浙总督）、裕禄（湖广总督）、张之洞（两广总督兼署广东巡抚）、崧骏（浙江巡抚）、陈彝（开缺安徽巡抚）、德馨（江西巡抚）、刘铭传（台湾巡抚）、奎斌（湖北巡抚）、王文韶（湖南巡抚）、黄彭年（护理江苏巡抚）等人针对此事发表意见。将军督抚们意见不一，除了支持者与反对者，也有不表态者，还有主张另建他路者。其中，张之洞虽亦赞同铁路利国利民，却认为"似宜先择四达之衢，首建干路以为经营全局之计，以立循序渐进之基"，②从而提出缓建津通铁路，改建从北京城郊卢沟桥（亦称芦沟桥）至湖北汉口的卢汉铁路。5月5日（四月初六），上谕认为张之洞、刘铭传和黄彭年的论述"各有见地"，尤以张之洞为最佳。铁路"为自强要策"，需要"通筹天下全局"，"即可毅然兴办"，③最终决定兴建卢汉铁路。

5. 贯彻"自强要图"：从卢汉铁路到关东铁路

关于津通铁路的争议以改建卢汉铁路告终，然而后者并不被看好。李鸿章曾于1889年5月9日（光绪十五年四月初十）致信湖南巡抚王文韶时言："香帅（指张之洞——引者注）轩然大波，别开生面，崇论宏议，直欲推倒豪杰。自卢沟至汉口三千里，必需二千余万之巨款，谈何容易。邸意责望甚殷，志在必成。茫茫前

---

① 中国科学院近代史研究所史料编辑室、中央档案馆明清档案部编辑组编《洋务运动》第六册，上海人民出版社，1961，第233—234页。
② 中国科学院近代史研究所史料编辑室、中央档案馆明清档案部编辑组编《洋务运动》第六册，上海人民出版社，1961，第251页。
③ 宓汝成编《中国近代铁路史资料：1863—1911》第一册，中华书局，1963，第170-171页。

路，窃恐愿大难酬。"① 他对该项目的前景并不乐观。事实证明亦是如此，虽然上谕认定"此事造端闳远，实为自强要图"，② 清廷亦随即命张之洞由两广总督调任湖广总督，与李鸿章分别主持卢汉铁路南段（汉口至信阳）与北段（芦沟至正定）的勘察建设。但是张之洞作为提议和主事者，并无相关经验。加上卢汉铁路工程浩大，所需资金、材料等皆数目巨大，难以筹措。

为创造该路的修建条件，张之洞将重心转为煤炭开采和钢铁冶炼等更为基础的工作。如1890年1月24日（光绪十六年正月初四）海军衙门致电张之洞："铁为盛举之根，今日之轨，他日之机，皆本乎此。宏论硕画，自底于成……必须得铁后次第及之，总以将来军旅之事无一仰给于人为断。虽不必即有其效，万不可竟无其志，谅同情耳。醇、庆、泽复。"③ 海军衙门负责人奕𫍽（醇亲王）、奕劻（庆郡王）和曾纪泽联署指出，基础性工作归根结底是为了实现"军旅之事无一仰给于人"，即为了实现军事上的自强，与为加强海防而修的铁路根本目的一致。在"不必即有其效"的情形下，卢汉铁路的建设实际上被推延。

恰在此时，由于东北情势变化，清廷决议缓办卢汉铁路，将主要筹建对象转为另一项规模巨大的工程——关东铁路。从1890年4月23日（光绪十六年三月初五）李鸿章致张之洞的一封电报中可知大概："支电悉。前在京因总署奏俄、韩近事，奉懿旨令会邸、枢、译议复，两次金谓铁路宜移缓就急，先办营口至珲春，惟荒瘠难招股，拟即勘路购地，明年兴工，每年尽部款二百万造成

---

① 《李鸿章全集：34 信函六》，安徽教育出版社，2007，第 533 页。
② 《德宗实录》四，《清实录》第五五册，中华书局，1987，第 644 页。
③ 《李鸿章全集：23 电报三》，安徽教育出版社，2007，第 5 页。

二百里路，逐节前进。今年二百万划归尊处专办铁矿，庶两无贻误，若鄂、东分用，必均无成等语。上深然之，慈圣犹以落后著为忧。鄙意就现购炉机，核计采炼用款二百万略可敷衍，撙节妥办，当无中辍。东路须急办，应购西洋钢轨，将来鄂钢炼成自可拨用。然须随拨随付价，界限乃清。轨用钢，不可用铁，幸勿浑言铁也。东路事未通行，乞秘之。鸿。"1890 年 4 月 22 日（光绪十六年三月初四）海军衙门致电张之洞亦阐明此事："上月总署条陈关东时局，两次遵议，金谓铁路宜移缓就急，先办营口至珲春，续办芦汉。"① 当时俄国与朝鲜关系渐密，引起清廷警惕。② 尚为清朝藩属国的朝鲜"屡有逾越举动"，③ 经李鸿章、奕劻、军机大臣、总理衙门等两度商议，又经慈禧定夺，决定次年起修建营口至珲春的关东铁路。④ 每年拨付官款 200 万两，当年的 200 万两用于湖北办铁矿，制造关东铁路所需铁轨。有趣的是，李鸿章特意强调："轨用钢，不可用铁，幸勿浑言铁也。"表明李认为张不懂钢铁和铁路之事，亦是李不看好卢汉铁路的重要原因之一。

4 月 28 日，张之洞表示全力支持缓办卢汉铁路，修建关东铁路。"关东路工紧要，廷议移缓就急，芦汉之路可徐办等因，谨当

---

① 《李鸿章全集：23 电报三》，安徽教育出版社，2007，第 38-40 页。

② 潘向明编写《清史编年：第 11 卷 光绪朝上》，中国人民大学出版社，2000，第 544-545 页。

③ 郭廷以、李毓澍主编《清季中日韩关系史料》第十一册，中研院近代史研究所，1972，第 60 页。

④ 1890 年 3 月 19 日，懿旨命总理衙门会同李鸿章等"商议朝鲜要件"并"妥议具奏"。3 月 31 日，总理衙门提出整顿朝鲜事宜的六条措施：精练水陆各军；东三省兴办铁路；该国税司由中国委派；该国派使应守属国体制；阻止该国借外债；匡正该国秕政。懿旨认为："所议六条内，整顿练兵与兴办铁路两条，均合机宜……原拟后四条尚近空言。"命其再议。4 月 14 日，总理衙门又奏："朝鲜国王闇弱，受人愚弄，举动渐不如前，不得不杜渐防微，豫为之计。前议六条，以整顿武备、兴办铁路为先。"懿旨允准"照所议办理"。上述三条参见《德宗实录》四，《清实录》第五五册，中华书局，1987，第 753、757、764 页。

遵办。湖北即专意筹办煤铁、炼钢、造轨，以供东工之用，想已奏准。"① 为了解决关东铁路的资金问题，也为了掌握该路主导权，李鸿章曾试图借款筑路，并命其子李经方办理此事。他曾设想："洋款若成，吃重在我处，不在京内也。"但洋款的附加要求过多："查其要求多端，皆在原议之外，未便允行。"李鸿章为此抱怨："奥商轻许在前，失信于后……弄得我父子从中架谎，徒贻口实笑柄，殊为闷闷。"② 借款未成，关东铁路只能依赖官款。

经李鸿章派员勘察，关东铁路计划改由既有津沽铁路滦州段向东北延展至山海关，再经锦州、牛庄至沈阳，进由沈阳经长春、吉林至珲春，并可建沈阳至营口支线。与最初营口至珲春的计划相比，新计划不仅更为详细，而且主要新增了滦州—山海关—沈阳段。李鸿章强调了新计划对于加强海防的意义："如此则东省津沽一气贯注，由津沽东至牛庄，皆为沿海要区，有事时应援更为便速。将见羽林之禁旅，北洋之防营，悉为东边之臂指，而边务机宜瞬息既可毕达，海防声势远近尤易灵通。"也就是说，天津至营口的环渤海地带皆可随时调兵，直隶和东三省的防务也由此连为一体。他还指出："他省之铁路为富强计，东省出口货物无多，进口货物亦少，其铁路为富民计犹在可缓。为自强计刻不可缓。"③可以预见，关东铁路的预期主营业务不是货物运输而是军事运输。从国防的视野来看，关东铁路"为自强计，刻不容缓"，有利于遏制列强对东三省的侵略企图，因而被定位为"自强要图"。

次年（1891），关东铁路动工，至 1893 年已修至山海关并开

① 赵德馨主编《张之洞全集：8 电牍》，吴剑杰、薛国中点校，武汉出版社，2008，第 57 页。
② 《李鸿章全集：35 信函七》，安徽教育出版社，2007，第 65、134、70 页。
③ 《李鸿章全集：35 信函七》，安徽教育出版社，2007，第 142-143 页。

通运营。后因筹备慈禧六旬万寿庆典，铁路拨款被挪用。李鸿章在致电奕劻时提及："铁路已造至山海关，购地已至锦州府，需费浩繁，事难中止。前因庆典紧要，户部商借二百万，极形支绌。"[1] 1894 年《申报》接连报道此事：户部为报效而"将铁路经费暂停支放，为移缓就急之计。关外工程，今春并未开办"。[2] 停工引发铁路工人失业和社会治安恶化的问题。"一旦大工中辍，所有作工之人无可谋食，流落关内外，失所依归。甚有三五成群，见过客之携带囊橐者，肆行劫夺。"[3] 中日甲午战争旋即爆发，关东铁路遂完全丧失通过官款继续修建的可能。因此，甲午前北洋所筑全部即天津至山海关铁路，亦称津榆铁路。

---

① 《李鸿章全集：23 电报三》，安徽教育出版社，2007，第 354-355 页。
② 《铁路停工》，《申报》1894 年 3 月 22 日。
③ 《论工人失业》，《申报》1894 年 4 月 4 日。

第五章 交错的"铁道"：甲午战争前后铁路认知的变轨

随着中日甲午战争的失败和学习日本潮流的兴起，中国铁路认知的发展轨迹也发生转向。对于同属东亚后发国家的中国和日本而言，铁路是东渐而来的新鲜事物。中日面对"铁路时代"的反应和表现存在诸多差异，与常见近代史叙事相一致的是，日本接触铁路知识晚于中国，却在19世纪的最后数十年内实现铁路事业的迅速起步，不仅促成实现明治维新的国家建设成就，而且以此为满足其帝国主义野心的侵略工具。但是，双方也发生过不少关于铁路认知的互动，尤其体现于以"铁道"和"铁路"为代表的铁路译词之中。本章仍然以考察中国的铁路认知为重点，但是立足于甲午战争前后中日互动的视角，继续利用铁路译词进行以点带面的探究。具体而言，首先略述日本的铁路认知起源背景，其次聚焦"铁道"是否为日式译词并厘清其源流，接着运用计量分析方法梳理"铁道"在中国的传播历程，最后与部分其他译词加以比较，从而为考察近代中日科技与社会（STS）甚至东亚近代史提供研究个案。

一　中国对日本铁路认知发端的影响

1. 近代日本铁路认知的发端

与中国类似的是，日本铁路史的开端亦可分为铁路认知和铁路实体两个层面，且前者早于后者。日本铁路认知的发端可追溯至近代，[①] 就目前所能看到的最早文献而言，铁路知识开始传入日本的时间是 19 世纪 40 年代，[②] 比中国略晚。1846 年（日本弘化三年）的《别段风说书》已经出现有关蒸汽机车和铁路的内容。[③] 1854 年（安政元年）的《远西奇器述》首次较系统地介绍了铁路的知识，书中概括西方科技的东传："今西洋诸舶相接而至，竞以奇技淫巧相衔，以小慧黠智相眩，于是，邦人始知有蒸气船车及传信机焉。"[④]《远西奇器述》还分别以不少篇幅介绍蒸汽机、蒸汽船和蒸汽机车的原理，并明确使用"蒸气机"、"蒸气船"和"蒸气车"等译词。这一时期的日本尚处于近世幕藩体制的"锁国"状态，但已经可以获取不少关于西方铁路和轮船的信息。

此时，日本发生美国佩里（Matthew Calbraith Perry，1794—1858）舰队来航（1853 年和 1854 年两次，亦称黑船事件）和俄国普提雅廷（Yevfimiy Vasilyevich Putyatin，1803—1883）舰队来航

---

① 通常而言，日本的"近世"指德川幕府时期，"近代"指明治维新至二战结束。考虑到铁路史的连续性，本书除特别指明"近世"以外，所提及日本"近代"均包括"近世"之幕府末期在内。有关日本历史的分期、事件和人物，可参见〔日〕竹内理三《日本历史辞典》，沈仁安、马斌等译，天津人民出版社，1988。

② 有关幕府末期铁路知识传入日本的详情，可参考《日本国有铁道百年史》第一卷的综述，详见日本国有铁道《日本国有铁道百年史》第 1 卷，日本国有铁道，1969，第 3-34 页。

③ 由于幕末年号多变，故于一一注明。自 1868 年（庆应四年、明治元年）至 1912 年（明治四十五年）在位的明治天皇未曾改元，故一般不予注明。

④ 〔日〕裕轩川本口授，田中纲纪笔记《远西奇器述》，嘉永甲寅萨摩府藏版，1854，第 1 上-1 下页。

（1853 年）等事件，于是自 1854 年起相继与西方国家缔结条约，变"锁国"为"开国"。佩里舰队第二次来访，不但向日本人首次演示了火车如何运行，而且代表美国政府向日方赠送火车模型。日本、美国和中国方面对此事均有相关记载，日本人所作为《亚墨理驾船渡来日记》。① 中国翻译罗森的《日本日记》言："亚国（美国——引者注）以火轮车、浮浪艇、电理机、日影像、耕农具等物赠其大君。即于横滨之郊筑一圆路，烧试火车，旋转极快，人多称奇。"② 文中采用"火轮车"和"火车"等译词。

随行的美国传教士卫三畏（Samuel Wells Williams, 1812—1884）对此记载更为详细。在他的日记中，1854 年 3 月 17 日，"今天的牡蛎供应充足，如果天气更暖和些，那么此次访问会非常愉快。电报线已经架设了一英里，铁路将于周一开放展览，各式农具也会吸引很多注意"。20 日，"今天来参观的人很少，但是很多人都问火车什么时候可以开动"。21 日，"机车（locomotive）和煤水车（tender）今天开始巡回演示，就像一匹雪特兰矮马（Shetland pony）在马戏场里跑了一圈又一圈，令每一名骑手都感到非常高兴。我认为日本人对此比对我们给他们的其它任何东西都更为满意"。22 日，"今天有一大群人从江户和神奈川（Yedo & Kanagawa）过来看蒸汽机车和电报"。③ 在铁路展览开始前，日本人对此已颇感兴趣。展览开始后，火车也受到日本人的欢迎。在《美国政府赠予日本天皇及幕府将军的礼物清单》（1854 年 3 月 13

---

① 〔日〕石野瑛校《亚墨理驾船渡来日记》，武相考古会，1929。
② （清）罗森：《日本日记》，王晓秋标点，史鹏校订，岳麓书社，1985，第 38 页。
③ 〔美〕卫三畏：《佩里日本远征随行记（1853—1854）》，〔日〕宫泽真一等转写、整理，大象出版社，2014，第 188-192 页。

日)之中,还包括"四分之一大小的机车、煤水车、客车与轨道"。①

到了 19 世纪 60 年代,日本的铁路认知随着与西方交往的增多而日趋深入。一方面,出使西方的日本使节在国外乘坐火车,获得实际体验,如 1860 年(万延元年)的遣美使节和 1862 年(文久二年)的遣欧使节等;另一方面,论述铁路的著作越来越多,如福泽谕吉(1835—1901)于 1866 年(庆应二年)所作《西洋事情》,列有"蒸气机关"、"蒸气船"和"蒸气车"等条目。其中的"蒸气车"条目言:"所谓蒸汽机车是指借助蒸汽发动机推动行驶的车辆。安装蒸汽发动机的车辆称为'机车',一辆机车可以牵引其他 20 节乃至 30、40 节车厢。1 节车厢可以容纳 24 人。由于结构非常坚固,凭借四个铁轮运行,所以不能在一般的道路上行驶。因此必须要平整道路,在车轮碾压的位置上填埋两根宽度为 2 寸、厚度为 4 寸左右的铁轨,车辆必须在此上面行驶,称之为'铁道'。"又言:"蒸汽机车承载着旅客和货物东南西北任意驰骋,恰似陆地上的良舟,纵然是千里之外也不足为远。自从蒸汽机车问世以后,各地的物产互通有无,物价也趋于平均,还为城市和乡村的往来和人们的沟通交流提供了方便,世间的交往出现了崭新的气象。"② 福泽谕吉不仅对铁路的基本信息予以介绍,而且对铁路的交通运输和贸易往来等功能赞赏有加。由此可见,经过并不

① 〔美〕卫三畏:《佩里日本远征随行记(1853—1854)》,〔日〕宫泽真一等转写、整理,大象出版社,2014,第 394 页。

② 引文出自中译本《西洋国情》。需要指出的是,引文中的"蒸汽机车"、"蒸汽发动机"、"机车"和"铁轨"等译词在原文中分别为"蒸气车"、"蒸气机关"、"机关车"和"铁线",中译本和原本分别参见〔日〕福泽谕吉《西洋国情》,〔法〕玛丽恩·索西尔、〔日〕西川俊作编,杜勤译,上海译文出版社,2018,第 46-47 页;〔日〕福泽谕吉《西洋事情》,庆应二年尚古堂发兑版,1866,第 48 上-50 上页。

长的时间，日本人对于铁路已拥有相当的了解，并抱以支持的
态度。

2. 日本的铁路译词及与中国的比较

日本铁路认知的发端不仅来自和西方国家的直接接触，而且
与中国的间接影响有关。这种间接影响的端倪，显露于中日共用
的部分铁路译词之中。从幕末到明治初年，日本尚未形成固定的
铁路译词，上文已提及《远西奇器述》（1854）的"蒸气车"和
《西洋事情》（1866）的"蒸气车""机关车""铁道"等。另罗列
19 世纪 60—70 年代的译词如下。

（1）1867 年（庆应三年），加藤弘藏（又名加藤弘之，
1836—1916）翻译自德国的《西洋各国盛衰强弱一览表附图》，列
有 1860 年（万延元年）西方各国铁路发展情况统计表，其中使用
"铁道"和"火轮车"等译词。[①]

（2）1868 年（庆应四年）中井弘（署名为樱洲先生，1839—
1894）的《西洋纪行》中使用较多的铁路译词，包括"火轮车"、
"蒸气车"、"铁道"、"火轮车路"和"蒸气车路"等。他还于
1867 年 1 月作诗一首："行驾车轮不用舟，南望沙漠北平畴。瞬息
之间三百里，一条铁路向欧洲。"[②] 这里使用了译词"铁路"。

（3）田中芳男（1838—1916）于 1871 年（明治四年）翻译的
《泰西训蒙图解》内有一部分为"铁道部"（railways），其中包括
"铁道"（rails）、"驿站"（a station）、"火轮车会馆"（a

---

① 〔日〕加藤弘藏译述《西洋各国盛衰强弱一览表附图》，庆应丁卯谷山楼藏版，1867，第 25
上页。
② 〔日〕中井弘：《西洋纪行（全二册）》上册，大阪敦贺屋为七中井氏藏版，1868，第 24
上-27 下页。

terminus)、"炭车"（a tender）、"客车"（a passenger train）等译词。①

（4）1872 年，糟川润三的《西洋今昔袖鉴》则使用了"蒸气机"、"火轮车"和"铁道"等译词，其中还提到世界上第一条铁路——1825 年英国斯托克顿（士笃敦）至达林顿（达尔林登）铁路。②

（5）1873 年，瓜生政和（1821—1893）在其《西洋见闻图解》中使用"蒸气机关"、"蒸气车"和"铁道"等译词。③

（6）1874 年，瓜生政和又编著《蒸气车铁道之由来》，分为17 个条目，如"日本蒸气车铁道的滥觞""蒸气车的略解""英吉利地下的铁道""铁道的略解""蒸气车铁道的便利"等，使用"蒸气车"和"铁道"等译词。④

概括而言，日本从幕末到明治初年的铁路译词主要有代表"车"的"蒸气车"和"火轮车"，代表"路"的"铁道"、"铁路"、"火轮车路"和"蒸气车路"等。上述译词显示中日铁路译词的差异，"蒸气车"与同系列的"蒸气机"（"蒸气机关"）和"蒸气船"等译词，尚不见于同时期的中国著作内。19 世纪 40—70 年代日本的诸多铁路译词里面，后来成为常用者分别是代表"车"的"蒸气车"和代表"路"的"铁道"。这与中国的情况不同，中国形成的常用词是代表"车"的"火轮车"和"火车"，以及代表"路"的"铁路"。至于对中日译词差异的更细致分析，

① 〔日〕田中芳男译，内田晋斋校《泰西训蒙图解》，文部省，1871，第 16 上-17 下页。
② 〔日〕糟川润三辑《西洋今昔袖鉴》，尚志堂版，1872，第 25 上-30 下页。
③ 〔日〕瓜生政和：《西洋见闻图解》，东京书肆二书房，1873，第 18 上-18 下页。
④ 〔日〕瓜生政和编集，植村泰通校订《蒸气车铁道之由来》，东京花街堂藏版，1874，第 2 下-3 上页。

留待后文详述。

上述译词也体现出中日铁路译词的部分共性，即"火轮车"、"火轮车路"和"铁路"。中国的"火轮车"最早出现于 1848 年徐继畬的《瀛寰志略》，"火轮车路"最早出现于 1859 年郭连城的《西游笔略》（实际出版时间为 1863 年），"铁路"最早出现于 1840 年林则徐的《四洲志》。"火轮车"与"铁路"在中国的出现时间很早，均远远早于日本文献的使用，很可能是由中国传入日本的译词。

3. 中式铁路译词东传日本的原因

之所以推测"火轮车"与"铁路"是由中国传入日本的译词，不仅是因为双方时间顺序的先后，而且是因为两个译词在中国的出处《瀛寰志略》《四洲志》《海国图志》也都曾流传至日本，并产生一定的影响力。1861 年（文久元年）日本刊印了由井上春洋、森荻园和三守柳圃训点的《瀛环志略》（日版原名为《瀛環志略》），对原书中的一些概念添加了英文和日文翻译。① 方豪《徐松龛先生年谱序》言："然其书（指《瀛寰志略》——引者注）于咸丰初年，曾遭受指摘，封存库中，不克流传者十余年；日人则视同瑰宝，一再翻刻，大有助于明治维新。"方闻亦言："自先生（指徐继畬——引者注）罢官后，《瀛寰志略》亦随之不多流传，而日本官民则先后翻刻数次，大有助于其维新。我国则至同治五年（岁次丙寅西元一八六六）总署始再刻印。至光绪三十一年（岁次乙巳西元一九〇五）端方、载泽、戴鸿慈、徐世昌、绍英五

---

① （清）徐继畬：《瀛环志略》，井上春洋、森荻园、三守柳圃训点，文久辛酉阿阳对峭阁藏版，1861。

大臣出洋考察宪政，乃大印行。前者距书成已十八年，较日本己未翻刻迟七年，较文久辛酉刻版，亦迟五年。而光绪三十一年印行，较书之初版，竟迟达五十有七年之久，时不我与，以致中国一切落后，是岂先生一人之不幸，可胜叹哉！"[1] 但1859年"日本己未翻刻"版，并未见于相关记载或馆藏。

包含《四洲志》的《海国图志》于19世纪50年代初传入日本，产生众多版本。日本的《海国图志》既有以中文重刻的"和刻本"或稍加日文解释的"训点本"，也有翻译成日文的"和解本"或"和译本"。据统计，该书仅在19世纪50年代便有5种"训点本"和15种"和解本"，总共有20种之多。[2] 甚至有观点认为："《海国图志》影响了日本幕末的一代知识分子，尤其是给予要求抵御外敌、革新内政的维新志士以启迪，推动了日本的明治维新。"[3] 虽然这种评价有拔高之嫌，但至少可以确定的是，魏源的《海国图志》的主旨与日本从"锁国"到"开国"、从幕末到维新的思想转型潮流相一致，因此该书在日本得到较为广泛的传播。进一步地，既然《海国图志》吸收了《四洲志》和《瀛寰志略》的内容，使用了"火车""火轮车""铁路"等译词，那么在该书流传日本的过程中，"火轮车"和"铁路"被日本学者借鉴使用亦属合理。

此外，日本也引进了一些近代传教士的中文著作。如前文已详述的祎理哲所作《地球说略》（1856），就有日本1860年箕作阮甫训点版；又如英国传教士慕维廉（William Muirhead，1822—

---

[1] 方闻编《清徐松龛先生继畬年谱》，台湾商务印书馆，1982，第2、321页。
[2] 关于"训点本"与"和解本"的详情，李文明列有《明治前〈海国图志〉翻刻本一览表》，参见李文明《〈海国图志〉对日本影响新辨》，《东北亚学刊》2017年第6期。
[3] 王晓秋：《鸦片战争在日本的反响》，《近代史研究》1986年第3期。

1900）为介绍英国历史而撰写的《大英国志》，先于1856年在上海墨海书馆出版，后于1861年在日本翻刻，改名为《英国志》；[①]再如前文提到的裨治文《美理哥合省国志略》（1838），因再版多次而书名各异，传入日本后亦由箕作阮甫训点，书名为《联邦志略》；在《联邦志略》书末列有《东都江左老皂馆发行书籍目录》，含《博物新编》（英国合信氏著述）、《西医略论》（英国合信氏著述）、《内科新说》（英国合信氏著述）、《妇婴新说》（英国合信氏著述）、《地球说略》（合众国祎理哲著）、《六合丛谈》（英国慕维廉著述）、《中外新报》（上海原刻）、《联邦志略》（马邦裨治文）等，[②]原本都是在华传教士的中文著述，其中的《六合丛谈》和《中外新报》则是传教士分别在上海和宁波创办发行的中文报刊。

传教士的不少中文著述都有涉及铁路的内容，自然也随之传入日本。比如《地球说略》中的“火轮车”和“铁轣辘之路”等译词就会进入日本学者的视野。这些铁路译词及其相关内容的输入，有助于加深日本的铁路认识。从更宏观的层面来看，日本学者增田涉曾经指出：“这些经外国教士之手，在清末中国出版的汉文‘西学’书籍，很快被引入我国。由幕末到明治初年，将之加注训点翻刻出版的不在少数。这些读物对于我国，也成为西洋所开发的新知识的供给源泉。可以说，在从幕末到明治时期为求体制改革而进行的启蒙活动上，它们同样也起了不小作用。”[③]对于中日铁路译词的部分共性也可以按此理解：无论是中国人的著述，还是传教士的中文著述，都在传入日本后成为日本人了解西方的

① 〔英〕慕维廉：《英国志》，文久元年长门温知社藏版，1861。

② 〔意〕裨治文：《联邦志略》，〔日〕箕作阮甫训点，东都江左老皂馆藏版，1861，第51上页。

③ 〔日〕增田涉：《西学东渐与中日文化交流》，由其民、周启乾译，天津社会科学院出版社，1993，第2页。

来源之一。换而言之，中日共同的铁路译词是在相同背景——西力东渐下的相同反应或选择。

二　"铁道"在中国与日本的不同起源

1. 中日"铁道"的起源与传播问题

在日本常用以代表"车"的"蒸气车"和代表"路"的"铁道"之中，"蒸气车"不见于同时期的中国著作中，是日本本土起源的铁路译词。后来成为铁路统称之一的"铁道"存在词源争议，争议的焦点在于："铁道"是日式译词吗？因此接下来以"铁道"为例，从其起源和传播问题入手，逐步梳理"铁道"在中日两国的演变历程，从而管窥中日早期铁路认知史的不同发展路径。

对于"铁道"起源和传播问题的既有研究可分为"日—中"和"中—日—中"两种观点。"日—中"是指"铁道"源自日本，后传入中国。高名凯与刘正埮在《现代汉语外来词研究》（1958）中把铁道（railway 或 railroad）归为日式译词，属于"先由日本人以汉字的配合去'意译'（或部分的'音译'）欧美语言的词，再由汉族人民搬进现代汉语里面来，加以改造而成的现代汉语外来词"。他们还认为："日语曾经于古代根据汉语的词创造出为数极多的外来词。但是近世以来，情形却有所不同：日语词汇吸收汉语的词，加以改造成为日语词汇中的外来词成分的情形，要比汉语词汇吸收日语的词，加以改造成为汉语词汇中的外来词的情形少；反之，汉语却大量的吸收日语的词，加以改造，成为现代汉语词汇中的外来词成分。"① "铁道"作为日式译词就是这种"汉语

---

① 高名凯、刘正埮：《现代汉语外来词研究》，文字改革出版社，1958，第 79–97 页。

词汇吸收日语的词"潮流的产物。

"中—日—中"是指"铁道"源自中国但并未流行，传入日本后又传回中国。邵荣芬在《评〈现代汉语外来词研究〉》（《中国语文》1958 年第 7 期）中指出《现代汉语外来词研究》的不足，他认为"铁道"的最早出处是 1866 年（同治五年）张德彝的《航海述奇》。"很清楚，这些词当然不是出于日本人的首先配合，他们只是拿现成的汉语词略变其意义去翻译外语词罢了。"① 意大利汉学家马西尼（Federico Masini）的《现代汉语词汇的形成——十九世纪汉语外来词研究》亦持"中—日—中"的观点，但对于"铁道"的词源有不同看法："对此只能作这样的解释：可能'铁道'也是从中国传至日本的，而且这可能是通过丁韪良的《格物入门》传去的。"② 这就是说"铁道"最早出现于 1868 年丁韪良的《格物入门》。

2. "铁道"在中国的三种起源

要想评判"日—中"和"中—日—中"这两种观点，关键在于弄清"铁道"分别在中国和日本的来源。先看"铁道"在中国的起源，说法之一是 1866 年张德彝的《航海述奇》，持此说法者还有《近现代汉语新词词源词典》（2001）③、《近现代辞源》（2010）④ 等。1866 年，年轻的张德彝（1847—1918）作为同文馆学生，随第一个中国使团——斌椿使团"游历"欧洲多国。《航海

---

① 邵荣芬：《评〈现代汉语外来词研究〉》，载《邵荣芬语言学论文集》，商务印书馆，2009，第 500-501 页。
② 〔意〕马西尼：《现代汉语词汇的形成——十九世纪汉语外来词研究》，黄河清译，汉语大词典出版社，1997，第 244 页。
③ 《近现代汉语新词词源词典》编辑委员会编《近现代汉语新词词源词典》，汉语大词典出版社，2001，第 256 页。
④ 黄河清编著《近现代辞源》，上海辞书出版社，2010，第 736 页。

述奇》就是他的沿途见闻所得，书中卷三（同治五年六月初八）载访俄参观皇宫时："又有水法，系从铁道通来者。"卷四（同年六月底）载返程访法时："酉初一刻至巴黎，一路楼阁华美，人物繁盛，轮车铁道，玉石琼莹。"[①] 两次都使用了"铁道"。但是据《航海述奇》稿本载，张德彝《航海述奇自序》的落款为："同治丁卯孟夏铁岭张德明在初氏序于述奇馆。"其友人作序的落款为："同治丁卯中秋友生孟保序。"[②]"同治丁卯"为 1867 年，斌椿使团于同治五年（1866 年）九月回京，直至次年下半年张德彝才将访问经历编纂成书。

说法之二是 1868 年美国传教士丁韪良（William Alexander Parsons Martin，1827—1916）出版的七卷本《格物入门》。该书卷二"气学"内有一条目为"铁道之式"。"问：铁道之式如何？答：于车辙两边各置大木，须极坚固，大木之上，钉以凸出铁条，而车轮周围有凹槽，与铁条相合，如逗笋然，可以速行无碍，一马可拽多车，惟不如火轮之力大而速也，美国各城多有此等车道，因人烟稠密，火轮车未便驶行，仍用马车，而车中整洁如室。"[③] 他在此同时使用"铁道"和"火轮车"。如此看来，丁韪良使用"铁道"的时间晚于张德彝。

但是，马西尼之所以持有"中—日—中"的观点，是因为丁韪良的《格物入门》曾作为传教士的中文著述而东传日本，不但有"训点版"，而且有"和解版"。"训点版"标为"美国丁韪良撰著、皇国本山渐吉训点"，时间和版本分别为"明治二己巳岁晚

① （清）张德彝：《航海述奇》，钟叔河校点，岳麓书社，1985，第 555、571 页。
② （清）张德彝：《稿本航海述奇汇编》第一册，北京图书馆出版社，1996，第 10、24 页。
③ 〔美〕丁韪良：《格物入门：卷二 气学》，清同治戊辰仲春月镌京都同文馆存板，1868，第 41 下页。

夏官许"和"明亲馆藏版"。① "和解版"名为《格物入门和解》，版本均为"北门社藏版"，时间有"明治庚午新刻"和"明治甲戌新刻"两种，共计7编20册。该书还曾作为日本海军学校的教材，具有一定影响力。② 因此，从丁韪良《格物入门》使用"铁道"与东传日本来看，"中—日—中"的观点似乎颇有说服力。

另有说法之三。1866年，时任英国驻华使馆参赞的威妥玛向清廷递交《新议略论》，提出中国改革建议。其中有一条说："一此乃外设代国大臣之议，可见系属中华全益。所有其余新作，外国虽受其益，中国受益尤多。类如各省开设铁道、飞线，以及五金、煤炭各厂开采，水陆各军安设操练，中华用项不足，约请借贷，医学各等项设馆教习，以上各等新法，中国如欲定意试行，各国闻之，无不欣悦。"③ 威妥玛所说的"铁道"与"飞线"即指铁路和电报。

3. 对三种"铁道"起源的分析

接下来需要判定张德彝和威妥玛何者为先。张德彝首次使用铁道是同治五年六月初八，即1866年7月19日。他所在的斌椿使团于当年正月二十日（3月6日）从北京起程，正月二十八日（3月14日）在天津乘船出发。④ 威妥玛的《新议略论》于同治五年正月十九日（1866年3月5日）递交给总理各国事务衙门，而总

① 〔美〕丁韪良：《格物入门（七卷本）》，〔日〕本山渐吉训点，明治二己巳岁明亲馆藏版，1869。

② 本书所指《格物入门和解》，出自日本国立国会图书馆之馆藏。另外，《格物入门》"训点版"与"和解版"不止于此，更多有关详情可参见王冰《近代早期中国和日本之间的物理学交流》，《自然科学史研究》1996年第3期；咏梅、冯立昇《〈格物入门〉在日本的流播》，《西北大学学报》（自然科学版）2013年第1期。

③ （清）文庆等纂辑《筹办夷务始末》同治卷四〇，上海古籍出版社，2002，第15页。

④ （清）张德彝：《航海述奇》，钟叔河校点，岳麓书社，1985，第445-447页。

理衙门上奏此件的时间是次月丙午（4月1日）。① 随后又将该件下发给曾国藩、左宗棠、刘坤一、李鸿章、马新贻等地方重臣，征询意见。因此，张德彝在出发前不可能看到《新议略论》，他所用"铁道"并非来自威妥玛。加之丁韪良的《格物入门》也没有参考张德彝《航海述奇》或威妥玛《新议略论》的迹象，故可认为，威妥玛、张德彝与丁韪良三人使用"铁道"的时间相近且相互独立，其中最早的是威妥玛。

至于为何会出现三种相近又独立的来源，主要原因有两点。其一，"铁道"借鉴自"铁路"。在中文语境里，"铁路"和"铁道"的相继出现并不奇怪。《说文解字》言："路，道也。从足，从各。"② "路"和"道"本就含有相同的意思，因而"铁路"和"铁道"属于同义词。"铁路"译词由林则徐《四洲志》（1840）和魏源《海国图志》五十卷本（1842）率先使用，"铁道"可视为后来威妥玛等人对此的模仿。其二，"铁道"仍属过渡期的译词。周振鹤曾评论译词的过渡现象："所有外来新事物的称呼都是经过很长时间的发展演变才定型的。发明定型词虽然有功，但未定型以前的形形色色的过渡词，其功劳也不可没。不管是意译词还是音译词，都有过渡现象。"③ 铁路在19世纪60年代的中国是尚无实体的新事物，并未形成固定译词，故出现与"铁路"相仿的"铁道"亦属合理。

① 《筹办夷务始末》卷四〇载："丙午，总理各国事务恭亲王等奏：上年九月十八日，据总税务司赫德呈递《局外旁观论》一本……兹于本年正月十九日据英国使臣阿礼国照会，并附陈《外国新议》一件，说帖一件。"详见（清）文庆等纂辑《筹办夷务始末》同治卷四〇，上海古籍出版社，2002，第5页。
② （东汉）许慎：《说文解字》，浙江古籍出版社，2016，第62页。
③ 周振鹤：《重印〈西游笔略〉前言》，载（清）郭连城《西游笔略》，上海书店出版社，2003，第5页。

如果联系当时所处的时代背景来看，那么对于"铁道"在中国的三种起源可作宏观解读。自 19 世纪 60 年代起，清廷推行以"自强"为口号的洋务运动，学习西方先进科技是其中的重要内容。此时距第一次鸦片战争已有约 20 年，"经过近代文明 20 年左右的冲击，中国人不仅在思想上接受洗礼和进行反思，而且在实践上也终于开始付诸行动。如此说来，1860 年发端的自强运动才是科技转型的真正标志"。① 从身份来看，威妥玛递交《新议略论》时的身份是英国驻华外交官；张德彝写作《航海述奇》时的身份是临时充任外交人员的同文馆学生；丁韪良撰写《格物入门》时的身份则是同文馆的"西士教习"。② 从体制来看，与此相关的诸多机关，如英国驻华使馆、总理衙门、同文馆等都是 19 世纪 60 年代新成立的机构，比如其中最为核心的总理衙门，既是洋务运动中首个新设行政机关，也是洋务运动的领导机关之一。③ 从方向来看，三者的身份与行为展现出不同的方向，既有西方人"走进来"，也有中国人"走出去"，还有中国人把西方人"引进来"。总之，"铁道"的接连出现虽然具有很大的偶然性，但是处于中西交往扩大与中国开始变革的同一股潮流之中，也是西力东渐的产物。

---

① 刘大椿等：《中国近现代科技转型的历史轨迹与哲学反思·第二卷：师夷长技》，中国人民大学出版社，2019，第 75 页。

② 董恂为《格物入门》撰序云："有同文馆之设而延西士教习，其中冠西丁教师与焉。冠西博通强记，来中国久，能通华言。"徐继畬亦作序云："（余）奉旨陛见，派在总理各国事务衙门行走，管理同文馆事务，因而识冠西丁君。冠西学问渊博，无所不通，著有《格物入门》一书。"他们所说的同文馆"丁教师"就是丁韪良，丁氏表字冠西。两篇序文可参见〔美〕丁韪良《格物入门：卷一 水学》，清同治戊辰仲春月镌京都同文馆存板，1868，第 1 上-2 下页。

③ 总理衙门就是为专门办理洋务而设："查各国事件，向由外省督抚奏报，汇总于军机处。近年各路军报络绎，外国事务，头绪纷繁。驻京之后，若不悉心经理，专一其事，必致办理延缓，未能悉协机宜。"参见（清）文庆等纂辑《筹办夷务始末》咸丰卷七一，上海古籍出版社，2002，第 315 页。

4."铁道"在日本的起源及中日差异

再看"铁道"在日本的源头，1862 年，堀达之助（1823—1894）所编《英和对译袖珍辞书》（*A Pocket Dictionary of the English and Japanese Language*）将"railroad"或"railway"对译为"火轮车ノ道"，意即"火轮车之道"。将"temporary railway"译为"一时ノ急用ニテ造リタル铁道"，意即"临时铁路"。[①] 所以此时已经出现"铁道"译词，只是未将"railway"或"railroad"对译为"铁道"。1860 年，玉虫左太夫（1823—1869）随遣米（美）使节团出访美国，[②] 记有《航米日录》（1860）。其中卷三万延元年（1860 年）闰三月六日首次使用"铁道"译词，也是目前日本文献中最早使用"铁道"译词者。当然，他在《航米日录》中还用了"蒸气车"和"铁路"等译词，并列有"蒸气车"条目予以专门介绍。[③] 这也再次证明了日本的"蒸气车"和"铁道"是相伴随的两个译词。

虽然"铁道"在日本和中国的起源时间分别是 1860 年和 1866 年，但是在起源上仍有两种可能：从日本传至中国和中日各有起源，需要进行判断和排除。威妥玛和张德彝是否有可能受玉虫左太夫的影响？威妥玛 1842 年随英军来华以来，先后在香港、上海、北京等地服务，一直与清政府打交道，并没有处理日本事务，可

① 〔日〕堀达之助编《英和对译袖珍辞书》，文久二年江户开板，1862，第 658-659 页。

② 此次访问团被称为"万延元年遣米使节团"，是幕府为交换《日美友好通商条约》批准书而派遣，也是日本开国后派出的第一个正式外交使团。有关该条约及相关条约，可参见〔日〕竹内理三《日本历史辞典》，沈仁安、马斌等译，天津人民出版社，1988，第 168-170 页。

③ 〔日〕玉虫左太夫：《航米日录》，山田安荣等校，国书刊行会，1914，第 46-49 页。亦可见于玉虫左太夫后人所整理的版本〔日〕玉虫左太夫《航米日录》，载山本晃《玉虫左太夫略传》，东北印刷株式会社，1930，第 59-63 页。

认为他不具备阅读日本著作的可能。① 张德彝生于 1847 年（道光二十七年），出自北京底层旗民家庭。家境不富裕也是他进入同文馆学习的重要原因之一。② 同文馆由总理衙门奏请设立，初衷是培养翻译人才，以满足办理洋务的需求。③ 从 1862 年（同治元年）正式开始上课后，在 1866 年（同治五年）之前是"单纯的学习英、法、俄三国语文的学校"。④ 故而可推断，不论是 1847—1862 年的幼年时期，还是 1862—1866 年出访前在同文馆的学习时期，张德彝都没有接触 1866 年之前出版的《航米日录》的可能性。按此来看，"铁道"词源既不属于"日—中"观点，亦不属于"中—日—中"观点，而是在日本（1860）和中国（1866）各有起源，且日本起源早于中国。

需要指出的是，中日使用"铁道"时的"铁"字也有所不同。威妥玛《新议略论》（1866）、张德彝《航海述奇》（1866）稿本和丁韪良《格物入门》（1868）均使用"鐵道"。日本则有三种"铁道"，其一是"鐵道"，如瓜生政和《蒸气车铁道之由来》（1874）使用"鐵道"，但该字较少被使用；其二是"銕道"，如田中芳男《泰西训蒙图解》（1871）和糟川润三《西洋今昔袖鉴》（1872），使用更为普遍；其三是"鉄道"，较早者如昇斋（斎）

---

① 张坤、王宝红：《威妥玛与中国》，《国际汉学》2017 年第 2 期。

② 关于张德彝的生平与思想，详见钟叔河《航海述奇的同文馆学生》，载（清）张德彝《航海述奇》，钟叔河校点，岳麓书社，1985，第 407-431 页。

③ 1860 年（咸丰十年），奕訢、桂良和文祥上奏六条章程，第五条建议培养外语人才："于八旗中挑选天资聪慧，年在十三四以下者各四五人，俾资学习。"参见（清）文庆等纂辑《筹办夷务始末》咸丰卷七一，上海古籍出版社，2002，第 318 页；1862 年（同治元年）七月，总理衙门又进呈详细的《新设同文馆酌拟章程六条》，参见（清）文庆等纂辑《筹办夷务始末》同治卷八，上海古籍出版社，2002，第 682-684 页。

④ 苏精：《清季同文馆及其师生》，上海印刷厂，1985，第 15 页。

一景所绘《六乡蒸气车铁道之图》(1871)就已采用"鉄道"。①
时至今日,日本仍广泛使用"鉄道"。

"铁道"在中日的起源问题带来两点直接启示。第一点是对铁
路史研究而言,一方面立足前人的研究,将"铁道"在日本的诞
生时间前推至1860年,在中国的起源也推至《航海述奇》之前,
从而突破了传统的"日—中"和"中—日—中"观点。另一方面
也说明铁路译词需要深挖,即使是专门研究近代汉语外来词者,
也可能存在对中文文献挖得不深或对日文文献知之甚少的情况。
第二点是对中日的近代史研究而言,"铁道"在中日的起源具有一
定的相似性,均出现于两国代表首次出访西方国家时留下的日记
中,象征着中日两国具有相似性的近代史起步阶段。无论是主动
还是被动,玉虫左太夫和张德彝等都开始走出本国前往西方,了
解包括铁路等西方科技在内的西方文明。

三 "铁道"在中国与日本的不同传播

1. 日本铁路事业的飞跃与"铁道"的普及

作为译词的"铁道"自1860年在日本诞生以来,逐渐成为表
示"railway"与"railroad"的通行词语。据惣乡正明和飞田良文
的统计,明治时期收录"铁道"的词典数量相当多,在1872年
(明治五年)到1912年(明治四十五年)间至少达45部。②为什
么"铁道"在日本能够得到广泛使用?这里无法一一说明,但是
其中最主要的原因乃是现实因素。明治时期日本铁路事业的迅速

---

① 出自日本国立国会图书馆馆藏,书志ID为000010588847。
② 〔日〕惣乡正明、飞田良文编《明治のことば辞典》,东京堂出版,1986,第387-388页。

起步，构成一种"客观教案"（object-lesson）①，使得"铁道"也伴随此过程而逐渐深入人心。

　　明治政府掌权后，决定修建东京至横滨铁路。"日本的铁道建设于 1869 年（明治二年）11 月被确定。对于长期处于锁国体制下、与西方文明、技术革新信息和知识封闭的日本来说，铁道的建设是未知的重大事业。"工程于 1870 年（明治三年）正式动工，1872 年竣工通车，全长 29 公里。该路时刻表名为《汽车出发时刻及赁金表》，显示其运营从 1872 年 9 月 13 日开始，每日有 9 趟往返的旅客列车，耗时 53 分钟，运费为 37 分 5 厘（下等）。② 东京至横滨铁路的开通是一个成功起点，日本铁路事业从此步入正轨。

表 5-1　1872—1907 年日本铁路开通里程

单位：英里

年份	国有铁路里程	私有铁路里程	总里程数	私营所占比重（%）
1872	18	0	18	0
1874	38	0	38	0
1876	65	0	65	0
1878	65	0	65	0
1880	98	0	98	0
1882	171	0	171	0
1884	182	81	263	30.8
1886	265	166	431	38.5
1888	506	406	912	44.5
1890	551	849	1400	60.6
1892	551	1320	1871	70.6

---

① Percy Horace Kent, *Railway Enterprise in China*: *An Account of Its Origin and Development* (London: Edward Arnold, 1907), p. 187.

② 〔日〕佐久间武、小野纯朗：《日本的技术 100 年：第三卷 造船 铁道》，筑摩书房，1987，第 106-107 页。

续表

年份	国有铁路里程	私有铁路里程	总里程数	私营所占比重（%）
1894	581	1537	2118	72.6
1896	632	1875	2507	74.8
1898	768	2652	3420	77.5
1900	950	2905	3855	75.4
1902	1227	3011	4328	71.0
1904	1461	3232	4693	68.9
1905	1532	3251	4783	68.0
1906	3116	1692	4808	35.2
1907	4453	446	4899	9.1

注：基于研究目的考量，本表数据未包括所有年份，仅选择部分年份。

由表 5-1 可知，[1] 日本铁路开通里程在 40 年不到的时间里实现了从 0 到约 5000 英里的飞跃发展。1906 年，日本因铁路里程达5000 英里（包括台湾，不包括朝鲜和满洲）而举行庆典。传教士季理斐（Donald MacGillivray，1862—1931）撰文指出："回忆一千八百七十二年东京至横滨第一路告成日，日皇亲临行礼，犹著古朝服，扈从大臣亦著封建时代之制服，聚观之民仍多留发挽髻。驾至东京铁路站，各国使臣觐见，所备之御车十辆。将启，演礼炮一百零一声……计此路仅长十有八英里耳，此日本之第一路也。初造之际，政府许商人以建筑权。未几，商力不足，政府仍自行续之，遣人至英借金一兆镑，路遂成。越年，一千八百七十三年，由神户过大阪至西京之铁路又成，日皇亦亲临，行开车礼焉。此后风气大开，非独政府，民间亦多立公司，故蒸蒸日上，得睹今日景象。然日本山岭纵横，修路尤属不易，开山凿隧，在在有之。今日

---

[1] 〔美〕埃里克森：《汽笛的声音——日本明治时代的铁路与国家》，陈维、乐艳娜译，江苏人民出版社，2011，第 8 页。

本政府拟定全国铁路皆归政府管理，已载前报，但兹事体大，须数年之久，始能归一也。"①

季理斐不但回顾了日本铁路起步的历史，而且着力于日本铁路发展的现实。明治天皇参加东京至横滨铁路开通仪式的场景极具"新"与"旧"的冲击感。君臣仍然穿着"古朝服"和"封建时代之制服"，百姓仍"留发挽髻"，却是为了庆贺这项新式交通技术的首次应用，尤其凸显明治政府对于推动铁路事业的重视和决心。在铁路国营还是私营的问题上，明治政府在不同时期采取不同的政策。起初商人资本不足，即使鼓励私营也收效甚微。至19世纪80年代末，私营铁路里程反超国有铁路里程，后来甚至达到国有铁路里程的3倍以上。政府于1906—1907年推行铁路国有化，私营所占比重迅速降低，反映于表5-1之中。

铁路行政体制中"铁道"名称的使用也大大提升了"铁道"的影响力。为了实现对铁路事业的有效领导，明治政府构建了与之相对应的铁路行政体制。② 1870年4月，民部大藏省设专门办理铁路事务的铁道挂。8月，民部与大藏两省分离，铁道挂隶属于民部省。12月，铁道挂转隶于新设的工部省。次年9月，改称为铁道寮。1877年，铁道寮改称为铁道局，成为工部省下辖十局之一。1885年，铁道局转为直辖于内阁。1890年，改为内务省铁道厅。1892年起，转隶于递信省，名称数次变动。1908年，改为内阁直辖的铁道院。1920年，铁道省成立。由此可见，在1906—1907年推行铁路国有化之前的几十年里，明治政府除了鼓励私营铁路发

---

① 〔英〕季理斐：《日本铁路之大祝典》，《万国公报》1906年第210册。
② 下述日本国有铁路行政机关之沿革，参见日本工学会、启明会《明治工业史：铁道篇》，日本工学会明治工业史发行所，1930，第23-31页；大藏省《工部省沿革报告》大藏省，1889，第1-47页。

展，对国有铁路的行政机关更是频频调整和完善，在制度安排上呈现出职责明确、权力集中、地位提高等趋向。

2. 洋务运动初期拒斥铁路与使用"铁路"

与日本逐渐广泛使用"铁道"不同，中国在洋务运动期间很少使用"铁道"，而以"铁路"为主。"铁路"在中国出现于19世纪40年代，以林则徐《四洲志》和魏源《海国图志》五十卷本为代表。"铁道"则出现于19世纪60年代，以威妥玛《新议略论》（1866）、张德彝《航海述奇》（1866）和丁韪良《格物入门》（1868）为代表。两者相差20多年，这种时间的先后差异导致"铁路"已在私人与官方等层面被使用，比"铁道"更为流行。

在"铁道"诞生以前，"铁路"的使用就已从私人层面推进至官方层面，出现于清政府的公文之中。以李鸿章的往来函件为例，可知1866年以前的官方语境中如何使用和为何使用"铁路"。本书第四章述及洋务运动前期对铁路的"一体防范"，已多次引用李氏的函件。为因应列强在中国修建上海至苏州铁路的谋求，李氏于1864年（同治三年正月）向总理衙门呈文："承谕铁路与发铜线，事同一律，万难允许。"他认为铁路一事的主要谋划者是英国翻译梅辉立（William Frederick Mayers，1831—1878），并表明会"多方禁阻"，"一体防范"。①

1865年（同治四年正月），总理衙门致密函给各地督抚，要求贯彻执行对列强倡议"开设铁路一事"的拒斥，形成全国性的"一体防范"。李鸿章对此回函称，列强争相要求开办电报和铁路。"英国觊觎尤甚；盖其商船入中国者最多，此二事于商人最有利益。"他

---

① 宓汝成编《中国近代铁路史资料：1863—1911》第一册，中华书局，1963，第4-5页。

表态会贯彻执行："兹承函示，遵即转饬所属。" 又阐述中国不宜修铁路的原因："查铁路费烦事巨，变易山川，彼族亦知断不能允，中国亦易正言拒绝。"[①] 其他地方大员纷纷回函表态，持类似立场言论。

从上述 1863—1865 年李氏函件中可看出，"铁路"在"铁道"诞生之前就已进入公文领域，逐渐成为约定俗成的译词。即使是后来被称为"我国路界唯一之元勋"的李鸿章，[②] 此时也持谨慎拒绝态度。后来鼓吹铁路"立富强之基"的洋务派[③]，在早期并不支持修建铁路。对于中国来说，此时需专注于平定太平军和捻军等内部事务，与西方人的交涉有引进"洋枪洋炮"的需求，但也有深恐列强将铁路作为侵略工具的担忧；对于列强来说，修建铁路有助于帮助其在中国获取更多的资源和利益。

铁路对于中外双方而言均非主要目的，而是包含各自诉求的工具。从中国铁路与民族主义的关系来看，洋务运动期间清朝开始认识到条约体系体现中外不平等关系，但"自强"只是为了防止这种不平等扩大而非废除不平等，最终不平等还是扩大了。[④] 从中央到地方对铁路的一致拒斥就是为了防止不平等扩大。即使后来情形发生变化，无论是李鸿章对铁路态度的转变，还是吴淞、唐胥铁路等或拆或留的艰难开端，目的都是相同的。换言之，"铁路"进入官方话语，恰恰发生于官方开始拒斥铁路以防止不平等扩大的时期。这种抵制侵略的色彩，从此长期笼罩着近代中国的铁路史，亦与对"铁路"的使用相伴随。

---

① 宓汝成编《中国近代铁路史资料：1863—1911》第一册，中华书局，1963，第 19-20 页。
② 曾鲲化：《中国铁路史》，新化曾宅，1924，第 42 页。
③ （清）马建忠：《适可斋记言》，中华书局，1960，第 11 页。
④ Lee En-han, *China's Quest for Railway Autonomy 1904-1911：A Study of the Chinese Railway Rights Recovery Movement* （Singapore：Singapore University Press，1977），pp. 265-267.

3. 甲午后"铁道"在中国的盛行：以公共话语为例

其一，"铁道"与"铁路"的出现频次统计。

在中国，"铁道"的诞生导致同时存在两个对应于"railway"或"railroad"的译词。那么"铁道"是否流行？何时流行？"铁路"与"铁道"的使用频率对比如何？接下来主要采用定量分析方法，[①] 借助多个近代报刊数据库，统计两个译词的出现频次，进而考察二者被使用的变化趋势及其相关关系。

为避免数据来源单一，故采用下列三个数据库：（1）瀚堂近代报刊数据库（以下简称为数据库1），检索范围为"全文"，检索模式为"精准"。[②]（2）晚清期刊全文数据库（以下简称为数据库2），检索模式为"普通检索"，检索范围为"所有资源"和"全部类型"。[③]（3）《申报》数据库（以下简称为数据库3），与前两个综合性数据库相比，《申报》略显单一，但发行时间长（1872年4月30日—1949年5月27日），影响力大，史料价值高。其检索模式为"简易检索"，检索范围为"全报刊"。[④] 又因为"铁道"在上述数据库中出现的最早时间为1872年，故截取1872—1912年为时间范围，根据所获数据绘制成表5-2。

---

① 这种定量分析方法，借鉴了金观涛和刘青峰运用香港中文大学《中国近现代思想史研究数据库（1830—1925）》研究近代中国"科学"取代"格致"过程的方法，参见金观涛、刘青峰《"科举"和"科学"——重大社会事件和观念转化的案例研究》，《科学文化评论》2005年第3期。

② 该数据库的主办方为北京时代瀚堂科技有限公司，汇集《遐迩贯珍》《申报》《顺大时报》《大公报》《益世报》等数百种清末民初的报刊。搜索时间为2019年6月25日。

③ 该数据库的主办方为上海图书馆（上海科学技术情报研究所），共收录了从1833年至1911年出版的502种期刊，文章数量超过52万篇，几乎囊括了当时出版的所有期刊，搜索时间为2019年6月25日。

④ 《申报》数据库有多种，瀚堂近代报刊数据库亦含《申报》，但各家的扫描方式与检索模式不尽相同，故即使按照相同关键词检索也有可能呈现不同结果。本书采用版本的主办方为台湾得泓信息资讯有限公司，搜索时间为2019年6月26日。

表5-2　晚清报刊中"铁道"与"铁路"出现频次一览

年份	瀚堂近代报刊数据库		晚清期刊全文数据库		《申报》数据库	
	"铁路"	"铁道"	"铁路"	"铁道"	"铁路"	"铁道"
1872	35	4	7	0	15	0
1874	52	4	17	0	11	2
1876	185	0	30	0	108	0
1878	65	0	13	0	33	0
1880	81	0	20	0	55	0
1882	100	4	20	0	149	4
1884	247	8	16	0	276	8
1886	135	11	1	0	249	8
1888	280	13	9	0	198	12
1890	303	11	29	0	533	12
1892	142	17	22	0	69	12
1894	207	7	7	0	201	7
1896	361	17	56	0	215	12
1898	1516	68	219	20	489	14
1900	620	49	90	18	580	31
1902	2650	393	179	12	611	43
1904	1785	233	467	46	1021	31
1906	4187	284	1292	99	2593	133
1908	4396	335	1225	87	3199	316
1910	5513	959	767	101	2813	610
1912	2837	885	262	240	1388	445

注：由于篇幅所限，本表只选取双数年份的数据，但后文讨论和分析时则会在有需要时扩展至单数年份的数据。

首先需要说明的是，表5-2呈现的数据具有一定的不精确性。产生不精确性的原因是多方面的：（1）数据库本身的特质，各数据库的收录来源和算法不同，往往又提供多种检索模式，因而最终搜索出的结果数量也不尽相同；（2）统计口径的差异，表5-2呈现的数据基本上是晚清报刊中含"铁道"和"铁路"的文章（栏目甚至是广告）篇数，但有些文章内不止一次出现这些关键词,甚至可能多次出现;(3)误差,譬如数据库收录数据时弄错作者与时间信息,或遗漏未收而造成信息不全。又如某些搜索结果的"铁道"并非指铁路,数据库 3 在 1874 年的两条"铁道"记录分别为"吴兴铁道人"所作《申江近事七古》,①及"吴中铁道人"所作《大吟坛哂政》,②系诗人名号。又因为数据库 1 包括数据库 3,所以 1874 年"铁道"在数据库 1 和数据库 3 内的实际频次为 2 和 0。那么数据的不精确性是否会影响结论的有效性?答案是否定的。受不精确性影响的数据只占少数,数据总体因数据库较多、时间跨度较长、检索范围较大等缘故而足够克服这些不精确性。况且对于解析"铁道"和"铁路"被使用的变化趋势及其相关关系而言,无须苛求数据的绝对精准,因而不会影响结论的有效性。

其二,"铁道"在公共话语中的出现。

"铁道"在公共话语中的出现时间相当迟。数据库 2 的最早出现时间为 1897 年,当年有 16 次。数据库 3 的最早出现时间为 1873 年,系选录自《香港华字日报》(1872 年创刊)的美国新闻。③ 在 1882 年以前,尚有 1877 年 1 次,④ 及 1879 年 1 次。⑤ 数据库 1 的最

---

① 吴兴铁道人:《申江近事七古》,《申报》1874 年 1 月 5 日。
② 吴中铁道人:《大吟坛哂政》,《申报》1874 年 10 月 3 日。
③ 相关内容为:"前载花旗火车从旧金山正埠行往纽约,至半途为贼所劫。今知其地名士加古,作贼者乃土人也。明火持械,预伏于车路之旁,将铁道毁坏,以俟车停,突起行劫。"详见《西国杂闻五条》,《中报》1873 年 10 月 3 日。
④ 相关内容为:"前者印度大饥,英之君民捐金九百万以为赈济。又恐捐项不足,乃劵如许贫民往修铁道,自食其力,卒无一人冻馁。"详见《辩华工供称古巴撞骗论接录》,《申报》1877 年 5 月 22 日。
⑤ 该文系曾主持修建吴淞铁路的英国工程师玛礼孙(Gabriel James Morrison,1840—1905)上李鸿章的《筹拟修复运河书》,内言:"仅恃河道固不能抵铁道陆路之甲,而但有铁道陆路亦未足以补水利之阙。"详见〔英〕玛礼孙《筹拟修复运河书》,《申报》1879 年 9 月 25 日。

早出现时间为 1872 年，在 1882 年以前包括数据库 3 的 3 次，其余者为 1872 年 4 次、1873 年 5 次、1874 年 2 次和 1875 年 1 次。其余者共 12 次均出自丁韪良等人在北京创办的《中西闻见录》，该杂志的刊行时间恰好为 1872—1875 年，"对中国的铁路建设事业起到舆论启动的作用"。① 如 1872 年 4 次中有 3 次出自该刊第一号所载丁韪良《论土路火车》，② 另 1 次出自该刊第四号《各国近事》栏目所载《日本电线火车》。③ 此后也有多次直接出自丁韪良的作品，而他是该刊的主要编辑，又是"铁道"译词在中国的三位创始人之一，故可推测《中西闻见录》使用的"铁道"多受他影响。

因此，"铁道"译词于 19 世纪（下同，从略）70 年代出现于公共话语中，其早期载体仅可见《申报》和《中西闻见录》两种。就其自身而言，其诞生时间是 60 年代，连续稳定使用则是从 80 年代才开始。但对比"铁路"而言都要晚得多，因为"铁路"的诞生时间是 40 年代，出现于公共话语的时间是 50 年代。明确使用"铁路"的最早记载是 1855 年，由传教士在香港创办的报纸《遐迩贯珍》（*Chinese Serial*，发行于 1853—1856 年）载："于是在英国遭调良工，修一铁路，能行火车。"④ 1857 年，由英国传教士伟烈亚力（Alexander Wylie，1815—1887）在上海墨海书馆刊印的

① 段海龙：《〈中西闻见录〉对中国近代铁路建设事业的影响》，《内蒙古师范大学学报》（自然科学汉文版）2016 年第 2 期。

② 丁韪良称："西人虑火轮车甚适于用，而难于铁道之筑也。于是别构巧思，创一土路火车。"需注意，此处"铁道"仅指铁轨。参见〔美〕丁韪良《论土路火车》，《中西闻见录》1872 年第 1 号。

③ 该文发表于 1872 年 10 月，即介绍当年 9 月日本东京至横滨铁路落成时的情况："二京之间亦造铁道，其由东京至海口之向东一段已成，于前月十三日开通，国君亲临，各国钦差毕会，张旗设乐，焜耀一时，试演火车，开行铁路，观者如堵，咸谓国家之盛举也。"参见《日本电线火车》，《中西闻见录》1872 年第 4 号。

④ 《欧罗巴新闻略》，《遐迩贯珍》1855 年第 7 号。

《六合丛谈》（发行于 1857—1858 年）载："二月十七日，北亚墨利加加那大大西火轮车路中，火轮车一道，联络十数车，经多伦多近哈密敦地方，火轮车忽离铁路，掣后车奔逸不可止。"[①] 至于"铁路"的连续稳定使用则是从 70 年代才开始，[②] 其主要原因在于此前报刊数量较少。由此可见，无论是诞生时间（40 年代—60 年代），或出现于公共话语的时间（50 年代—70 年代），还是连续稳定使用的时间（70 年代—80 年代），"铁路"都比"铁道"早得多。

具体而言，起初出现于公共话语的"铁道"往往与日本有关。除了上述已经提到的以外，再以数据库 2 为例。其在 1897 年有 16 次"铁道"的记录，其中有 11 次的来源是《实学报》，另有《集成报》1 次（亦涉及日本）、[③]《利济学堂报》2 次和《萃报》2 次。《实学报》由王仁俊、章太炎等人于 1897 年在上海创办，其宗旨是"尊中国、抑民权、明伦纪、崇实学"。[④] 内容多翻译自英文、法文和日文报刊，仅发行至次年。逐一检视可知，这 11 次全部译自日文报纸。如光绪二十三年十一月十一日（1897 年 12 月 4 日）该报第 11 册《东报辑译》栏目刊载孙福保翻译的《台湾铁道宜官为建设议》，原系尾崎三良发表于日本《经济杂志》的文章。

① 《泰西近事述略》，《六合丛谈》1857 年第 1 卷第 6 号。

② 19 世纪 60 年代的例子很少，如美国传教士林乐知（Young John Allen，1836—1907）主办的《中国教会新报》（始创于 1868 年，由上海林华书院刊发，至 1874 年起更名为《万国公报》）曾于 1869 年初载《轮船来信开通铁路》，提及英属印度、缅甸、俄罗斯、澳大利亚、新西兰、瑞士等国的铁路发展动态，详见《轮船来信开通铁路》，《中国教会新报》1869 年第 52 号。

③ 篇名为《铁道股数》，原载于《苏海汇报》。其文报道日本九州地区募股集资拟修铁路之事："日本西海属之九州地方，与东京、大阪隔一衣带水，是以京阪铁道久成，而九州仍未通也。"详见《铁道股数》，《集成报》1897 年 7 月 4 日。

④ 《本馆告白》，《实学报》第 10 册，载《中国近代期刊汇刊》，中华书局，1991，第 639 页。

译文开篇即言："台湾为我国南方之雄镇，不徒以为战胜后之纪念物也。一朝有边境警报之时，敌舰所指，必先在台湾，然必将港湾修筑，铁道布设，平时以殖产之资，普及文化于此处……故予辈以为在台湾统治之第一著手，我政府宜将台湾之铁道布设，计画而思考之。"①此时日本已根据《马关条约》割占台湾，因此有人提出日本应通过政府力量建设台湾铁路，其目的自然是全力经营以加强对台殖民统治。此外，其他的日文报纸还有东京《日日新闻》、大阪《朝日新闻》、《时事新报》等。

其三，"铁道"出现频次的趋势与拐点。

综合三个数据库来看，"铁道"的出现频次在整体上呈增长趋势。尤其是如表 5-2 数据库 1 内数据所示，"铁道"在 1872—1912 年虽然出现频次经常波动，但实现了从 0 次到近 1000 次的突飞猛进。这种整体增长的趋势也适用于"铁路"出现频次的变化。同样是数据库 1，其中"铁路"在 1872—1912 年也有频次波动，最低值仅数十次，最高值达 5000 多次。"铁道"与"铁路"的整体趋势基本一致，但后者的频次往往是前者的数倍乃至十几倍，没有出现同一年度内前者频次超过后者的状况。这表明纵向而言"铁道"与"铁路"的使用都越来越流行，但横向而言"铁道"不如"铁路"那么流行。

分阶段地看，"铁道"出现频次的增长趋势约以 1895 年为拐点。如数据库 1 在 1891—1899 年的"铁道"出现频次分别为 7、17、7、7、16、17、40、68 和 50，很显然 1895 年之前与之后的数据相差甚多。故可以说，此前的 1872—1894 年为第一阶段，增长

① 〔日〕尾崎三良：《台湾铁道宜官为建设议》，孙福保译，《实学报》第 11 册，载《中国近代期刊汇刊》，中华书局，1991，第 660 页。

缓慢；此后的 1895—1912 年为第二阶段，增长迅速。当然这只是泛泛地划分其阶段，实际上两个阶段内部也并非持续稳定地呈现各自的特征。为了能够更准确地把握 1895 年的拐点，下面按两个阶段内部的不同变化趋势继续划分时期。

第一阶段之一为 1872—1882 年，"铁道"的出现频次极少，有些年份甚至为 0。前面已经提到，此时"铁道"刚刚出现于公共话语中，尚未被连续稳定使用，其早期载体仅可见《申报》和《中西闻见录》两种。两者之中又以丁韪良的《中西闻见录》居多，亦可见丁韪良所创"铁道"译词的影响力有限。换句话说，后来"铁道"的盛行与其中国来源之一的丁韪良《格物入门》无甚关系。与此相对应的，此时"铁路"已被连续稳定使用。并且数据库 1 和数据库 3 显示，1876 年"铁路"在《申报》数据库的出现频次逾百，达到一波小高潮。翻阅该报可知，其原因是当年吴淞铁路开通并引发一系列交涉事件。《申报》作为上海当地的报纸，对此做了大量报道，显示出很强的时效性。[①] 但随后吴淞铁路被赎回和拆毁，有关铁路的报道和讨论迅速减少，"铁路"的热度也迅速降温。

第一阶段之二为 1883—1894 年，"铁道"开始连续稳定出现，但处于低位水平。数据库 3 的结果显示，其在此期间的最低值为 1883 年的 5 次，最高值为 1887 年的 24 次，大部分年份的频次为 7—12 次。以 1887 年的 24 次为例，其中有 11 次或从日本报纸翻译而来，或与日本有关。虽然此时对日本的铁路发展及明治维新的

----

① 《申报》于 1875—1877 年对吴淞铁路之始末均有报道，如其 1875 年 8 月 28 日即载："本埠往吴淞一带前所拟开之铁路，其机器由英国铸造。现闻业已竣工，其监工者将于英十月初二日来华云。从此上海各商民欲来往吴淞，其取道不甚便捷软。"参见《铁路机器已成》，《申报》1875 年 8 月 28 日。

状况已有不少关注，但这种关注并不一定是羡慕对方和反省自身，例如《申报》1887 年 3 月 15 日《东瀛清话》栏目有一条言："日本自崇效西法以来，铁道、轮船、枪炮、船厂、炮台、衣裳、机器等件，不惜赀财，件件置备。始则输帑藏，继则增税敛，终则贷于内并贷于外。"兴办铁路等新兴技术产业需要大量资金，导致日本政府千方百计增加财政收入，甚至想出让商户登记造册以按人头纳捐的方法。"噫！横征暴敛如此，民其能聊生乎？日廷衅沾沾炫耀于外人也。"① 作者认为日本政府"横征暴敛"，隐藏危机而不自知，对"崇效西法"似持否定态度。另与"铁路"相比，此时"铁路"已被普遍使用，在数据库 1 中的最低值和最高值分别为 1883 年的 98 和 1890 年的 303，更能直接映衬出"铁道"并未流行。

第二阶段内的拐点发生于 1901—1902 年，亦可分为两个时期：之前为 1895—1901 年，"铁道"的出现频次逐渐增加。数据库 1 在 1895 年和 1901 年的数据分别为 16 和 57，数据库 2 的数据为 16（1897 年）和 20，数据库 3 的数据为 13 和 61，均高于第一阶段；之后为 1902—1912 年，"铁道"的出现频次显著增加，达到普遍使用的程度。数据库 1 在 1902 年和 1912 年的数据分别为 393 和 885，数据库 2 的数据为 12 和 240，数据库 3 的数据为 43 和 445。"铁道"出现频次的趋势在 1896 年之后缓慢上升，在 1902 年及之后迅速上升。

---

① 日本政府勒令纳捐的详情为："今岁朝廷又向各商家合计人口，给簿一本，谕以十三岁以下、六十岁以上之男女每年各捐洋十元，店中所雇伙伴□□，每名由主人代纳捐钱，所有生理，不论赢绌若何，照出入银数纳捐一层。各商家自奉此簿，大都忧心，如揭公议，禀请减免。"部分文字不详或可能有误，但不影响内容判读。参见《无题》，《申报》1887 年 3 月 15 日。

具体以 1901—1902 年的拐点为例，如数据库 1 在 1901 年为 57 次，到 1902 年则突增至 393 次。这 393 次之中，有 316 次出自《新民丛报》，占总量的 80.4%。[1] 该报系 1902 年梁启超在日本所创办，被认为是"中国近代史上一个影响较大的资产阶级改良派的期刊"。[2] 他在创刊时申明宗旨："本报取大学新民之义，以为欲维新吾国，当先维新吾民。中国所以不振，由于国民公德缺乏，智慧不开，故本报专对此病而药治之。务采合中西道德，以为德育之方针，广罗政学理论，以为智育之本原。"[3] 彼时梁启超因戊戌变法失败而旅日数年，其"维新吾国"的说法仍然在于宣扬"开明专制"的君主立宪。[4]《新民丛报》频频使用"铁道"，显然是受日本语词的影响。

四 从中日互动的视角看铁路认知变轨

1. 如何看待"铁道"的盛行

在第一阶段及之前，"铁路"是被普遍使用的译词，几乎不见"铁道"；第二阶段以来，"铁路"仍被广泛使用，但"铁道"开始盛行，逐渐形成两者并存的局面。如何看待"铁道"在甲午前后的出现频次变化？为何往往与日本有关的"铁道"直到第二阶段尤其是 1902—1912 年才流行起来？简而言之，这与甲午战争失败后兴起学习日本的潮流密切相关。

---

[1] 其他来源包括《申报》47 次、《大公报（天津版）》11 次、《顺天时报》8 次、《外交报》5 次、《湖北商务报》2 次、《选报》1 次、《政艺通报》1 次、《南洋七日报》1 次、《杭州白话报》1 次。

[2] 张瑛：《〈新民丛报〉宣传宗旨辨》，《中州学刊》1984 年第 6 期。

[3] 梁启超：《本馆告白》，《新民丛报》1902 年第 1 号。

[4] 后来，《新民丛报》与同样在日本创办（1905 年）的同盟会机关刊物《民报》就革命和改良等路线问题展开争论，双方均与日本渊源颇深。

宏观背景包括维新变法和清末新政两个时期，分别对应于第二阶段内的拐点之前和拐点之后。甲午战争和《马关条约》后，清廷上下痛定思痛，于 1895 年 7 月（光绪二十一年闰五月）颁发谕旨："朕宵旰忧勤，惩前毖后，惟以蠲除痼习，力行实政为先。叠据中外臣工条陈时务，详加披览，采择施行。如修铁路、铸钞币、造机器、开矿产……著各直省将军督抚，将以上诸条，各就本省情形，与藩臬两司暨各地方官，悉心筹画，酌度办法，限文到一月内，分晰覆奏。当此创钜痛深之日，正我君臣卧薪尝胆之时。"① 修铁路正是"力行实政"的举措之一。到了维新变法运动时期，康有为在《日本变政考》（1898）中进言学习日本："日本为其难，而我为其易；日本为其创，而我为其因。按迹临摹，便成图样。加以人民、土地、物产皆十倍之，岂止事半而功倍哉？"② 并概括日本铁路发展的作用："日本之创建铁道也有两意：一曰保国。务使东西京声势联络，呼应灵捷，推而及各大马头、各大省会，皆联为一气。一曰养民。欲使遍国之地，血脉贯通，商人转运，货物脚价，省于昔者十倍。民间所需物价皆贱于前，商民两便。"③ 甲午后的相关思想动态可归结为两点：一是重视铁路，认识到修铁路的必要性；二是学习日本，包括学习其铁路事业。

数年后，庚子之变和《辛丑条约》让清廷重提"卧薪尝胆"。1901 年 10 月（光绪二十七年八月），慈禧懿旨宣布"变法图强"："还京有日，卧薪尝胆，无时可忘……择西法之善者，不难舍己从

---

① 《德宗实录》五，《清实录》第五六册，中华书局，1987，第 838 页。
② 康有为：《日本变政考序》，载《康有为全集》第四集，姜义华、张荣华编校，中国人民大学出版社，2007，第 104 页。
③ 康有为：《日本变政考》卷四，载《康有为全集》第四集，姜义华、张荣华编校，中国人民大学出版社，2007，第 152 页。

人，救中法之弊者，统归实事求是……用是特颁懿旨，严加责成。尔中外臣工，须知国势至此，断非苟且补苴，所能挽回厄运。惟有变法自强，为国家安危之命脉，亦即中国民生之转机。予与皇帝为宗庙计，为国民计，舍此更无他策。"① 自此开启清末新政时期，其"择西法之善者"的追求在一定程度上践行了维新变法所未及践行之事。对应于上文的两点：其一，此时铁路建设速度相对之前较快，受关注度也很高，还与一些重大事件有关；其二，中国在多个领域的改革师法日本，并出现大规模的留日潮流。

从微观视角来看，上一节所提梁启超与《新民丛报》就体现了甲午后从维新变法到清末新政的时代变革潮流。再来详细考察《新民丛报》的案例，其之所以大量使用"铁道"，也是因为重视铁路和学习日本的双重影响。如该报第 21 号刊载王恺宪的《日本交通发达考》（1902），先言铁道等交通事业的重要性："年来吾国上下亦颇知列强铁道经济之竞争，为吾国存亡之所系，遂主张权利收回说，以唤起国民之自强心……交通之不已，必使全国无一未开之域，势不至跬步之内，房闼之间，处处与我为难不止。呜呼，交通之道如此，吾岂犹有国之可言耶！"又言日本交通事业如何可资借鉴："往者吾国变法，事事规随日本。日本新进骤强，其国度又与吾国多种种相同之点，其仿效之，固为至便。然交通事业之在日本，则又为可惊可叹而不可思议之突飞进步者也。迄今溯其沿革，寻其涂辙，其上下一心，合力以求其发达者，进行之途径，昭然在史𥨊间。今特考之，以为吾国有交通责任者一考镜焉。"② 清末中国的铁路与"列强""吾国存亡""权利收回""国

① 《德宗实录》七，《清实录》第五八册，中华书局，1987，第 430 页。
② 王恺宪：《日本交通发达考》，《新民丛报》1902 年第 21 号。

民之自强心"等均有紧密联系，可以说发展中国的铁路事业是救国的必然要求。日本不但与中国有"多种种相同之点"，而且其铁路发展史"可惊可叹而不可思议之突飞进步"，是非常合适的学习对象。

2."铁道"与"科学"的比较

虽然"铁道"在日本（1860）和中国（1866）各有起源，但其在甲午后尤其是20世纪初才在华盛行起来。"铁道"的盛行源自清末学习日本的潮流之盛行，使"铁道"在中国染上了作为日式译词的一层色彩。如1906年同盟会机关刊物《民报》刊发县解（即朱执信的笔名）的《从社会主义论铁道国有及中国铁道之官办私办》，文内言："社会主义本译民生主义，铁道原称铁路，今以篇中术语多仍日译，故此二者亦并从之。"① 可见自清末以来，不少人都将"铁路"视为中式译词，将"铁道"视为日式译词。

在清末向日本学习的潮流中，科技是重要领域之一。不少科技方面的日式译词因此在华盛行，并流传至今，典型的有物理、化学、代数、机械、微积分、超短波、瓦斯、电流、导体、放射线、方程式，等等。② 但是，"铁道"的盛行不能完全归为日式科技译词的盛行，有必要厘清两者的联系与区别。为此，可以引入具有代表性、既有研究较为丰富的日式科技译词——"科学"，③ 通过比较"铁道"与"科学"的异同以探析其中的复杂性。

---

① 县解：《从社会主义论铁道国有及中国铁道之官办私办》，《民报》1906年第4号。
② 高名凯、刘正埮：《现代汉语外来词研究》，文字改革出版社，1958，第84~92页。
③ 既有研究如周程《"科学"的起源及其在近代中国的传播》《科学学研究》2010年第4期；吴国盛《"科学"辞源及其演变》，《科学》2015年第6期；樊洪业《从"格致"到"科学"》，《自然辩证法通讯》1988年第3期；肖郎、王鸣《近代中国科学观发展轨迹探析——以清末民初science概念内涵的演化为中心》，《浙江大学学报》（人文社会科学版）2013年第6期。

"科学"在中国古代原来多指科举之学，并非对应于"science"。明清之际的西学东渐潮流中，会通中西的代表徐光启曾概括利玛窦等"泰西诸君子"的学说体系："其教必可以补儒易佛，而其绪余更有一种格物穷理之学……格物穷理之中，又复旁出一种象数之学。象数之学、大者为历法，为律吕；至其他有形有质之物，有度有数之事，无不赖以为用，用之无不尽巧极妙者。"①"其教"指天主教，"其绪余"指西方科学。儒家传统概念"格物穷理"被赋予新意，中西结合是中国人面对西方科学的早期处理方式，因此，晚清时中式译词"格致"被首选为"science"的译词，以合作翻译的新教传教士和中国科学家为代表。"中国的文人学士和基督教传教士合作将科学译成中文（格致）时，他们各自强调的是不同的方面。"② 尽管他们的侧重点不同，但是"格致"在他们的共同使用下日趋流行，并进入官方话语层面，如京师大学堂即设有格致科。

如果说"格致"是本土译词，那么"科学"无疑是外来译词。在 19 世纪 70—80 年代，日本逐渐形成以"科学"对应"science"的译法。到 19 世纪末，康有为、梁启超等人开始沿用日式译词"科学"，从此"格致"与"科学"并存。"突变点在 1905 年。从此'科学'成为 science 的唯一译名。"③ 1905 年以后，"科学"取代"格致"成为"science"的通用译词。为什么日式译词"科学"

---

① （明）徐光启：《泰西水法序》，载《徐光启集》卷二，王重民辑校，中华书局，2014，第 66 页。

② 〔美〕艾尔曼：《科学在中国：1550—1900》，原祖杰等译，中国人民大学出版社，2016，第 392 页。

③ 金观涛、刘青峰：《"科举"和"科学"——重大社会事件和观念转化的案例研究》，《科学文化评论》2005 年第 3 期。

会取代中式译词"格致"？"直观而言这是学习日本的结果，归根到底则是近代民族危机不断加深所引发的思想观念变化。"[①] "格致"对应于洋务运动时期，此时以"师夷长技"和"自强"为目的，以"中体西用"为核心观念，尚未背离传统的儒家思想体系；"科学"则对应于维新变法和清末新政时期，由于甲午的惨败和"自强"的落空，中国不但加大了改革的力度，而且将日本作为效仿的对象。

梳理过"科学"兴起的历程后，可将其与"铁道"进行比较：其一，"铁道"和"科学"皆非起初就在中国流行的译词。"铁道"之前是"铁路"，"科学"之前是"格致"。"铁路"和"格致"均属中式译词，但两者的出现时间不同。"铁路"可追溯至1840年林则徐的《四洲志》，"格致"则可追溯至晚明徐光启和利玛窦的时代。其二，"铁道"和"科学"的起源不同。前者作为译词在中日各有起源，后者作为译词源自日本。其三，"铁道"和"科学"流行的历史背景相同。两者都是甲午后因学习日本潮流兴起而导致译词发生变换的结果。其四，"铁道"和"科学"的结局不同。"铁道"的盛行并未撼动"铁路"的主流地位，对于两者的使用并行不悖。"科学"则很快完全取代"格致"，至今只见"格致"而不见"科学"。因此概而言之，"科学"和"铁道"的异同在于：（1）起源，前者在中国原先没有（与"science"完全无关），后者在中国原先就有；（2）兴起，两者均因学习日本而兴起；（3）结局，前者完全取代其他译词，后者未完全取代其他译词。

---

① 雷环捷、刘大椿：《20世纪初科学在中国的本土化进程及其反思》，《东北大学学报》（社会科学版）2018年第6期。

3. 在"铁路"与"铁道"之间

"铁路"和"铁道"在 19 世纪的经历反映出中国和日本铁路认知的互动,有助于在此基础上更全面、更准确地把握中国铁路认知在甲午前后的转向。首先,"铁路"对应于早期中国影响日本的时期。在 19 世纪 40—70 年代的日本铁路认知起源阶段,"铁路"和"火轮车"等中式铁路译词东传日本,表明中国对日本的影响。中国铁路认知起源的时代较早,主要来自以郭实猎为代表的西方传教士之介绍。在 19 世纪 30—50 年代的铁路认知本土化过程中,铁路译词被创造和筛选,"铁路"和"火轮车"就诞生于此时。日本铁路认知的起源则部分来自与西方的接触,部分来自中国的"中转"。"铁路"和"火轮车"很可能属于后者,是由中国传入日本的译词。

其次,"铁道"对应于后期日本影响中国的时期。在日本,"铁路"虽曾传入却未流行,"铁道"才是被广泛使用的译词。与此不同的是,在洋务运动时期的中国,"铁路"是被普遍使用的译词,几乎不见"铁道"。以中日甲午战争为转折点,此后中国虽仍广泛使用"铁路",但开始流行使用"铁道",逐渐形成两者并存的局面并延续至今。显而易见,"铁道"的盛行源自清末学习日本的潮流之盛行,因此导致有人误将中日各有起源的"铁道"视为日式译词。

最后,有必要概述"铁路"和"铁道"作为译词案例的意义。对于日式译词及其与现代汉语新词的关系,已有的研究往往认为"欧洲—日本—中国"是主要走向。周振鹤认为:"起初一般人都以为汉语新词的产生是走一条由西方到日本再到中国的途径……这些新词的确占汉语新词的大部分,但决不是全部。进一步的研究表明，新词的产生还有另一条途径，那就是从西洋直接到中国，或者从西洋到中国（但在中国没有流行开来）再到日本，而后返回中国。这两条途径有时不易分辨，只能视文献材料而定。"他进一步指出，"欧洲—日本—中国"的走向主要发生于 20 世纪初，而在日本开国以前的主要走向为"欧洲—中国—日本"。至于两个时期之间，也就是在"日本的明治维新与中国的戊戌维新之间，两种走向都有"。①

照此说来，"铁路"可以被归入"欧洲—中国—日本"的走向之中，前文所述"科学"则可被归入"欧洲—日本—中国"的走向之中。"铁道"要比它们复杂得多，不属于上述走向，而是处于一种流动的状态。对于中国而言，"铁道"的走向是"在中日各有起源"—"洋务运动时期鲜见"—"甲午后逐渐盛行"—"未完全取代'铁路'"。因此，我们很难将"铁道"贴上日式译词的标签，也很难将其贴上中式译词的标签。造成这种流动状态的原因是多样的，很难一一澄清，且有部分偶然性。但从历史长河中具体概念和一般趋势之间的张力来看，其中也存在必然性。"铁路"传入日本与"铁道"在中日各有起源意味着近代中日接触西方科技文明的时间相近，且中国稍早些。甲午后受日本影响而盛行的"铁道"则是 19 世纪下半叶中国铁路发展滞后于日本的一个缩影，甚至与"科学"等日式译词共同构成"老大帝国"在技不如东邻时奋起直追的一个注脚。"铁道"交错的历史轨迹表明，厘清思想认知的概念源流固然重要，而不同的源流有时会汇入同一条历史长河之中。

---

① 周振鹤：《逸言殊语》，浙江摄影出版社，1998，第 169、219 页。

第六章 从铁路管理个案看清末铁路认知的更新

　　进入 20 世纪，清末铁路认知的状况深受甲午战后的转向之影响。除了第五章所述铁路译词的变化，铁路管理领域的兴起也突出地反映了这一点，曾鲲化（1882—1925）就是后者的代表性人物。选择曾氏作为个案的理由有三点。一是其履历契合本章主题。他是清末成长起来的铁路技术官僚，曾任路政司长，掌全国路政，毕生服务于铁路界。但他不是铁路工程师，而是铁路管理专家。二是其研究具有重要地位。他勤于思索，著述颇丰，他撰写的《中国铁路现势通论》《中国铁路史》等堪称奠基之作，是铁路史研究的早期开辟者。三是其实践面向铁路基层。他曾亲自调查中国铁路的运营状况，发现问题，了解实情。这一点上他既胜过衙署中的官员，也超过书斋里的学者，实现了铁路调查、管理与研究的统一。本章将以曾鲲化为中心，考察其铁路认知的背景和作为铁路技术官僚的早期言行，进而分析该案例所体现的清末铁路认知总体情况，同时也为对晚清铁路认知演进历程的论述画下句点。

一　曾鲲化铁路认知的两种背景

　　在近代中国铁路史上，曾鲲化是一位理应受到重视的关键性人物。长期以来，对其生平与思想的探讨尚付阙如，目前可见的专门研究作品仅有两篇文章：一是介绍他的早期铁路管理思想，称其为"中国近代铁路管理科学的开创者和奠基人"；[①] 二是分析他在 1917 年的误报军情事件，落脚于技术官僚个人身份和科技转型宏观背景。[②] 另有北京交通大学组织编写的非公开出版物《曾鲲化》（2011），系传记作品。虽然后世学者时常引用曾鲲化的作品《中国铁路史》（1924），视之为"铁路通史的成熟之作"，[③] 但不曾关注著作和人物背后的更多内容。事实上，《中国铁路史》是曾鲲化的晚期成熟作品，在此之前他的铁路认知如何形成，如何实践，追问这些问题的过程不仅是人物研究的填白，更重要的是透过个案对时代风貌亦即清末民初铁路认知的整体情况加以把握。由于这里旨在考察清末铁路认知的概况，故将着重探析曾鲲化铁路认知的背景与初步实践。其背景有两种，分别为留学日本的经历和铁路调查的实践。

1. 背景之一：留日经历

先看曾鲲化留学日本的经历。甲午战后尤其是 20 世纪初，留日风潮兴起，曾鲲化亦属其列。[④] 他是湖南新化人，20 岁时也就是 1902 年东渡日本，起初学习陆军，但后来觉察到"孔亟人国者，则在于建设铁路，坐拥便利之交通机关"，于是次年"因师以学制，学之故智，奋然治铁路学焉"。又因为铁路专业学习在日本分

---

① 佘江东：《论曾鲲化早期铁路管理思想》，《近代史研究》1989 年第 4 期。
② 雷环捷：《民国初年的技术官僚与科技转型之殇——曾鲲化误报军情事件探析》，《自然辩证法通讯》2019 年第 9 期。
③ 崔罡、崔啸晨：《中国铁路史研究综述及展望》，《西南交通大学学报》（社会科学版）2016 年第 5 期。
④ 既有对留日学生的研究鲜有关注交通领域，或聚焦于革命，或集中于政治、军事、教育、法律等领域，参见尚小明《留日学生与清末新政》，江西教育出版社，2003。

为工程、机械和管理三科，他认为"管理为支配铁路之总关键"，[①]于是转入东京的岩仓铁道学校管理科。该校的校名是为了纪念日本重臣岩仓具定（1852—1910），即著名的岩仓使节团（1871—1873）的主导者、明治维新元老岩仓具视（1825—1883）之子。虽然岩仓铁道学校是一所建于1897年（明治三十年）的新办学校，但按曾鲲化的说法其地位非常特殊。"日本专门铁路学堂仅有此一所，全国路界人员大半出其门下。自开办以来，卒业者将达万人。"[②] 至1908年，该校已毕业和在学的中国留学生共有150人。

在日期间，除了学习铁路专业知识，曾鲲化的活动主要表现为三个方面。（1）中国留日学生群体。曾鲲化与同时留日的黄兴、蔡锷、陈天华等都有交游，并参与编辑由湖南留日学生发起、旨在介绍先进文化以"迎新去旧"的《游学译编》。[③]（2）中国史研究。他化名横阳翼天氏，以民族主义的爱国热忱一反只为帝王将相的"腐败混杂""奴隶劣性"的传统历史叙事，"特译述中国历代同体休养生息活动进化之历史，以国民精神为经，以社会状态为纬，以关系最紧切之事实为系"，[④] 著成新教科书《中国历史》（1904）。（3）各类社团组织。曾鲲化曾参与发起鄂湘粤三省铁路联合会（1904）、湖南铁路同学会（1905）、岩仓铁道学校中国留学生会（1906）等，还于1905年被选为留日学生总会干事长。[⑤]这几个铁路学生团体不但开中国铁路领域学会之先河，而且开清

---

① 曾鲲化：《中国铁路现势通论》，化华铁路学社，1908，第7页。
② 曾鲲化：《中国铁路现势通论：戊编管理》，化华铁路学社，1908，第92页。
③ 杨度：《游学译编叙》，载《游学译编》第一册，中国国民党中央委员会党史史料编纂委员会，1983，第6页。
④ 曾鲲化：《中国历史出世辞》，载横阳翼天氏《中国历史：普通学教科书》第一编，东京东新译社，1904，第3页。
⑤ 《留日学生总会公布条件》，《申报》1905年12月22日。

末留学生争中国路权之先河。

从他留日早期的学习与活动经历来看，其从属之时代背景为甲午战败后掀起的学习日本潮流。对于曾鲲化自身来说，首先，留日期间他通过数年的铁路专业学习，充分吸收铁路领域尤其是铁路管理专业的丰富知识，成长为铁路人才；其次，与他交游的留日学生中有不少人属于后来中国近代史上赫赫有名的人物，且他在多个社团组织中都是创始人或领导者，其社会活动能力由此得到极大锻炼和加强；最后，也是更重要的，这些经历培养了他的爱国、求实、革新等精神，并被他此后一直坚持贯彻。可以说，他的早期经历为其后来开展铁路调查奠定了重要基础，也因集中体现了一定的时代风貌而具备作为案例研究的代表性。

2. 背景之二："丙午调查"

在学成归国的 1906 年（光绪三十二年，丙午年），曾鲲化并未急于谋求一官半职，而是决意调查全国铁路。旅日期间，他曾读到《支那铁路分割案》，激愤于"列强以铁路瓜分我国之隐谋，洞中窍要"。相反，中国开办铁路事业三十多年却毫无调查。"学士无调查之录，政府无报告之书，举国几无有知其内容者。"[1] 于是他刚刚回国就准备开始行动，但缺少必要的手续和资金帮助。所幸他的主张受到湖南学政张筱圃的鼎力支持，张为之建言于湖南巡抚庞鸿书（字劬菴），受其派遣而得以成行。在调查当中，他走遍了除云南和广东以外的全部已开通铁路省份，"历乘头、二、三等客车及花车、平车、货车六种，车辆装束亦屡经改易。上中下三等社会中人无不形容殆遍，盖为便于调查起见，欲因时因地明

---

① 曾鲲化：《中国铁路现势通论》，化华铁路学社，1908，第 8 页。

访暗探，不得不以身尝试"，[①] 过程艰辛但最终收获颇丰。

事后，他以"丙午调查"所得为主体，撰成《中国铁路现势通论》（以下简称《通论》），该书获得湖广总督赵尔巽拨款资助，于 1908 年出版。通过该书，曾鲲化充分总结实地调查结果，阐述其初具雏形的铁路思想。该书分为甲乙丙丁戊己庚辛八编，对应总论、路线、建设、运输、管理、统计、年表、附录等主题，洋洋洒洒 40 余万字。章士钊为之作序，盛赞曾鲲化"以子长之经历，制亭林之宏构"，将他作《通论》比拟为司马迁作《史记》和顾炎武作《天下郡国利病书》。"以吾所见，绝忠于所学，不尚虚荣，不辞劳瘁，循轨锐进，以求达其能力之所至者，厥惟抟九。"章氏又夸其书为"经国之要图"，[②] 高度肯定其求实精神。从曾鲲化铁路认知的独特起点来看，《通论》既有广度又有深度地揭示了清末铁路事业发展状况，具有如下三个特点。

其一，系统论述中国铁路的历史与现实。对于中国铁路的发展史，曾鲲化率先予以梳理并提出分期。他将晚清以来的铁路史划分为三个时期：枢辅倡议臣民阻挠时期（约 1875—1894）、赠约借债丧灭国体时期（1895—1904）、收回利权各省竞办时期（1905—1908）。显而易见，他的分期理由并非仅根据铁路自身发展的纵向差异，而是基于时局变化对铁路的决定性作用。三个时期两个分界，前一个分界为中日甲午战争："百二神州败于区区三岛。自是真形毕露，老大帝国之绰号，随欧风美雨以俱扬。"后一个分界则为清末留学日本和学习日本的风潮："光绪三十年以来，

---

① 曾鲲化：《中国铁路现势通论》，化华铁路学社，1908，第 13 页。
② 章士钊：《日本大学文科章君行严赠序》，载曾鲲化《中国铁路现势通论》，化华铁路学社，1908，第 5-6 页。

日本留学生加增之结果。国家思想、权利思想乃轰轰烈烈飞渡黄海而播于大地。自王公大臣以至绅商士庶，莫不受其影响。"① 因此，铁路在近代中国的趋势变化与社会局势的整体走向息息相关。至光绪末年，先天不足的铁路事业积弊颇深，曾鲲化也对铁路建设和运输等方面的弊病直言不讳。

其二，全面统计全国铁路事业的各项数据。通过"丙午调查"，曾鲲化完成了近代中国铁路史上第一次综合性的铁路统计。在他看来，铁路统计不仅是"各种事实之总览表"，更是"计划进步之指南针"。其原因在于对统计结果可进行比较分析，从而有针对性地改革优化。"盖有统计，则比较生。比较生，则优劣自然而出。司政者细察其所以优所以劣之原因，于是改良进化之标准乃确有把握。"中国铁路虽已发展数十年，但全国铁路统计仍属空白。各路"几不知统计有何等关系"，每逢问询则"哑然失声"，"非有所秘密也，实无数可查"。② 有鉴于此，曾鲲化利用调查所获数据，精心绘制《全国铁路里程车辆资本建设费总表》《各铁路累年营业收入比较表》《各铁路车辆总表》等 28 张统计表，得出不少触目惊心的结果。例如，他分别计算截至 1908 年官办、商办、借款承办、外国自办、华洋合办已成铁路长度，发现外国所办铁路占 70%，中国自办铁路仅占 30%，相差极大。如此严重的路权丧失在可预见的将来势必会对中国铁路事业的良性发展产生不利影响。

其三，提出并强调铁路管理的重要性。曾鲲化留日所习专业即为铁路管理科，因而熟知铁路管理的性质、地位及教育体系。他阐明其定义："铁路管理，为办理路政者之统治机关，即于所管

---

① 曾鲲化：《中国铁路现势通论：甲编 总论》，华华铁路学社，1908，第48—49页。
② 曾鲲化：《中国铁路现势通论：己编 统计》，华华铁路学社，1908，第1页。

辖各路得治理一切事务之谓也。"又认为虽然通常分设建设、机械和管理三科,但实则前二者皆受管理支配。"故管理之地位甚隆,范围甚广,巍然为铁路上唯一之重大事业。"然而中国铁路管理人员多为"无学问无经验"之人,加上"无法律为绳,无权限为制",导致管理缺位,腐败丛生。"当局者乃藉口营业收入之多,以炫其无管理之成效。"① 如曾鲲化亲眼所见之例:"余此次在京汉北京车站,亲见一法商赴汉口者,带大皮箱五口,约重三百斤以外,照章扣算,则需三十余元。该法人急以二元与管行李者,遂得以不过磅而上车。"② 铁路管理的问题是多方面的:一是无管理权,往往旁落于列强;二是无管理法,致使漏洞愈多;三是无管理人,不合格职员的危害甚深。针对铁路管理的缺失,他指出尽快开展铁路管理教育的迫切性,并试图借鉴日本经验,改良中国铁路学堂的教育模式。

由于"丙午调查"和《通论》的影响力,曾鲲化受到当时主管铁路部门——邮传部的注意。1908年,《广益丛报》曾载录专门报道《将重用熟习铁路之曾鲲化》:"湖南新化人曾鲲化留学日本岩仓铁道学校,毕业归国后遍走各省,试验有年,近以其调查所得,著《中国铁路现势通论》一书,尚有他书数种。邮部陈尚书见之深加器重,嘱曾君之友胡祖荫、陈毅电召来京,闻曾复电不日即可北上。"③ 时任邮传部尚书陈璧(1852—1928)视曾鲲化为熟习铁路的优秀人才而将之延揽进京任职。从此,曾鲲化开启了兼有铁路专业知识背景、铁路部门官方身份、铁路管理实际活动

---

① 曾鲲化:《中国铁路现势通论:戊编 管理》,化华铁路学社,1908,第1页。
② 曾鲲化:《中国铁路现势通论:戊编 管理》,化华铁路学社,1908,第76页。
③ 《将重用熟习铁路之曾鲲化》,《广益丛报》1908年第22期。

的技术官僚生涯，[1] 直至 1925 年病逝于北洋政府交通部任上。

二　铁路技术官僚生涯的早期言行

1. 铁路人才与教育：倡办管理学堂

入职邮传部之后，曾鲲化基于留日所学和调查所得，致力于从多方面入手改良路政。诸多活动之中首屈一指的是倡办邮传部铁路管理传习所（因旋改名，文中亦称交通传习所）。在撰写《通论》时，他就强调铁路管理的重要性。"铁路为专门学问，管理又为铁路专科，断非普通学者及一般办事人员所能识其崖略。"又主张将管理学课程融入铁路教育，填补空白。"管理既须学矣，则管理科之课程不可不研究。我国铁路学堂自昔祇分工程、机械二科，管理科尚属创办，兹特对照各国成例，参酌本邦情形，分别拟定各班每周教授时间表。"[2] 他主要根据日本的既有经验，拟定将来中国铁路管理教育的培养方案。入职后的曾鲲化虽然人微言轻，但毕竟身处路政中枢机关，终于有实践自身主张的可能，于是大胆上书，建议兴办铁路管理学堂。

在《上邮传部创办铁路管理学堂书》（约 1908 年底至 1909 年初）中，曾鲲化认为当时邮传部所辖和各省所办的铁路学堂仅涉及建设和机械科目，管理科尚为空白。"岂知机械、建设为形势上之学问，尽人易精，管理为精神上之学问，非学而才者不能穷其蕴奥。故无建设、机械则铁路不能成，无管理则铁路不能久。"[3]

---

[1]　马乐、胡新和：《清代新式技术官僚群体初探》，《自然辩证法通讯》2011 年第 5 期。

[2]　曾鲲化：《中国铁路现势通论：戊编　管理》，化华铁路学社，1908，第 81-83 页。

[3]　曾鲲化：《上邮传部创办铁路管理学堂书》，载佘江东《曾鲲化》，北京交通大学学人典库：杰出校友二，2011，第 154 页。

没有管理则铁路事业不能长久，他一针见血地指出开展铁路管理教育的必要性。这个建议得到邮传部高层的肯定并付诸实行，学校初名铁路管理传习所，"以造就铁路管理人才为宗旨。管理包养路、车务、厂务三项在内，务使具必要之知识，通需用之语文，以敷各路任使，发达业务为成效"。[①] 邮传部参议李稷勋（1860—1919）被任命为监督，曾鲲化也参与教学工作。

1909年9月，该校在《申报》《时报》《大公报（天津版）》等各大报纸上发布招生告示，吸引考生报考。如9月11日《时报》刊载《邮传部铁路管理传习所招考告示》，附有《邮传部铁路管理传习所招生章程十四条》。关于生活待遇的两条是："一不设宿舍，不备饭食。其上考取各生到京时，先由堂备客栈暂住，供给饭食。一月以后，概由该学堂（应为生——引者注）自理。一入堂后不收学费，所有笔墨纸张及一切杂用品均不发，其教科书及操衣、学衣、靴、帽均由堂备办。该生缴价领用。"[②] 可见学生入学除给予过渡期的住宿和饮食外，不交学费，亦无补助，必须全部自费。其原因是该校属于草创阶段，具有简易性质，但人才需求紧迫。至当年底，铁路管理传习所已完成首批招生并开始上课，旋添设邮电科，于1910年初改名为交通传习所。

据1910年4月邮传部《本部奏开办交通传习所大概情形折》汇报，交通传习所"与唐山、上海各学堂专习技术者并行不悖，各尽其用"。此前已有三所邮传部所辖学堂："铁路则唐山路矿学堂，电报则上海电政学堂，路电合办者则上海高等实业学堂。"故

---

① 交通、铁道部交通史编纂委员会编辑《交通史总务编》第三册，交通、铁道部交通史编纂委员会，1936，第45—46页。
② 《邮传部铁路管理传习所招生章程十四条》，《时报》1909年9月11日。

而交通传习所对于既有铁路学堂而言是必要且适宜的补充。具体来说，交通传习所的科目专业设置亦属"路电合办"。"所分科目有二：曰铁路科，曰邮电科。铁路科分为两班：高等班，三年毕业；简易班，一年毕业；另设津浦简易班，功课相同，唯兼习德文，以为津浦路局之用。"① 简易班尤其是津浦简易班的开设使其人才培养具备很强的应用导向。

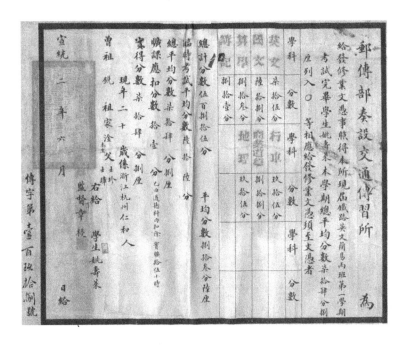

图 6-1 修业文凭

通过该校颁发的修业文凭和毕业文凭实物（见图 6-1、图 6-2），②可窥见交通传习所的培养细节。两份文凭的颁发机构均为"邮传

---

① 《本部奏开办交通传习所大概情形折》，《交通官报》1910 年第 12 期。
② 系江苏连云港市档案馆馆藏，以下有关两份文凭的内容均参见江苏档案精品选编纂委员会编《江苏省明清以来档案精品选·连云港卷》，江苏人民出版社，2013，第 19–20 页。

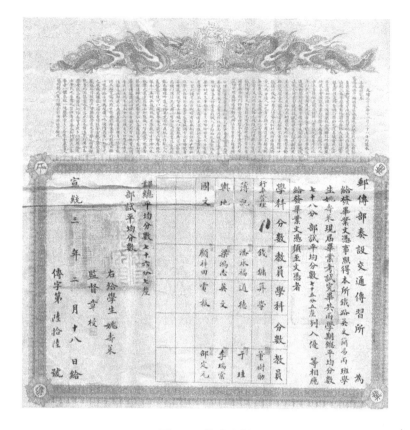

图 6-2　毕业文凭

部奏设交通传习所",获得文凭的学生名为姚寿来,浙江杭州府仁和县(今杭州)人,系铁路英文简易丙班学生。修业文凭颁发于1910年,为"传字第壹百玖拾捌号",系第一学期成绩表。该学期他修习英文、国文、算学、簿记、行车、商业道德、地理等七门课程,总计考得585分,平均83.6分,临时考试平均66分,总平均74.8分。最后的学期修业成绩(总平均分)即期末考试平均分与临时考试平均分的中间值。毕业文凭颁发于1911年,为"传字第陆拾陆号",系一年学制简易班的毕业证书。所列课程为行车管理、簿记、舆地、国文、算学、道德、英文、电报等八门。标明文字为："共两学期，总平均分数七十八分，部试平均分数七十五分五厘，列入优等。"交通传习所是曾鲲化既借鉴日本经验又顺应中国实情的成功实践，后来演变为今日的北京交通大学。

2. 铁路规划与建设：参与桂路调查

1909 年 11 月至 1910 年 5 月，身为司员的曾鲲化受邮传部派遣，前往广西勘路，耗时半年后编成《桂路调查记》。在清末铁路建设的高峰时期，地处西南边陲的广西也屡有筹建铁路的呼声。广西铁路外部受到法国等列强的觊觎，内部则存在从何建起的争议。[①] 1909 年 5 月（宣统元年三月），广西巡抚张鸣岐奏称"广西铁路关系紧要"，应"详筹切实办法"。6 月，朱批"著邮传部先行拣派委员前往查勘"，"应从何处开办，分别缓急，次第修筑，妥筹办法"。9 月，邮传部上折回禀已遴选人员，包括章祜（正太养路副总管）、锡几宾（洋员、前任汴路总工程司）、林炳华（广西京绅、大理院刑科四庭检察官）与曾鲲化四人。虽然其中曾鲲化资历最浅，但是对他的描述为"毕业生曾鲲化，熟谙路政，堪以派往查勘"。[②] 此次桂路调查就是为了通过勘路以确定路线，制定适用于广西的铁路规划。

桂路调查团成员于 1909 年 11 月出京南下，次年 5 月离桂赴粤，调查耗时约半年。其间，他们的调查工作包括：（1）实地调查，前往广西桂林（时为省会）、南宁等地，沿途进行线路勘测；（2）走访询问，通过"谒见桂抚（即张鸣岐——引者注）""盘

---

① 有关晚清广西铁路筹建的历程及争议，详见朱从兵《铁路与社会经济：广西铁路研究：1885—1965》，广西师范大学出版社，1999，第 89—134 页。

② 《本部奏派员查勘广西铁路折》，《交通官报》1909 年第 2 期。

问商民""细询绅士"等，获取信息和意见；（3）查看文献，"调阅地志、关税、商务、物产、农工、矿业，以及政教、风俗、水陆、运输"等当地资料；（4）比较综合，考察交通及相关行业状况，如"详查航业""探勘附近矿产"等。汇总所得后，他们"详加讨论，彼此钩稽"，[①]将调查结果合编为《桂路调查记》，分为路线、地势、政俗、生产、商务、物价、运输、预算等八编，均围绕广西铁路的修建和运营展开论述。

曾鲲化还负责概述情形，向邮传部报告，并以《本部司员曾鲲化调查广西铁路报告》（以下简称《报告》）刊载于《交通官报》1910 年第 17 期。该《报告》提出，广西铁路的修筑"大抵以军需为急务，则欲联干线于中枢，巩后路之势力，自应由内及外，先通湘路，次及桂全。于运送材料固一苇可航，而营业行车亦有官煤接济"，从而作为"统筹西南全局及广西全省之大较"的战略布局。[②]这种方案是兼顾多方面因素的结果，一是可以在国防上满足"军需"的"急务"；二是可以在路线上"联干线于中枢"；三是可以在修筑时便于借助航运"运送材料"；四是可以在运营时便于利用铁路调运"官煤接济"。

最为关键的是，此次调查平息了有关广西铁路的路线争议，即先建桂全铁路（桂林至全州，即至今广西全州县，毗邻湖南永州）还是桂邕铁路（桂林至南宁）的争议。曾鲲化等人认为，广西应先修建由桂林向东北至全州的桂全铁路，连通湖南省境内将来开通的铁路，从而连入全国铁路网。这个提议无论是在《报告》还是在《桂路调查记》中都得到反映。《桂路调查记》首编"路

---

① 《本部司员曾鲲化调查广西铁路报告》，《交通官报》1910 年第 17 期。
② 《本部司员曾鲲化调查广西铁路报告》，《交通官报》1910 年第 17 期。

线"分为"西南路线与中国之关系""广西路线与西南之关系"
"勘定路线"等三章,其中"勘定路线"章即分为"桂全"和
"桂邕"两节,① 即从"统筹西南全局及广西全省之大较"的战略
布局出发专门论述该问题。邮传部对桂路调查的汇报中也肯定了
这一点。1910 年 11 月(宣统二年十月)"奉旨已录"的邮传部奏
折中称:"该省路线,其最急实惟桂全一线。臣等再四筹议,拟令
先办桂全。一俟妥定办法,另行具奏。"② 先办桂全铁路的提议遂
成为得到清政府正式认可的铁路建设计划。

　　虽然争议得到平息,但旋因清朝灭亡而局势大变,铁路建设
计划并未得到实施。当然,铁路没有进展的原因是多方面的,以
桂路调查过程中发现的问题为例,清末鼓吹商办铁路之声四起,
多属虎头蛇尾。1906 年,广西官绅就请商部代奏称:"广西地处边
陲,运输不便,非建筑铁路,商务断无起色",拟筹集商股兴办,
"公举总协理,恳请立案"。③ 到桂路调查时,原为广西商办铁路
"奏设办事公所数处"已面貌大变。"桂林公所业已裁并,广东公
所亦已停办,北京仍设分所外,梧州已改为总公所。"调查团成员
林炳华前往梧州总公所查看,"调齐卷宗、簿据、股票,确查历年
收支各款,证以舆论",与所长梁廷栋(1846—1916)会晤。虽然
梁廷栋作为梧州地方士绅"素孚乡望"又"从未开支薪水",但总
计募股额很少,"计先后收股银仅有十万零二千二百员(圆)",
是"杯水勺泉",④ 因此只是惨淡经营。直至 1938 年,由湖南衡阳

---

① 《桂路调查记》在清亡后的 1920 年才连载于《路政之研究》第 4-8 期,被标为"曾鲲化编
　纂"。《桂路调查记》,《路政之研究》1920 年第 4 期。
② 《本部奏遵旨派勘广西铁路路线并分别缓急情形折》,《交通官报》1910 年第 26 期。
③ 《商部奏广西官绅筹筑本省铁路折》,《商务官报》1906 年第 16 期。
④ 《广西铁路前途之危殆》,《时报》1909 年 12 月 22 日。

至桂林的湘桂铁路才修成，成为广西第一条通车运营的铁路，也在一定程度上验证了曾鲲化等人的设想。

3. 铁路法律与制度：多次建言献策

思索如何弥补中国铁路法律与制度的缺失，也是曾鲲化致力于改良路政的一大着力点。这与他所倡导的铁路管理、铁路教育等息息相关，却长期处于几近空白的状态，导致弊病丛生。他在《通论》中就特别列出没有管理法的害处，包括不负责任、放弃车务、放弃客货、职务不明、兼任与多任之害、暂任与遥任之害、不法行为等七项，又举出不少因此滋生的腐败不法行为案例。"关内外天津站货厂管磅房司事潘荣阶，入站五月之久，获银四万余两。经总办查出，伊即请某力员从中缓颊，并立捐道员（现闻在沪宁办公）。由是袁宫保前议处以斩刑者，仅以革退之，罚款亦不追，而效尤者愈无所忌惮也。"一个管理磅房的司事，仅五个月就贪污四万多两白银。更讽刺的是，由于他上下打点，原本的斩刑处罚改为革退，改去沪宁铁路上任，继续敛财，可谓无法无天。"余此次在京汉北京车站，亲见一法商赴汉口者，带大皮箱五口，约重三百斤以外，照章扣算，则需三十余元。该法人急以二元与管行李者，遂得以不过磅而上车……余此次由新民屯赴山海关时，见一游民，未持有票。伺查票人来时，即伫立于通门，与查票者交手，以一元给他，云前所欠贵账，今特奉完，查票人接之而去，亦不复问。其取巧之法，可谓狡而且妙矣。"① 客运方面也多有腐败滋生，原本照章办理的托运行李、查验客票等行为，竟都成了负责员工的受贿途径。

---

① 曾鲲化：《中国铁路现势通论：戊编 管理》，化华铁路学社，1908，第76—77页。

　　面对铁路立法亟待加强的状况，曾鲲化供职邮传部后曾数次建言，如《上邮传部修律储才书》（1908）、《上徐菊人先生整顿邮传部条陈》（1909）、《条呈改良京汉事宜》（1909）、《东三省铁路大计画》（1909）等。尤其值得细论的是，他对于铁路国有政策的态度转换，也与铁路法律有关。1911 年，因时任邮传部大臣盛宣怀（1844—1916）推行"干路国有"政策而引发保路运动，成为武昌起义和辛亥革命的主要背景之一。但清廷欲推行铁路国有政策的意图其实早已有之，曾鲲化曾于 1908 年在《大公报（天津版）》发表《论官办铁路之恶果忠告邮部警醒国民》［此文还先后发表转载于《东方杂志》《政论（上海）》等］，言："此八路者，除粤汉绞尽志士脑血、糜千余万巨款始挽狂澜于既倒外，他如林榆、京津、芦保、淞沪、沪宁则由官办而变为借款承办，大冶则由官办而变为华洋合办，龙州则由官办而变为外国自办。官办铁路乎？官办铁路乎？自吾观之，与其谓为官办铁路，毋宁谓为官卖铁路之为当也。"① 他列举八条官办铁路的恶果，坚决反对官办铁路。

　　然而，到了 1911 年"干路国有"政策正准备大张旗鼓推行时，曾鲲化没有坚持之前的强烈反对立场。他以"邮传部路政司额外科员"和"铁路管理科毕业生"的身份径直向盛宣怀上书。② "为干路国有，业务日繁，拟请详订法律，广储人才，以期统一而图发达。"虽肯定其干路国有政策："宫保（指盛宣怀——引者注）独能远瞩高瞻，毅然行之而毫不为其所动，此诚路界振兴之先机，而国家长治久安之至计也。"却认为借债收路在经济上有无利可获

---

① 《论官办铁路之恶果忠告邮部警醒国民》，《大公报（天津版）》1908 年 8 月 14 日。
② 该呈文原无标题，系上海图书馆之馆藏，或为曾鲲化手书。以下有关该呈文的内容均参见曾鲲化《曾鲲化呈盛宣怀文》，载上海图书馆编《上海图书馆藏稀见辛亥革命文献》影印本，上海科学技术文献出版社，2011，第 1276-1285 页。

和债务难清的风险:"然铁路政策固以国有为归,而营业方针尤以生财为要。此次借债收路,本为撑持大局,厚集资财,万一无利可获,债务难清,则前途恐慌,不堪设想。"更指明实际负债的主要情况:"现正大(应为正太——引者注)、沪宁等路每年所绌已不下二百万余,津浦、川粤告成,必达千万以外。故通盘筹画,非极力以扩充利源则所得决不能偿其所失,而欲吸收大宗利益更非改良路务不能为功。"接着他大胆提出:"改良之道,虽曰千绪万端,然就根本上言之要,不外法律与人才。"完善立法和用人被视为改良的根本之道。

曾鲲化首先阐述法律的重要性。"法律者,治事之模范也。法而详明,则所办事业必得优美之结果。"其次论及欧美各国,其路律"总纲虽只数千百条,而分类例规辄以数十卷或数百卷计",凡是关于铁路的事务"朗若列眉",能达到"操纵数十万人如身使臂、臂使指"的效果,以此为现成例子说明铁路法律的必要性。接着指出中国铁路法律缺失及其弊病:"我国正式路律尚未颁行,各路局亦仅有载客运货等简章,无规则之可语。且路与路各自参差,权限不明,枢机不备,于是营私舞弊之举遂迭出而无穷。"最后提出需要开展立法:"今宜选派管理专家,按照本国情势,参考列强成规,将大纲细则分别汇编,颁诸各地。"他试图通过严格执法,避免各种弊病,提高营运利润。

三 曾鲲化案例所反映的清末铁路认知

1. 清末铁路认知的新来源

作为留日学生群体的一员,曾鲲化的案例表明具有留日背景的铁路技术官僚群体出场,使日本新增为清末铁路认知的主要来源之一。本书第五章已经通过中日互动的视角考察了甲午战争后铁路认知的转向，从"火蒸车"到"铁道"的译词变化折射出中国的铁路认知主要来源的变化，即从直接学习西方到通过直接学习日本以间接学习西方。本章则聚焦于曾鲲化从 1902 年东渡日本至 1912 年清帝逊位之间十年的时间段，梳理出他极具代表性的经历和著述，尤其是他接受铁路管理教育并试图在中国推行的努力。故与第五章相比，曾鲲化的案例将焦点从译词转移至人物，进一步说明了这种认知来源的变化。

在曾鲲化之前，中国铁路界已经涌现出以詹天佑（1861—1919）为代表的留学欧美的铁路技术官僚。詹天佑属于 1872—1881 年被派遣出洋留学的 120 名幼童之一，毕业于美国耶鲁大学铁路工程专业。在留美幼童被召回的 1881 年，中国仅有 1876—1877 年昙花一现的吴淞铁路和 1881 年通车的唐胥铁路，尚无成规模的铁路事业可言。留学生们被派遣至电报、水师、船政、机器、医馆等机构，"学成回华，分派各处当差，均能始终勤奋，日进有功"。[1] 对于詹天佑而言，无法将所学专业知识运用于铁路事业，无疑是"归国后的冷遇与曲折"。[2] 一方面，他于 1881—1888 年先后任职于福州船政学堂、广州博学馆等处，直至 1888 年才进入为修筑津沽铁路而改名的"中国铁路公司"工作。另一方面，1888—1912 年，詹天佑曾作为总工程师主持修建京张铁路，还参与全国多条铁路的勘测与修筑工作，经验丰富且资历深厚。该批留美幼童之中，后来曾服务于铁路界者还有罗国瑞、钟文耀、邝

---

[1] 《李鸿章全集：11 奏议十一》，安徽教育出版社，2007，第 53 页。

[2] 关于詹天佑的年谱生平，亦参见此书。经盛鸿：《詹天佑评传》，南京大学出版社，2001，第 57 页。

景扬、黄仲良、周长龄、杨昌龄、梁如浩、沈嘉树、林沛泉、唐致尧、吴焕荣、周传谏等。①

以比较的视角来看，留日学生走上历史舞台的时间晚于留美学生。前者在清末新政后期亦即清朝灭亡前数年才陆续学成归来。后者则早在洋务运动后期就已参与中国铁路建设，至清末时已出现詹天佑式的中坚力量代表。但是，留日学生数量增长迅速，很快超过留美学生。曾鲲化在撰写《通论》时统计，1908 年，日本岩仓铁道学校有中国留学生 150 人（其中已毕业 9 人），东亚铁道学校有 174 人，路矿学堂有 50 人（旋即停办），东京铁道学校 131人。欧美方面，美国约有 50 人，比利时约有 80 人。国内方面，关内外、京汉、湖北、四川、江苏、浙江、江西、三省、湘省等铁路学堂共有学生 872 人。② 三大群体之中，留日学生数量仅次于国内学生，蔚为可观。只是就清末而言，学成回国的留日学生极少，尚未崭露头角。即使如曾鲲化这种已入职者，其所言多于所行，对于路政改良基本停留于理论设想阶段，可视为提供铁路认知的新来源。

留日学生清楚自己作为后来者的处境，试图通过努力将其铁路认知付诸实践。曾鲲化在 1911 年向盛宣怀上书时即强调法律和人才的重要性。"人无法不立，法无人不行。"当时的情况是"我国路界人才，原如凤毛麟角"，又受两种现状的限制。其一是"左工程而右管理"，其二是"轻国语而重洋文"。他论及第二种限制时言："各路任人，大概以熟谙英、法文者为断，东洋铁路毕业生永久、速成合计将近二百人，率以不同英、法文之故，弃所学而从

---

① 高宗鲁译注《中国幼童留美史——现代化的初探》，华欣文化事业中心，1982，第 126-131 页。
② 曾鲲化：《中国铁路现势通论：戊编 管理》，化华铁路学社，1908，第 92-102 页。

事他途。"[1] 这种现象背后隐含的信息是复杂的，就清末铁路认知的新来源而言，曾鲲化对人才浪费的抨击，不仅是倡导改良路政的主张使然，而且是为留日铁路专业学生群体说话的体现，更是铁路认知新来源产生后要求付诸实践的必然结果。

2. 清末铁路认知的新阶段

具有留日背景的新技术官僚群体的出场，不仅反映了清末铁路认知的新来源，而且意味着清末铁路认知进入新阶段。就铁路实体而言，中国铁路的曲折历史从吴淞铁路（1876）和唐胥铁路（1881）算起，至"丙午调查"和《通论》出版时已有约 30 年。表 6-1 统计了 1902—1912 年清末铁路建设运营部分重要事项，数据显示铁路事业整体呈现不断壮大趋势。其中累计长度、客运量、货运量和账面盈余等均表明清末最后 10 年的增长量比之前 20 余年可观，属于大规模建设期。

表 6-1　清末铁路建设运营部分重要事项统计（1902—1912）

年份	累计长度（公里）	机车数量（辆）	客车数量（辆）	货车数量（辆）	客运量（百万人公里）	货运量（百万吨公里）	账面盈余（万元）
1902	3330	—	—	—	—	—	—
1906	5962	—	—	—	—	—	—
1907	6060	413	685	5937	10	—	1306
1908	6580	427	742	6592	1014	—	1441
1909	7469	462	919	6694	1253	—	1345
1912	9468	600	1067	8335	1623	2432	3173

资料来源：宓汝成著《帝国主义与中国铁路：1847—1949》，经济管理出版社，2007，第 530-535 页。

---

[1] 曾鲲化：《曾鲲化呈盛宣怀文》，载上海图书馆编《上海图书馆藏稀见辛亥革命文献》影印本，上海科学技术文献出版社，2011，第 1280-1281 页。

　　就行政体制而言，多变的铁路主管部门在清末也渐趋统一。1906 年（光绪三十二年），清廷在预备立宪的背景下新设邮传部，最高长官初称尚书，1911 年因实行责任内阁改称大臣。① 初置承政、参议两厅和船政、路政、电政、邮政、庶务（旋废）五司。其中路政司"掌议路律，兼司厘定轨制，规画路线"，另辖铁路总局（长官为提调）与若干路局（长官为总办、会办或提调）。② 邮传部是集中铁路管理权力和完善铁路管理体制的意图体现，后来民国交通部大体承袭于此。

　　因此，与詹天佑效力于"中国铁路公司"时相比，曾鲲化入职邮传部时面临的形势已经不同。中国铁路事业的一定发展，促使铁路认知进行更新，以因应铁路由"从无到有"到"从有到优"的转变。建成通车的铁路越多，对运营管理的需求也就越大。当然，这并不是说詹天佑所代表的铁路工程领域变得无足轻重了，而是说在此基础上，曾鲲化所代表的铁路管理领域的重要性开始凸显。

　　不仅如此，对铁路管理的呼吁还受外部形势的影响。清末的中国铁路发展处于曾鲲化所说的"赠约借债丧灭国体时期"和"收回利权各省竞办时期"，管理的缺乏加剧了路权拱手让人和利益损失严重的状况。铁路管理传习所的开办就有挽回利权的考虑："在逊清光绪末年，铁路的兴筑，像雨后的春笋，可是路权——包括工程和管理，全在外人的控制下。于是引起当时上大大的不满，建议自设学校，训练人才，挽回路权。"③ 曾鲲化本人在成功倡导

---

① 有关邮传部的专门研究，可参见苏全有《清末邮传部研究》，华中师范大学博士学位论文，2005。

② 赵尔巽等：《清史稿》第四十四册，中华书局，1977，第 3467–3468 页。

③ 《介绍北平铁道管理学院》，《申报》1946 年 8 月 4 日。

创办铁路管理传习所之后，因其仍过于简易初步而又提出："今欲刷新路务，图营业之扩张，促收入之增进，势不可不特设高等管理学校以养成重要人员。"[1] 试图以挽回利权的理由，创办铁路高等管理学校，以高等学校的模式培养更为专业的铁路管理人才。

3. 清末铁路认知的局限性

作为铁路的调查者、管理者和研究者，曾鲲化所代表的清末铁路认知既有鲜明的时代特色，亦难免存在一定的局限性。其中最为致命的缺陷，在于技术官僚的铁路认知具有专业化、理想化的特征，受社会实际情形的束缚而无法施展。铁路所代表的科技与社会相互作用，密不可分。铁路发展所反映的科技转型是社会转型的一部分，社会转型一旦遭遇困境就很容易波及科技转型。如前文所述之所以从"枢辅倡议臣民阻挠时期"转变为"赠约借债丧灭国体时期"，就是因为清朝在甲午战争中战败导致"欧风美雨"随之而来，大量路权遭到掠夺。晚清以来随着民族危机的加剧，铁路事业自然沦为列强掠夺之对象。

清末政治腐败等不良风气蔓延极广，铁路界亦不例外，这势必影响整个行业的健康发展，前文所述潘荣阶等腐败不法者就是例子。曾鲲化曾批判："我国各路，地势占优胜者居多。至公司员役，则野蛮达于极点，只图一己一时之私利，不顾公益。甚或假外人之势，以压制同胞，藉官府之威，以凌轹行旅。视客如仇雠，等货于敝蓰。"[2] 如其所言，由于铁路管理人员普遍不具备管理能力，常常滋生腐败不法、崇洋媚外、任人唯亲等现象，甚至出现一线

---

① 曾鲲化：《曾鲲化呈盛宣怀文》，载上海图书馆编《上海图书馆藏稀见辛亥革命文献》影印本，上海科学技术文献出版社，2011，第 1282 页。

② 曾鲲化：《中国铁路现势通论：丁编 运输》，化华铁路学社，1908，第 1 页。

窗口人员欺压旅客的行为："余于三十二年（1906 年——引者注）七月在山海关车站买票赴新民屯，申明二等。站员误给以三等，令易之，坚不承认。辩论逾刻，始加三等票一枚，以当二等，其价则较二等票增十分之二。"① 有些铁路人员不仅毫无遵守法律和履行职责的意识，反而自视为手握权力的官员，凌驾于普通旅客之上。

这些问题均可指向铁路所属的科技转型受制于社会转型的结构性缺陷，造成铁路事业不可能完全循着曾鲲化所设想的"改良进化"路径前行。再以桂路调查而言，调查团已经发现广西商办铁路之梧州总公所处于惨淡经营的状况。当时各省纷纷兴起挽回利权、自办铁路的风潮，然而收效甚微。正如 1905 年《外交报》的《敬告各省自办铁路者》文章指出的："今日自办铁路之说起于临时，一则财政困难；二则信用久失；三则内地人不知铁路之利；四则本国无通工程学之人；五则政府之志不坚；六则外人之压力极重。合斯六者，即无大敌，自办亦未易言乎。"② 各省商办铁路本就困难重重，即使进行细致而充分的路线勘测，也无法发挥铁路调查本该发挥的作用。

对于技术官僚而言，制定方案和施行措施必定要从自身专业出发，以此谋求改善所属领域的生态。但是，近代中国铁路史夹杂了太多铁路以外的社会因素，"中国铁路问题极为错综复杂，已不纯粹是经济或技术问题"。③ 再以 1911 年曾鲲化上书盛宣怀为例，呈文主旨在于："为干路国有，业务日繁，拟请详订法律，广

① 曾鲲化：《中国铁路现势通论：丁编 运输》，化华铁路学社，1908，第 13 页。
② 国家图书馆分馆编选《（清末）时事采新汇选》第十四册，北京图书馆出版社，2003，第 7302 页。
③ 李国祁：《中国早期的铁路经营》，中研院近代史研究所专刊，1961，第 2 页。

储人才，以期统一而图发达。"这种建议自然有利于整顿和改良路政，但是显然未能预判社会形势，不知剧变将至。"铁路国有的问题，就引起多数人的反对，革命党又从中煽动，竟成了大革命的导火线。"① 虽然不能苛责曾鲲化没有预料到"干路国有"与辛亥革命之间的连锁反应，但是这暴露出技术官僚视野相对狭窄和力量相对单薄的不足，其铁路认知也因此而欠缺可操作性，难以获得预期效果。

---

① 蒋廷黻：《中国近代史》，北京理工大学出版社，2016，第112页。

结语　晚清铁路认知的检视与反思

本书六个章节的论述虽不能面面俱到，但从不同侧重点展现了晚清铁路认知的发端与演进的历史进程。铁路作为一项东渐而来的近代交通技术，在技术实体的意义上起步较晚，直到19世纪80年代才有稳定运营的线路出现在中国的土地上，也未能在清末融入全国大多数省份民众的日常生活之中。但是在技术认知的意义上，铁路在各种历史事件和思潮中频频"出场"，不但贯穿晚清史的整体之中，而且延伸至鸦片战争以前，如此方能呈现一段面貌更为完整的铁路史。对这段铁路认知历史的检视与反思，可从其发展阶段、基本特征、主要作用和反思教训来谈。

一　晚清铁路认知的总体检视

1. 发展阶段

论及晚清铁路认知的发展阶段，大致可分为三个。第一是1835—1861年的起源阶段。该阶段的主要问题是铁路是什么、铁路叫什么。"我国数千年来无铁道之名词，自墨雨美风，潮流东渐，铁道名词始发现于太平洋之东大陆上，是我国铁道非原动的，乃被动的。"[1] 对铁路的技术认知最早是传教士传播的结果，但被传播并不等于被动。中国人对铁路的认知并不全是被动接受的结果，而是包含主动选择、构建和转变的产物。作为铁路认知的首要载体，中国"铁道名词"的确立过程就是如此，可视为起源阶段的象征。关于中国的"铁道名词"与铁路认知的起源，第一章至第三章分别对此进行了考述，包括郭实猎及其"火蒸车""火蒸车"的五次辑录、铁路译词的探源与转变等。

第二是1861—1894年的增长阶段。该阶段亦即洋务运动时期的主要问题是要不要建铁路、如何建铁路。这一时期铁路认知增长的主要线索，是从"一体防范"到"自强要图"的逐渐转变。一方面，此种转变是一种总体趋势，而非前后泾渭分明。如"一体防范"对修建铁路的影响长期存在。"这种疑惧外人的心理非但当时对兴办铁路有影响，即使在中法战后，甚至甲午战后，仍然存在，使中国兴办铁路长期一波三折，迟缓了好几十年。"[2] 另一方面，如1889年李鸿章在津通铁路之争后期致信两江总督曾国荃时言："铁路复奏各省到者已多，闻醇邸云，以大疏与子寿复疏为至当……'先立始基'四字，尤为目光如炬。深观中外大势，五十年后，此路定遍九州，天之所开，非人力所能强遏耳。"[3] 联系津通铁路之争的结果来看，上谕认为铁路是"自强要策"，可以"毅然兴办"。虽然此后铁路事业的进展依然坎坷，但是清廷乃至全国舆论对于是否修建铁路的态度再无根本逆转。也就是说，李鸿章赞同曾国荃所言"先立始基"，虽非铁路实体的始基，却是思想观

---

① 涂恩泽：《铁道救国论》，载青溪散人《救亡（全四册）》第二册，进步书局，1915，第165页。

② 李国祁：《中国早期的铁路经营》，中研院近代史研究所专刊，1961，第23页。

③ 《李鸿章全集：34 信函六》，安徽教育出版社，2007，第520页。

念的始基，可以解读为从"要不要建铁路"到"如何建铁路"的转折标志。

第三是1894—1912年的转向阶段。该阶段的主要问题是如何建铁路、铁路怎么管理。甲午战争失败后兴起学习日本的潮流，铁路认知领域也受此影响，译词"铁道"的起源和传播就是此转向的体现。转向的人物代表有曾鲲化，另者如陈中谐。陈氏的代表作品为《改良中国铁路利益新编》（1914）。陈中谐自述"以中国铁道私弊丛生"，留学于日本东亚铁道学校，回国后亦具有一定的铁路调查经历。"嗣毕业返国，即襄理川路，旋于满清宣统元年尾同全川铁道学校毕业生等调查京奉、京汉、京张三线管理营业情形。"他也指出清末缺乏铁路管理的弊端："专就京奉、京汉、京张三线论之，货物繁多，商旅云集，惟营私舞弊，屡见不鲜。当满清时人人皆视为利薮，无不百计钻谋思一充其役。故大率无学无识，工于逢迎者，恒滥竽其间，而一切管理规则漫不加察，见为利者而弊生焉，见为弊者而弊愈滋焉。"邮传部尚书陈璧看到该书后，"饬各公司分别条议报部，采择实行。嗣涛贝勒荣光等拟为之转奏立案，而卒不果用"。[1] 可惜的是，陈中谐提出的相关主张未能得到采纳实行，其著作也迟至民国初年才刊行面世。

2. 基本特征

论及晚清铁路认知的基本特征，首先需要指出的是，其按照不同的评判标准而有多种。在此唯有择要述之，分别为超越性、互动性、综合性和公共性等四个基本特征。

第一个特征是超越性，指从技术的视野来看，铁路认知领先

---

① 陈中谐：《改良中国铁路利益新编》，大象出版社，2012，第196-205页。

于铁路实体。在 19 世纪的欧美国家，铁路"只用了一代人多一点的时间，就引入了一套新的行为体系：不仅是旅行与交流，还包括思想、感觉与期望的体系"。① 也就是说，呈现迅速发展势头的铁路实体引领了铁路认知及更广范围思想观念的变迁。但是在 19 世纪的中国，铁路实体的起步滞后于铁路认知的发展，铁路认知往往走在前面。此外，铁路认知还可以在一定程度上发挥对铁路事业的引领作用。如在缺乏铁路管理的清末，邮传部路政司总务科科长程明超（1880—1947）非常赞同曾鲲化加强铁路管理的思想主张："为今日计，惟有急设专门学校，扩张邮部规模，法制备于中央监查，乃能举实贤，能称其官职，事务不至贻讥。"② 可见从教育、体制、法律等着手加强铁路管理是不少有识之士对于铁路认知的共识，也正是这些共识才能推动如创建邮传部铁路管理传习所等实践的前行。

第二个特征是互动性，指铁路认知体现出中外双方均产生作用。以往的研究多认为中国铁路深受帝国主义的影响，如将铁路视为"帝国的工具"（tool of empire）③、"帝国的技术"（imperial technology）④，强调"铁路帝国主义"（railway imperialism）⑤ 等。的确，我们不能否认列强鼓励中国修建铁路背后所具有的侵略性意图，但也不能忽视中国方面的主动性。有的观点认为"第一批来

① 〔德〕沃尔夫冈·希弗尔布施：《铁道之旅：19 世纪空间与时间的工业化》，金毅译，上海人民出版社，2018，第 2 页。
② 曾鲲化：《中国铁路现势通论》，化华铁路学社，1908，第 2 页。
③ Daniel Headrick, *The Tools of Empire: Technology and European Imperialism in the Nineteenth Century* (New York: Oxford University Press, 1981), pp. 209-210.
④ Aparajita Mukhopadhyay, *Imperial Technology and 'Native' Agency: A Social History of Railways in Colonial India, 1850-1920* (London and New York: Routledge, 2018), p. 225.
⑤ Clarence B. Davis, Kenneth E, Wilburn Jr., *Railway Imperialism* (New York: Greenwood Press, 1991) p. 1.

华外国人的目标是发展商业关系，主要由英国人的主动而达成……英国的理想是使中国向全球贸易开放……麦克唐纳·史蒂芬森爵士（Sir MacDonald Stephenson）的目标是促进中国人和外国人的共同利益，倡导吴淞铁路也是为了向中国人提供客观教案（object-lesson）。"① 而且，中外互动也是晚清铁路认知发展历程中的常见形态。如郭实猎及其"火蒸车"、中日互动等的例子。再如被视为列强图谋控制中国的不少举措，在早期也称不上丧权辱国。津沽铁路的借债筑路之举就相当成功，"并无其他苛刻条件"②。法国、德国、英国等竞相承办关东铁路的要求也被拒绝。③

　　第三个特征是综合性，指铁路认知超出交通领域而涉及诸多领域。"铁路……这部包括了车轮、轨道和车厢的集成机器，扩展成了一个统一的铁道系统，就像一部覆盖在大地上的巨型机器。"④ 与一般的交通方式不同，铁路是一个涵盖诸多元素的大规模技术系统。为了建设该技术系统，需要花费巨量的人力、物力和财力。如近代铁路的建成也意味着沿线电报的建成，铁路"沿途应设电线，俾办公、行车等事往来通信均用电达，庶免迟误等弊"。⑤ 诸如此类，铁路不仅承担客货运输，而且促进信息流通，具有多方面的功能和影响。时人对于铁路的认识和思考，也是时代局势变

---

① Percy Horace Kent, *Railway Enterprise in China: An Account of Its Origin and Development*（London: Edward Arnold, 1907）p. 187.

② 马陵合：《论甲午前借债筑路的开启及其困境——兼评李鸿章的铁路外债观》，《安徽史学》2002 年第 1 期。

③ 中研院近代史研究所编《海防档：戊 铁路（一）》，中研院近代史研究所，1957，第 91-219 页。

④ 〔德〕沃尔夫冈·希弗尔布施：《铁道之旅：19 世纪空间与时间的工业化》，金毅译，上海人民出版社，2018，第 52 页。

⑤ 盛宣怀：《造送萍醴铁路工程购地造路造车各款收支银两数目清册》，载《清邮传部珍存铁路文档汇编（全六册）》，全国图书馆文献缩微复制中心，2004，第 101 页。

化的连锁反应。如果说交通、商业、军事、矿业等是与铁路直接相关的领域，那么国防、主权、政治、宗教等则是间接相关却非常重要的领域。铁路的引介从一开始就附着外人的意图，因此洋务运动早期对于铁路的"一体防范"政策其实也有保护主权的考虑。在吴淞铁路交涉时，李鸿章尝试调停过程中就不断强调："务在保我中国自主之权，期于中有益而洋商不致受损。"① 甲午战后，铁路越发被列强作为侵略的工具，清末的中国人已经清楚地认识到这一点。"外人代筑路之害，在于路权去而土地之权随以俱去。顾路权而明附以兵权，则土地之权之随以俱去也愈易愈速。故中国铁路之害，莫大于东清、胶济。"② 究其根本，铁路认知之所以呈现综合性的特征，乃是因为晚清的铁路修建夹杂了多种铁路以外的影响因素。

第四个特征是公共性，指因铁路日益成为公共议题而对铁路认知的塑造作用。政府层面的公共性要从 1865 年总理衙门指示各省督抚一事算起。到了 1888—1889 年的津通铁路之争，牵扯不同衙门和品级的众多官员。虽然他们对于铁路的认识存在误解、不足、过誉等各种状况，甚至不乏为了反对而反对，但是足以表明铁路已成为政府层面的公共议题，并通过广泛参与的官员扩大了铁路认知的传播。社会层面的公共性则大致起始于清末收回利权和商办铁路的风潮。作为传统社会的中坚力量，地方士绅也秉承挽回铁路利权的认知而介入铁路议题。如 1905 年山东士绅曾联名上书称："窃维铁路为当今要政，必须路权不失，商务乃可振兴。

---

① 佚名辑《稿本总理衙门档案》，台中文听阁图书有限公司，2013，第 96 页。
② 国家图书馆分馆编选《（清末）时事采新汇选》第十四册，北京图书馆出版社，2003，第 7386 页。

近来南省绅士筹办本地铁路，多由大部奏请施行。山东铁路，尤关紧要，现在职等约会绅士，筹备款项，自行修筑，以便收回预约，保我权利。"① 他们希望收回津镇铁路的预定条约，改为商办山东铁路。而到了宣统年间从保路运动到辛亥革命的发展过程中，"在一个共同的新纲领下，士绅的背叛以及士绅、官员和平民联合反清并不是四川独有的"。② 干路国有的政策无疑违背了士绅们挽回铁路利权的认知。铁路的公共性可理解为社会阶层力量变化、各省独立和清朝灭亡的诱因之一。

3. 主要作用

论及晚清铁路认知的主要作用，可从下列三个方面来看。

其一是推进晚清铁路事业的发展。由于铁路是东渐而来的交通技术，铁路认知对铁路自身的主要影响范围并不是该项技术的研发与改进，而是铁路事业的发展。又由于吴淞铁路和唐胥铁路等铁路实体的出现大大晚于"火蒸车"和"火轮车"等代表的铁路认知的起源，故此种推进作用主要体现于洋务运动至清末时期。例如，清末曾鲲化提倡铁路管理及其教育，是在甲午战争后非常不利的境况下试图挽回路权的主张。他曾言："管理铁路，首在握权。然权不可以滥用也，故权之本在法；法不可以执权也，故法之本在人；人不可以昧法也，故人之本在学。天下之事，无不学而可知者，亦无不知而办之有效者。"又补充道："况铁路为专门学问，

---

① 上书的山东籍官员包括翰林院撰文柯劭忞、编修刘元亮、内阁中书王宝田、王在宣、福建道监察御史蔡曾源、掌浙江道御史姚舒密、外务部主事李寅龄、翟化鹏、三品衔户部郎中沈潜、三品顶戴员外郎李经野、员外郎管象颐、主事吕彦枚、礼部主事张枚亭、兵部员外郎马毓桢、刑部郎中梁世烺、主事贾鸿宾等，参见国家图书馆分馆编选《（清末）时事采新汇选》第十四册，北京图书馆出版社，2003，第7402页。

② Xiaowei Zheng, *The Politics of Rights and the 1911 Revolution in China* (Stanford: Stanford University Press, 2018), p. 3.

管理又为铁路专科，断非普通学者及一般办事人员所能识其崖略。"① 也就是说，管理与运营铁路在于如何掌握与行使权力，后者又在于法律的约束与规范。执行法律的主体是人，而人需要经过学习才能通晓法律。铁路及其管理是专业性较强的领域，不是随随便便就能学会的，因此需要进行铁路管理教育。这样一来，他就明确了铁路管理、铁路法律、铁路管理教育的作用和联系，并将这些不同的环节相结合，构筑成与路权密切相关的体系。此后如创建邮传部铁路管理传习所等实践虽无法直接从列强手上收回铁路，却有助于改善运营秩序，挽回部分利权。

其二是奠定民初铁路认知的基础。纵向而言，晚清铁路认知的塑造对于民国初年铁路认知具有奠定基础的作用。仍以清末曾鲲化所提倡的铁路管理为例，其中被提出而未得落实的铁路统计、铁路法律等事项均在民初呈现崭新气象。借由编纂《统计学教科书》和翻译美国斯密史著《经济统计》，曾鲲化强调统计是"万事万物之度量衡"，其两大特征分别为"恃因果法则为切实之根基"和"借数字论据为正当之武器"，其作用为"预计将来"，进而"定其改良进化之标准"。他呈请在交通传习所（即原铁路管理传习所）内特设统计班，亲自担任统计主任教习。② 此外，他还在新成立的中央统计委员会（1914）担任委员，发起创立中华统计学会（1921）并担任会长。前者"为参议全国统计机关，但中央统计局未设立以前，并得筹划一切统计事宜"③，后者"以研究统计

---

① 曾鲲化：《中国铁路现势通论：戊编 管理》，化华铁路学社，1908，第80页。
② 曾鲲化：《统计学教科书》，群益书社，1913，第1-3页。
③ 《中央统计委员成立纪》，《申报》1914年4月11日。

学术，发展统计事业为宗旨"①。铁路法律方面亦然，曾鲲化于
1916 年呈请组织路律委员会，改变交通部"无统一之法令颁行各
路局"的"自为风气"现状，以期通过加强立法的方式满足"已
往之整理""现在之改革""将来之计划"等的需求。②

　　民国初年倡言铁路的新气象还集中体现于孙中山勾勒的铁路
蓝图。南北议和后，袁世凯于 1912 年 9 月 9 日颁发《授孙文筹划
全国铁路全权令》，内言："富强之策，全藉铁路交通，亟宜从速
兴筑。"③ "富强之策"的说法事实上与"自强要图"一脉相承。
为此，孙中山一度准备专心谋划全国铁路建设事业，并游历各地
考察呼吁，以铁路为主题的演讲和文章很多。④ 如他曾言："各国
人民之文野，及生计之裕绌，恒以交通为比例。中国人民之众，幅
员之大，而文明与生计均不及欧美者，铁路不兴，其一大原因
也。"⑤ 又言："因铁路能使人们交接日密，祛除省见，消弭一切地
方观念之相嫉妒与反对，使不复阻碍吾人之共同进步，以达到吾
人之最终目的。"⑥ 他阐述铁路对于国计民生具有至关重要的作用，
孙中山的铁路思想有两大特征：第一，将铁路与文明联系起来，
上升到相当高的高度；第二，认为铁路有利于观念交流和国家统

①　中国第二历史档案馆编《中华民国史档案资料汇编：第三辑 文化》，江苏古籍出版社，
　　1991，第 648 页。
②　曾鲲化：《交通部曾司长请组织路律委员会呈文》，《铁路协会会报》1916 年第 49 期。
③　骆宝善、刘路生主编《袁世凯全集》第 20 卷，河南大学出版社，2012，第 384 页。
④　例如：《在上海中华民国铁道协会欢迎会的演说》（1912 年 7 月 22 日）、《在北京全国铁路
　　协会欢迎会的演说》（1912 年 8 月 29 日）、《在北京中华民国铁道协会欢迎会的演说》
　　（1912 年 9 月 2 日）、《在济南各团体欢迎会的演说》（1912 年 9 月 27 日）、《中国之铁路计
　　划与民生主义》（1912 年 10 月 10 日）、《铁路杂志》题辞（1912）等。
⑤　广东省社会科学院历史研究室、中国社会科学院近代史研究所中华民国史研究室、中山大
　　学历史系孙中山研究室合编《孙中山全集》第二卷，中华书局，1982，第 391 页。
⑥　广东省社会科学院历史研究室、中国社会科学院近代史研究所中华民国史研究室、中山大
　　学历史系孙中山研究室合编《孙中山全集》第二卷，中华书局，1982，第 488 页。

一,较之从商业和军事等领域论述铁路作用有所超越。这种特征在曾鲲化那里已有表述:"窃思铁路者,文明之向导,开化之动机也,于国家为最重大之业,于学术为最精博之科……铁路之作用者能以物质文明之实体而直接或间接发达种种不可思议之精神文明者也。"[1] 不难看出,民初铁路认知正是在继承清末的基础之上继续向前发展,因而表现出明显的一致性。

其三是引领近代社会风气的转变。从科学、技术与社会的视角来看,铁路具有的变革意义不止在于交通工具的更新,而是这项技术深深嵌入社会之中,改变人的思想观念,影响社会发展进程。具体就晚清铁路认知而言,它既是因铁路知识与技术东渐而形成的一系列思想观念,也会反作用于社会,引领近代社会风气的转变。比如直观体验,亲见铁路而产生的认知引发了观念的分野。与郭嵩焘同时出使西洋的刘锡鸿在见识过铁路之后曾言:"彼之实学,皆杂技之小者。其用可制一器,而量有所限者也。"[2] 铁路所代表的科技只限于"器"的层面,远低于"圣人之教"和"仁义之本"所指向的"道"的层面,所谓在于人心而不在于技艺。更多的士绅们则在见识过铁路之后,逐渐认识到它带来的好处,改变了对科技的态度,视野也变得越发开阔。薛福成曾回顾吴淞铁路:"往岁吴淞口之开路也,南方士大夫见惯不惊,渐有称其便利者,是风气亦在倡之而已。"[3] 文学家、退休官员何绍基(1799—1873)还曾为吴淞铁路撰诗云:"驾火轮舶处处通,火轮车法倍玲珑。马车更夺中原路,好到吴淞吃海风。"他这首《沪上

---

① 曾鲲化:《中国铁路现势通论》,化华铁路学社,1908,第7-8页。
② (清)刘锡鸿:《英轺私记》,朱纯、杨坚校点,岳麓书社,1986,第128页。
③ (清)薛福成:《庸庵文编》卷二,上海古籍出版社,2010,第42页。

杂书》一面哀叹"海国平分鬼气多",希望"还我中原海与天",另一面也惊讶于"女君竟识中华礼,夫妇居然是大伦"。① 稍有不同的是,另一位文学家史梦兰(1813—1898)曾作诗咏津沽铁路:"火轮车比火船轻,辙迹全凭铁铸成。望见黑烟刚一瞥,飞仙真是御风行。"② 可见无论诗人的立场与情感如何,都承认铁路相比于其他陆上交通运输方式的优越性。作为传统精神生活重要部分的诗歌纳入铁路这类新事物,也是铁路认知对社会风气的影响之一。

再如宏观风潮,即前文论述社会层面的公共性时提到的清末收回利权和商办铁路的风潮,可以将铁路认知的演变与民族主义的兴起联系起来。李恩涵指出:"对于评价1904—1911年中国收回铁路利权的努力,可以恰当地说这些努力代表了回应列强侵略的一场全国性的民族主义运动。"③ 这股风潮的推动者与活跃者包括士绅、商人、中下层官员、留学生等群体。由于铁路问题最终不但没有得到解决,而且变得更严重了,刺激了原本作为清朝地方统治基础的士绅、商人、学生(未来的统治基础)等群体的民族主义情绪,将他们推向支持革命而不是赞成改良的立场。如果进一步考察的话,铁路认知与民族主义的联系甚至还可以引申探讨民族国家和现代性等话题。

二　晚清铁路认知的反思教训

1. 从铁路看技术认知的动力机制

作为一种技术认知,铁路认知在晚清的发展并不是由铁路技

---

① (清)何绍基:《东洲草堂诗集》,曹旭校点,上海古籍出版社,2012,第766-767页。

② (清)史梦兰:《尔尔书屋诗草》,载《史梦兰集》,石向骞主编,天津古籍出版社,2015,第157页。

③ Lee En-han, *China's Quest for Railway Autonomy 1904-1911: A Study of the Chinese Railway-Rights Recovery Movement* (Singapore: Singapore University Press, 1977), p. 265.

术本身所完全决定，而是与技术相关的社会因素共同作用的产物。纵观晚清铁路认知的三个发展阶段，大致分别对应以下三种主要推动力量。

其一，在1835—1861年的起源阶段，主导铁路知识引介的双方——以郭实猎为代表的传教士和以魏源为代表的中国人，具有相关而不相同的动力。对于前者来说，传播铁路知识的行为夹杂了传教、贸易和殖民等诸多动机。就像郭实猎拥有多变的角色和复杂的身份，我们无法将他对"火蒸车"的引介归于传教或其他某种单一动力。但可以认为，这一时期传教士的此类活动的动力是诸多背景共同作用所形成的合力，即突破中外交往的限制，试图敲开中国的大门。相对应地，魏源等人介绍铁路等西方科技的最新进展，是为了"师夷长技以制夷"。究其根本，其动力则是国门被逐渐打开后的"睁眼看世界"，才发觉技不如人并希望"师夷长技"。

其二，在1861—1894年的增长阶段，军事需求尤其是海防的考量充当了铁路认知从"一体防范"到"自强要图"的方针转变的动力。即使在拒斥铁路的"一体防范"时期，从中央的总理衙门至地方的各省督抚也是从政治、国防与外交的层面进行决策。而象征着"一体防范"松动的李鸿章《筹议海防折》（1874），强调铁路可以"屯兵于旁"并"闻警驰援"，认为铁路的军事功能有助于因应"数千年来未有之变局"。[①] 李氏此后坚持并完善该观点，通过创建铁路与加强海防的论点相结合，在其北洋辖下不断延展铁路。加强海防是该时期铁路认知增长和转变的关键，不但促使

---

① 《李鸿章全集：6 奏议六》，安徽教育出版社，2007，第159-166页。

铁路是"自强要图"的观点得到越来越广泛的认同，而且最终推动清廷最高决策层于 1889 年下旨"毅然兴办"铁路。故此也可以说，无论是对铁路"一体防范"还是以铁路为"自强要图"，都始终存在根本性、决定性的国防优位。

其三，在 1894—1912 年的转向阶段，对于维护利权的思想追求是清末铁路认知转向与发展中的主导性动机。从宏观时代背景来看，甲午战败后民族危机加深，救亡图存的呼声日益高涨，导致学习日本和挽回利权等思潮涌起。这种当时中国的普遍性现象反映于铁路领域，就是曾鲲化所说的"赠约借债丧灭国体时期（1895—1904）"和"收回利权各省竞办时期（1905—1908）"。实际上，两个时期并非界限分明，而是同时并存。如 1898 年（光绪二十四年）道员张其潜在津镇铁路交涉时上疏所言："窃维兴筑铁路，为中国收回利权致富自强之本。"① 在各省竞相商办铁路时，维护利权也被视为宗旨所在。"近来各省自集股本，开办铁路，保守利权，用意甚善。"② 在此后的铁路国有政策、四川保路运动等风潮中，利权也是一个频频出现的关键词。清末以曾鲲化为代表的技术官僚登上历史舞台，提出加强铁路管理的一系列主张，在很大程度上也是出于挽回利权的考虑。

2. 近代社会转型中的科技观变革

运用技术与社会的视角考察铁路认知的案例，不仅有助于揭示技术认知的动力机制，而且有助于呈现与之对应的科技观变革。

---

① 全国图书馆文献缩微复制中心：《清末民初铁路档案汇编（全三册）》第 1 册，全国图书馆文献缩微复制中心，2008，第 68-69 页。

② 国家图书分馆编选《（清末）时事采新汇选》第十五册，北京图书馆出版社，2003，第 7833 页。

在剧烈转型的近代社会，与铁路认知不断演变相伴随的，是科技观的不断更新。需指出的是，这种更新的发生处于有限的范围内，而且是渐进的、局部的。从晚清铁路认知的三个发展阶段来把握，亦可以大致分为鸦片战争前后、洋务运动时期、甲午战争后三段。

其一，在1835—1861年的起源阶段，从"火蒸车"到"火轮车"的铁路认知本土化过程，反映出近代西学东渐潮流启动之初的科技观。构成这种科技观的主要内涵有四个方面：一是对传统科技观的批判，反思技不如人的困境，驳斥认为科技是"奇技淫巧"的观点，对科技进行重新定位；二是对西方科技的学习态度，不仅由轻视科技转变为重视科技，而且主动学习西方先进科技；三是对科技的实用取向，重点关注实用技术，关注技术的实际效用；四是对铁路的支流定位，虽将铁路列入"师夷长技"的"夷"之"长技"，但其重要性不如"火轮船"等"坚船利炮"。

其二，在1861—1894年的增长阶段，随着从"一体防范"到"自强要图"的态度改变，先前科技观的主要内涵被继承和发展。对传统科技观的批判、对西方科技的学习态度和对科技的实用取向等被继承。但其中发生部分改变，如对科技的实用取向因洋务的开展而变得更加具体化。这得益于铁路认知的增长和多次试办的实践，使得支持筑路者从"防范外人筑路"进一步至"应当自主筑路"，以"权自我操"实现"利自我收"。对铁路的支流定位也被将铁路视为"自强要图"的新定位所取代。两相对比，鸦片战争前后的科技观出自知识理论层面，深具萌芽性质。洋务运动时期的科技观则是围绕国防尤其是海防的战略规划与建设，更有实践意义。

其三，在1894—1912年的转向阶段，由于中国铁路事业正处于"从无到有"到"从有到优"的转变之中，对应科技观的重点也随之发生转移。此时的新趋势如：（1）对先进科技的学习更加深入，如曾鲲化作为铁路技术官僚生涯的早期言行，表明已经进入科技管理、科技教育等与科技体制相关的领域；（2）科技救国思想日益兴盛，无论是"自强要图"还是挽回利权，说明铁路的多少与国家的强弱挂钩；（3）"大交通观"被提出来，曾鲲化在《论中国交通界之前途》（1909）一文中言："邮政电信者何？无形之交通也。轮船铁路者何？有形之交通也。有形所以运送客货，彼此往来。无形所以互通意思，交换智识。"① 他从有形和无形两个角度，阐述了铁路、轮船、邮政、电信等交通方式的联系与区别，可以说已经从铁路认知进一步发展为交通认知。

　　3. 铁路认知折射科技转型的局限

　　结合晚清铁路事业艰难起步的过程来看，铁路认知虽发挥了一定的引领作用，但其自身仍存在明显的空档与滞后，并往往出现理论与现实相互脱节的状况，折射出近代中国科技转型的不少局限。先以滞后性为例，在鸦片战争前后至洋务运动早期，亦即1840 年前后至 19 世纪 60 年代，铁路认知的发端时间较早，并实现了在华的传播与初构。然而整体来说，这一时期的铁路认知发展迟滞。时人所追求的实用技术以"坚船利炮"为主，有关铁路的部分极少，不属于"师夷长技"的"长技"之重点。此时的铁路认知仍处于简单粗浅的水平，缺乏广度与深度。丁拱辰能够初步仿造火轮车，推动铁路知识从"纸上"到"落地"的昙花一现，已经是同时期发展的极限，不可能进一步完全掌握并广泛推广铁

---

① 曾鲲化：《论中国交通界之前途》，《申报》1909 年 11 月 10 日。

路技术。自魏源《海国图志》一百卷本（1852）刊印以后的约 10 年里，有关铁路的认识及其相应的科技观也均未发生突破性的变化。

这种空档的直接后果，就是第二次鸦片战争后，面对西方人提出的修铁路要求，清政府的中央和地方大员们只能出于避免侵略的考虑而坚持"一体防范"，实际上并无多少铁路认知可言。1866 年左宗棠曾言，"轮车机器"与"造钱机器"都是"从造船机器生出"，能造船就能造火车等其他机器，"无所不可"。① 彼时距郭实猎首度引介铁路知识已过去 30 余年，福州船政局与江南制造局等旨在"师夷长技"的工业机构也已纷纷建立，然而洋务运动推动者的铁路知识仍然相当匮乏。这种滞后性和矛盾性的存在，无疑影响了他们对于铁路问题的判断，并且助推了"一体防范"的形成和持续。

再以偏移性为例，在洋务运动中后期，亦即 19 世纪 70 年代中至 90 年代初，铁路认知的侧重点发生偏移，始终未步入发展的正轨。此时的线索是从"一体防范"的松动到铁路被确立为"自强要图"，兴建铁路的呼声越来越高，清政府内部对铁路的态度逐渐转变，最终于 1889 年支持"毅然兴办"铁路。这种非常缓慢的转变伴随着漫长而激烈的铁路争议，支持筑路派与反对筑路派长期论争不休，迟迟未形成一致的舆论或决策态度，造成甲午战争前修成的铁路里程极其有限。换而言之，铁路认知的焦点问题一直停留于"要不要建铁路"，难以达成共识。两派的论争不仅未能使焦点问题顺利过渡至后续的"如何建铁路"和"铁路如何管理"，

① （清）文庆等纂辑《筹办夷务始末》同治卷四二，上海古籍出版社，2002，第 70 页。

而且有不少人实际上仍未弄清"铁路是什么",导致铁路认知的侧重点处于偏离状态。

至于产生各种局限的原因,究其根本乃是作为新技术系统的铁路短时间内难以适应近代中国的复杂国情。一方面,19世纪上半叶的铁路是蒸汽动力进步和煤铁工业发展相结合的产物,也是牵涉诸多层面的庞大技术系统,如土地、资金、钢铁、煤炭(燃料和运输货物)、人员(筑路工人、工程师、管理者)等。另一方面,同一时期的中国仍然是一个农业社会,不具备对于铁路的原生性需求、动力和环境,要想构建这个庞大技术系统就得突破方方面面的限制,必须形成顶层的、整体的设计布局。因此,无论是铁路事业发展所指向的科技转型,还是铁路认知的起源与演变所归属的思想观念转型,都无疑是艰难而曲折的历史进程。肯德曾于1907年总结与展望:"中国的铁路还在孩提时期,中国铁路将来的发展究竟走什么方向,实在是一个饶有趣味的问题。"① 清末的中国铁路仍处于"孩提时期",其未来的"发育"和"成熟"仍有待于社会转型的整体性推动。

---

① 〔英〕肯德:《中国铁路发展史》,李抱宏等译,生活·读书·新知三联书店,1958,第182页。

参考文献

中文文献

著作类

中研院近代史研究所编《海防档：戊 铁路》，中研院近代史研究所，1957。

《德宗实录》，《清实录》，中华书局，1986。

《高宗实录》，《清实录》，中华书局，1986。

《近现代汉语新词词源词典》编辑委员会编《近现代汉语新词词源词典》，汉语大词典出版社，2001。

〔英〕马戛尔尼：《康熙与罗马使节关系文书 乾隆英使觐见记》，刘复译，台湾学生书局，1973。

《文宗实录》，《清实录》，中华书局，1986。

《宣宗实录》，《清实录》，中华书局，1986。

〔美〕埃里克森：《汽笛的声音——日本明治时代的铁路与国家》，陈维、乐艳娜译，江苏人民出版社，2011。

〔美〕艾尔曼：《科学在中国：1550—1900》，原祖杰等译，中国人民大学出版社，2016。

〔意〕裨治文：《联邦志略》，〔日〕箕作阮甫训点，东都江左老皂馆藏版，1861。

〔意〕裨治文：《美理哥合省国志略》，刘路生点校，载《近代史资料》编辑部编《近代史资料：总92号》，中国社会科学出版社，1997。

陈中谐：《改良中国铁路利益新编》，大象出版社，2012。

〔英〕丹皮尔：《科学史及其与哲学和宗教的关系》，李珩译，张今校，广西师范大学出版社，2001。

（清）丁拱辰：《演炮图说辑要》，黄天柱点校，上海辞书出版社，2013。

〔美〕丁韪良：《格物入门（七卷本）》，〔日〕本山渐吉训点，明治二己巳岁明亲馆藏版，1869。

〔美〕丁韪良：《格物入门》，清同治戊辰仲春月镌京都同文馆存板，1868。

范文澜：《中国近代史》上编第一分册，新华书店，1949。

方闻编《清徐松龛先生继畲年谱》，台湾商务印书馆，1982。

（清）冯桂芬：《校邠庐抗议》，上海书店出版社，2002。

〔日〕福泽谕吉：《西洋国情》，〔法〕玛丽恩·索西尔、〔日〕西川俊作编，杜勤译，上海译文出版社，2018。

复旦大学历史系、出版博物馆编《历史上的中国出版与东亚文化交流》，百家出版社，2009。

高名凯、刘正埮：《现代汉语外来词研究》，文字改革出版社，1958。

高宗鲁译注《中国幼童留美史——现代化的初探》，华欣文化事业中心，1982。

（清）顾观光：《九数外录》，光绪丙戌年春二月吴县朱氏家塾校刊本，1886。

广东省社会科学院历史研究室、中国社会科学院近代史研究所中华民国史研究室、中山大学历史系孙中山研究室合编《孙中山全集》，中华书局，1982。

（清）郭连城：《西游笔略》，上海书店出版社，2003。

〔德〕郭实猎：《贸易通志》，新嘉坡坚夏书院，1840。

（清）郭嵩焘：《罪言存略》，清光绪丁酉秋沔阳李氏铁香室校印本，1897。

郭廷以、李毓澍主编《清季中日韩关系史料》，中研院近代史研究所，1972。

郭毅生主编《太平天国历史地图集》，中国地图出版社，1989。

国家图书馆分馆编选《（清末）时事采新汇选》，北京图书馆出版社，2003。

（清）何绍基：《东洲草堂诗集》，曹旭校点，上海古籍出版社，2012。

横阳翼天氏：《中国历史：普通学教科书》第一编，东京东新译社，1904。

黄河清编著《近现代辞源》，姚德怀审定，上海辞书出版社，2010。

黄兴涛：《重塑中华：近代中国"中华民族"观念研究》，三联书店（香港）有限公司，2017。

〔美〕祎理哲：《地球说略》，〔日〕箕作阮甫训点，东都江左老皂馆藏梓，1860。

〔美〕祎理哲：《地球说略》，华花圣经书房，1856。

江苏档案精品选编纂委员会编《江苏省明清以来档案精品选·连云港卷》，江苏人民出版社，2013。

蒋廷黻：《中国近代史》，北京理工大学出版社，2016。

蒋永福、吴可、岳长龄主编《东西方哲学大辞典》，江西人民出版社，2000。

交通、铁道部交通史编纂委员会：《交通史路政编》，交通、铁道部交通史编纂委员会，1935。

交通、铁道部交通史编纂委员会：《交通史总务编》，交通、铁道部交通史编纂委员会，1936。

金士宣、徐文述编著《中国铁路发展史：1876—1949》，中国铁道出版社，1986。

金希编著《中国铁路史话》，中华书局香港分局，1977。

经盛鸿：《詹天佑评传》，南京大学出版社，2001。

康有为：《康有为全集》，姜义华、张荣华编校，中国人民大学出版社，2007。

〔英〕肯德：《中国铁路发展史》，李抱宏等译，生活·读书·新知三联书店，1958。

寇兴军：《中国近代铁路体制演变史：1835—1949》，中华书局，2016。

〔美〕赖德烈：《基督教在华传教史》，雷立柏等译，道风书社，2009。

李国祁：《中国早期的铁路经营》，中研院近代史研究所专刊，1961。

（清）李鸿章：《李鸿章全集》，安徽教育出版社，2007。

李文耀：《中国铁路变革论：19、20 世纪铁路与中国社会、经济的发展》，中国铁道出版社，2005。

李占才主编《中国铁路史（1876—1949）》，汕头大学出版社，1994。

〔意〕利玛窦口译、（明）徐光启笔受《几何原本》第一册，中华书局，1985。

（清）梁廷枏：《海国四说》，骆驿、刘骁校点，中华书局，1993。

林则徐全集编辑委员会编《林则徐全集》，海峡文艺出版社，2002。

凌鸿勋：《中国铁路志》，文海出版社，1954。

刘大椿等：《中国近现代科技转型的历史轨迹与哲学反思·第二卷：师夷长技》，中国人民大学出版社，2019。

刘馥、易振乾：《中国铁道要鉴》，段良弼校阅，中国书林，1907。

（清）刘铭传：《刘壮肃公奏议》，文海出版社，1973。

（清）刘锡鸿：《英轺私记》，朱纯、杨坚校点，岳麓书社，1986。

（清）罗森：《日本日记》，王晓秋标点，史鹏校订，岳麓书社，1985。

〔美〕罗威廉：《最后的中华帝国：大清》，李仁渊、张远译，中信出版社，2016。

骆宝善、刘路生主编《袁世凯全集》，河南大学出版社，2013。

（清）马建忠：《适可斋记言》，张岂之、刘厚祜校点，中华书局，1960。

〔意〕马西尼:《现代汉语词汇的形成——十九世纪汉语外来词研究》,黄河清译,汉语大词典出版社,1997。

〔美〕玛高温:《博物通书》,真神堂咸丰元年正月镌刻本,1851。

茅家琦主编《太平天国通史》(中册),南京大学出版社,1991。

宓汝成:《帝国主义与中国铁路:1847—1949》,经济管理出版社,2007。

宓汝成编《中国近代铁路史资料:1863—1911》,中华书局,1963。

〔英〕慕维廉:《英国志》,文久元年长门温知社藏版,1861。

潘向明编写《清史编年》,中国人民大学出版社,2000。

戚其章:《北洋舰队》,山东人民出版社,1981。

(清)钱绎撰集《方言笺疏》,李发舜、黄建中点校,中华书局,1991。

全国图书馆文献缩微复制中心:《清末民初铁路档案汇编》(全三册),全国图书馆文献缩微复制中心,2008。

全国图书馆文献缩微复制中心:《清邮传部珍存铁路文档汇编》(全六册),全国图书馆文献缩微复制中心,2004。

上海图书馆编《上海图书馆藏稀见辛亥革命文献》影印本,上海科学技术文献出版社,2011。

尚小明:《留日学生与清末新政》,江西教育出版社,2003。

邵荣芬:《邵荣芬语言学论文集》,商务印书馆,2009。

邵循正等编《中法战争》,上海人民出版社,1957。

佘江东:《曾鲲化》,北京交通大学学人典库:杰出校友二，2011。

（清）史梦兰：《史梦兰集》，石向骞主编，天津古籍出版社，2015。

苏精：《基督教与新加坡华人：1819—1846》，新加坡福音证主协会，2011。

苏精：《清季同文馆及其师生》，上海印刷厂，1985。

苏精：《上帝的人马：十九世纪在华传教士的作为》，基督教中国宗教文化研究社，2006。

苏精：《铸以代刻：传教士与中文印刷变局》，台大出版社中心，2014。

孙毓棠编《中国近代工业史资料》第一辑，科学出版社，1957。

涂恩泽：《铁道救国论》，载青溪散人《救亡（全四册）》第二册，进步书局，1915。

汪荣祖：《走向世界的挫折——郭嵩焘与道咸同光时代》，岳麓书社，2000。

（清）王韬：《弢园文录外编》，汪北平、刘林整理，中华书局，1959。

王铁崖编《中外旧约章汇编：第一册（1689—1901）》，生活·读书·新知三联书店，1957。

（清）王文诰辑注《苏轼诗集》（全八册），孔凡礼点校，中华书局，1982。

（清）王锡祺：《小方壶斋舆地丛钞》，广文书局，1964。

王晓华、李占才：《艰难延伸的民国铁路》，河南人民出版社，1993。

〔美〕卫三畏：《佩里日本远征随行记（1853—1854）》，〔日〕宫泽真一等转写、整理，大象出版社，2014。

（清）魏源：《海国图志》，陈华等点校注释，岳麓书社，1998。

（清）魏源：《海国图志》，道光壬寅五十卷本，1842。

（清）魏源编纂《海国图志》（全七册），成文出版社，1967。

（清）文庆等纂辑《筹办夷务始末》同治卷，上海古籍出版社，2002。

（清）文庆等纂辑《筹办夷务始末》咸丰卷，上海古籍出版社，2002。

（清）翁同龢：《翁文恭公日记》，常熟翁氏家藏影印版，上商务印书馆，1935。

〔德〕沃尔夫冈·希弗尔布施：《铁道之旅：19 世纪空间与时间的工业化》，金毅译，上海人民出版社，2018。

吴国盛：《科学的历程》（第二版），北京大学出版社，2002。

夏震武编《嘉定长白二先生奏议》，文海出版社，1973。

（清）谢清高口述，杨炳南笔录，安京校释《海录校释》，商务印书馆，2002。

〔英〕辛格等主编《技术史》，上海科技教育出版社，2004。

（明）徐光启：《徐光启集》，王重民辑校，中华书局，2014。

（清）徐继畬：《瀛环志略》，井上春洋、森荻园、三守柳圃训点，文久辛酉阿阳对嵋阁藏版，1861。

（清）徐继畬：《瀛寰志略校注》，宋大川校注，文物出版社，2007。

（东汉）许慎：《说文解字》，浙江古籍出版社，2016。

（清）薛福成：《庸庵文编》，上海古籍出版社，2010。

杨勇刚编著《中国近代铁路史》，上海书店出版社，1997。

佚名辑：《稿本总理衙门档案》，文听阁图书有限公司，2013。

尹铁：《晚清铁路与晚清社会变迁研究》，经济科学出版社，2005。

曾鲲化：《统计学教科书》，群益书社，1913。

曾鲲化：《中国铁路史》，新化曾宅，1924。

曾鲲化：《中国铁路现势通论》，化华铁路学社，1908。

〔日〕增田涉：《西学东渐与中日文化交流》，由其民、周启乾译，天津社会科学院出版社，1993。

（清）张德彝：《稿本航海述奇汇编》第一册，北京图书馆出版社，1996。

（清）张德彝：《航海述奇》，钟叔河校点，岳麓书社，1985。

张海林：《王韬评传附容闳评传》，南京大学出版社，1993。

张嘉璈：《中国铁道建设》，杨湘年译，商务印书馆，1946。

张侠等编《清末海军史料》，海洋出版社，1982。

张心澂：《中国现代交通史》，台湾学生书局，1976。

赵德馨主编《张之洞全集》，吴剑杰、薛国中点校，武汉出版社，2008。

赵德馨主编《中国经济史辞典》，湖北辞书出版社，1990。

赵尔巽等：《清史稿》，中华书局，1977。

（清）郑复光：《〈镜镜詅痴〉笺注》，李磊笺注，上海古籍出版社，2014。

（清）郑复光：《镜镜詅痴》，商务印书馆，1936。

（清）郑复光：《镜镜詅痴译注》，李磊译注，上海古籍出版社，2015。

中共青岛铁路地区工作委员会、中国科学院山东分院历史研究所、山东大学历史系编著《胶济铁路史》，山东人民出版社，1961。

中国第二历史档案馆编《中华民国史档案资料汇编：第三辑文化》，江苏古籍出版社，1991。

中国科学院近代史研究所史料编辑室、中央档案馆明清档案部编辑组编《洋务运动》，上海人民出版社出版社，1961。

中国科学院历史研究所第三所工具书组校点《刘坤一遗集（全六册）》，中华书局，1959。

中国科学院哲学研究所中国哲学史组编《中国哲学史资料选辑：近代之部》，中华书局，1959。

中国历史地图集编辑组编辑《中国历史地图集》第八册，中华地图学社，1975。

（明）周祈：《名义考十二卷》，上海书店，1994。

周振鹤：《逸言殊语》，浙江摄影出版社，1998。

朱从兵：《李鸿章与中国铁路：中国近代铁路建设事业的艰难起步》，群言出版社，2006。

朱从兵：《铁路与社会经济：广西铁路研究：1885—1965》，广西师范大学出版社，1999。

〔日〕竹内理三：《日本历史辞典》，沈仁安、马斌等译，天津人民出版社，1988。

祝曙光：《铁路与日本近代化：日本铁路史研究》，长征出版社，2004。

〔新〕庄钦永编著《"无上"文明古国：郭实猎笔下的大英》，

新跃大学新跃中华学术中心、八方文化创作室，2015。

〔新〕庄钦永、周清海：《基督教传教士与近现代汉语新词》，新加坡青年书局，2010。

（清）左宗棠：《左宗棠全集》（全 15 册），刘泱泱等校点，岳麓书社，2014。

论文类

崔罡、崔啸晨：《中国铁路史研究综述及展望》，《西南交通大学学报》（社会科学版）2016 年第 5 期。

段海龙：《〈中西闻见录〉对中国近代铁路建设事业的影响》，《内蒙古师范大学学报》（自然科学汉文版）2016 年第 2 期。

樊洪业：《从"格致"到"科学"》，《自然辩证法通讯》1988 年第 3 期。

高华：《近代中国社会转型的历史教训》，《战略与管理》1995 年第 4 期。

郭金彬：《丁拱辰及其〈演礮图说辑要〉》，《自然辩证法通讯》2003 年第 3 期。

〔美〕哈里·李伯森：《什么是全球史？——新讨论与新趋势》，《社会科学战线》2019 年第 3 期。

郝娜：《近代中国的铁路与集权化国家的成长（1876—1937）》，复旦大学博士学位论文，2011。

黄逸峰、姜铎：《中国洋务运动与日本明治维新在经济发展上的比较》，《历史研究》1963 年第 1 期。

江沛：《清末国人的铁路认识及论争述评》，载《城市史研究》第 26 辑，天津社会科学院出版社，2010。

江秀平：《中国洋务运动和日本明治维新创办近代企业的比

较》，《中国社会经济史研究》1992 年第 2 期。

金观涛、刘青峰：《"科举"和"科学"——重大社会事件和观念转化的案例研究》，《科学文化评论》2005 年第 3 期。

井上清、李薇：《中国的洋务运动与日本的明治维新》，《近代史研究》1985 年第 1 期。

雷环捷：《民国初年的技术官僚与科技转型之殇——曾鲲化误报军情事件探析》，《自然辩证法通讯》2019 年第 9 期。

雷环捷、刘大椿：《20 世纪初科学在中国的本土化进程及其反思》，《东北大学学报》（社会科学版）2018 年第 6 期。

雷环捷、朱路遥：《明末科技与宗教的互动——徐光启引进红夷大炮事略述评》，载《基督教学术》（第十五辑），上海三联书店，2016。

李侃、龚书铎：《戊戌变法时期对〈校邠庐抗议〉的一次评论——介绍故宫博物院明清档案部所藏〈校邠庐抗议〉签注本》，《文物》1978 年第 7 期。

李书领：《试论晚清时期国人的铁路文化观》，山西大学硕士学位论文，2006。

李文明：《〈海国图志〉对日本影响新辨》，《东北亚学刊》2017 年第 6 期。

李文耀、刘振明：《论孙中山的铁路发展观》，《江西社会科学》1998 年第 12 期。

李骛哲：《郭实猎姓名考》，《近代史研究》2018 年第 1 期。

马乐、胡新和：《清代新式技术官僚群体初探》，《自然辩证法通讯》2011 年第 5 期。

马陵合：《借款何以救国？——郑孝胥铁路外债观述评》，《清史研究》2012 年第 2 期。

马陵合：《论甲午前借债筑路的开启及其困境——兼评李鸿章的铁路外债观》，《安徽史学》2002 年第 1 期。

马陵合：《清末民初铁路外债观研究》，复旦大学博士学位论文，2003。

佘江东：《论曾鲲化早期铁路管理思想》，《近代史研究》1989 年第 4 期。

沈国威、王扬宗：《关于〈贸易通志〉》，《或问》2004 年第 7 期。

沈其新：《东方产业革命：洋务运动与明治维新之比较》，《江西社会科学》2002 年第 4 期。

苏全有：《论杨度铁路思想的理性特征》，《河南师范大学学报》（哲学社会科学版）2009 年第 3 期。

苏全有：《清末邮传部研究》，华中师范大学博士学位论文，2005。

王冰：《近代早期中国和日本之间的物理学交流》，《自然科学史研究》1996 年第 3 期。

王涛：《明治维新是一场突变吗？——兼谈洋务运动的失败》，《兰州学刊》2018 年第 6 期。

王晓秋：《鸦片战争在日本的反响》，《近代史研究》1986 年第 3 期。

王幼敏：《郭士立的中文名及笔名考》，《爱知县立大学外国语学部纪要（言语·文学编）》2018 年第 50 期。

吴国盛：《"科学"辞源及其演变》，《科学》2015 年第 6 期。

夏冰：《〈海国图志〉一书的三个版本》，《图书馆》2014 年第

2 期。

夏继果：《全球史研究：互动、比较、建构》，《史学理论研究》2016 年第 3 期。

肖郎、王鸣：《近代中国科学观发展轨迹探析——以清末民初 science 概念内涵的演化为中心》，《浙江大学学报》（人文社会科学版）2013 年第 6 期。

熊月之：《郭实腊〈贸易通志〉简论》，《史林》2009 年第 3 期。

许静：《〈镜镜詅痴〉的群体研究现象》，浙江大学，2013 年。

杨乃济：《西苑铁路与光绪初年的修路大论战》，《故宫博物院院刊》1982 年第 4 期。

咏梅、冯立昇：《〈格物入门〉在日本的流播》，《西北大学学报》（自然科学版）2013 年第 1 期。

张坤、王宝红：《威妥玛与中国》，《国际汉学》2017 年第 2 期。

张瑛：《〈新民丛报〉宣传宗旨辨》，《中州学刊》1984 年第 6 期。

周程：《"科学"的起源及其在近代中国的传播》，《科学学研究》2010 年第 4 期。

朱圆满：《梁启超铁路外资观初探》，《广东社会科学》2005 年第 1 期。

〔新〕庄钦永：《郭实猎〈万国地理全集〉的发现及其意义》，《近代中国基督教史研究集刊》2006 年第 7 期。

〔新〕庄钦永：《有关郭实猎〈万国地理全集〉的若干考证》，载张禹东、庄国土主编《华侨华人文献学刊》第五辑，社会科学文献出版社，2017。

近代报刊类

《大公报（天津版）》

《东西洋考每月统记传》

《广益丛报》

《杭州白话报》

《湖北商务报》

《集成报》

《交通官报》

《六合丛谈》

《路政之研究》

《民报》

《南洋七日报》

《商务官报》

《申报》

《时报》

《实学报》

《顺天时报》

《铁路协会会报》

《外交报》

《万国公报》（原名《中国教会新报》）

《遐迩贯珍》

《新民丛报》

《选报》

《游学译编》

《政艺通报》

《中西闻见录》

外文文献

英文类

Chang Hsin-pao, *Commissioner Lin and the Opium War*, Cambridge: Harvard University Press, 1964.

Davis, Clarence B., Kenneth E. Wilburn Jr., *Railway Imperialism*, New York: Greenwood Press, 1991.

Elleman, Bruce A., Kotkin Stephen, *Manchurian Railways and the Opening of China: An International History*, Armonk, New York and London, England: M. E. Sharpe, 2009.

Ericson, Steven, *The Sound of the Whistle: Railroads and the State in Meiji Japan*, Cambridge and London: Council on East Asian Studies, Harvard University, 1996.

Esherick, Joseph W., *Reform and Revolution in China: The 1911 Revolution in Hunan and Hubei*, Berkeley: University of California Press, 1976.

Headrick, Daniel, *The Tools of Empire: Technology and European Imperialism in the Nineteenth Century*, New York: Oxford University Press, 1981.

Hsu, Mongton Chih, *Railway Problems in China*, New York: Columbia University, 1915.

Huenemann, Ralph William, *The Dragon and the Iron Horse: The Economics of Railroads in China 1876 – 1937*, Cambridge and London:

The Council on East Asian Studies, Harvard University, 1984.

Kent, Percy Horace, *Railway Enterprise in China: An Account of Its Origin and Development*, London: Edward Arnold, 1907.

Köll, Elisabeth, *Railroads and the Transformation of China*, Cambridge: Harvard University Press, 2019.

Lee En-han, *China's Quest for Railway Autonomy 1904 – 1911: A Study of the Chinese Railway-Rights Recovery Movement*, Singapore: Singapore University Press, 1977.

Mukhopadhyay, Aparajita, *Imperial Technology and " Native" Agency: A Social History of Railways in Colonial India, 1850 – 1920*, London and New York: Routledge, 2018.

Murray, Hugh, *An Encyclopaedia of Geography: Comprising a Complete Description of the Earth, Physical, Statistical, Civil, and Political*, London: Longman, Rees, Orme, Brown, Green & Longman, 1834.

Otte, T. G., Neilson Keith, *Railways and International Politics: Paths of Empire, 1848–1945*, London and New York: Routledge, 2006.

Pan, Scott Shao-chi, *An Appraisal of Karl (Charles) Gützlaff and His Mission: The First Lutheran Missionary to East-Asian Countries and China*, Minneapolis: Luther Northwestern Theological Seminary, 1986.

Purcell, Victor, *The Chinese in Southeast Asia*, London: Oxford University Press, 1965.

Richards, Jeffrey, John M. MacKenzie, *The Railway Station: A Social History*, Oxford & New York: Oxford University Press, 1986.

Rosenbaum, Arthur Lewis, *China's First Railway: The Imperial Railways of North China, 1880–1911*, New Haven: Yale University, 1972.

Sturdevant, Saundra, *A Question of Sovereignty*: *Railways and Telegraphs in China, 1861–1878*, Chicago: University of Chicago, 1975.

Zheng Xiaowei, *The Politics of Rights and the 1911 Revolution in China*, Stanford California: Stanford University Press, 2018.

日文类

〔日〕大藏省:《工部省沿革报告》,大藏省,1889。

〔日〕福泽谕吉:《西洋事情》,庆应二年尚古堂发兑版,1866。

〔日〕瓜生政和:《西洋见闻图解》,东京书肆二书房,1873。

〔日〕瓜生政和编集,植村泰通校订《蒸气车铁道之由来》,东京花街堂藏版,1874。

〔日〕加藤弘藏译述《西洋各国盛衰强弱一览表附图》,庆应丁卯谷山楼藏版,1867。

〔日〕堀达之助编《英和对译袖珍辞书》,文久二年江户开板,1862。

〔日〕柳川春三编《万国新话》,明治纪元仲冬宜信斋藏板,1868。

〔日〕日本工学会、启明会:《明治工业史:铁道篇》,日本工学会明治工业史发行所,1930。

〔日〕日本国有铁道:《日本国有铁道百年史》第1卷,日本国有铁道,1969。

〔日〕杉山滋郎:《日本的近代科学史》,朝仓书店,1994。

〔日〕石野瑛校《亚墨理驾船渡来日记》,武相考古会,1929。

〔日〕田中芳男译,内田晋斋校《泰西训蒙图解》,文部省,1871。

〔日〕丸山雍成、小风秀雅、中村尚史：《日本交通史辞典》，吉川弘文馆，2003。

〔日〕伊东俊太郎、坂本贤三、山田庆儿、村上阳一郎：《科学史技术史事典》，弘文堂，1994。

〔日〕伊东俊太郎、坂本贤三、山田庆儿、村上阳一郎：《科学史技术史事典》，弘文堂，1994。

〔日〕玉虫左太夫：《航米日录》，山田安荣等校，国书刊行会，1914。

〔日〕玉虫左太夫：《航米日录》，载山本晃：《玉虫左太夫略传》，东北印刷株式会社，1930。

〔日〕裕轩川本口授，田中纲纪笔记《远西奇器述》，嘉永甲寅萨摩府藏版，1854。

〔日〕糟川润三辑《西洋今昔袖鉴》，尚志堂藏版，1872。

〔日〕中井弘：《西洋纪行》（全二册），大阪敦贺屋为七中井氏藏版，1868。

〔日〕惣乡正明、飞田良文编《明治のことば辞典》，东京堂出版，1986。

〔日〕佐久间武、小野纯朗：《日本的技术100年：第三卷 造船 铁道》，筑摩书房，1987。

（注：由于近代日文书籍大量使用汉字，故其版本信息基本依照原文）

后 记

本书是以我的博士学位论文为基础修改而成的，原名为《晚清铁路认知的起源与演变研究》，而导师刘大椿教授建议的论文名为《晚清铁路认知史论》。申请出版资助时，我提交的书名为《渐入新轨：晚清铁路认知的发端与演进》。获得资助后，我思来想去，仍觉《晚清铁路认知史论》最宜，遂定为书名。

本书能够出版，应致谢者有二：一是中国社会科学院创新工程出版资助项目给予资助，其间哲学所科研处周业兵、许国荣等诸位老师给予帮助。二是社会科学文献出版社曹义恒、袁卫华、罗卫平老师为此付出辛勤、细致、专业的编辑工作。此外，需要特别感谢的是段伟文老师。他于我而言至少兼有四重身份：同门师兄、答辩委员、部门领导、忘年朋友。参加工作以来，受他照顾是最多的。

通过晚清铁路认知的历史，我想讨论的是两种层面的"渐入新轨"。其一是火车行驶的轨道。晚清是中国铁路从无到有、艰难起步的时期，而铁路在东渐而来的诸多技术之中令人瞩目。当代中国铁路事业发达，高铁更是闪亮名片，亦应不忘初途。其二是思想观念的轨道。晚清铁路认知史汇集了当时纷繁的思想主张，折射出时人的技术认知观念。至清末，朝野上下普遍赞同修铁路能带来利好，对于其他新式技术的认知观念也基本更新。

我的个人生活亦属"渐入新轨"。近六年来几乎每年都要搬一次家，包括：人民大学的红二与品三、新加坡国立大学的 PGP、南京城东的阳光聚宝山庄、北京丰台的世纪金色嘉园、东城的北总布胡同、通州的华兴园。在居无定所、颠沛流离的过程中，我逐渐从学生时代走出，步入新的人生之轨。

毕业后再看全文，可改处颇多，加之曾以专题形式发表过期刊论文，于是又梳理精简了一番。第一次主要改动于 2021 年 10 月，第二次主要改动于 2022 年 3 月。以各章为主要内容的专题论文有《自强运动与科技转型：以铁路为中心的考察》（《西南科技大学学报》（哲学社会科学版）2021 年第 2 期）、《交错的"铁道"：近代中日铁路认知的互动》（《自然辩证法研究》2021 年第 10 期）、《晚清铁路认知的社会建构述略》（《天津大学学报》（社会科学版）2022 年第 3 期）。

仍附上原博士学位论文后记，于自我而言亦是一份独一无二的史料。

博士论文的完成意味着即将告别校园学生的身份，将要步入人生旅程的下一站。站在由既定过去通往不确定未来的岔路口抚今追昔，顿生无限感慨。选定晚清铁路认知作为题目，既是自己长期以来对科技史的兴趣使然，也是求学路上多位师长加以引导的结果。我在南京大学哲学系读本科时，兴奋地发现哲学专业内还有这样一个横跨史哲与文理的方向。当时戴建平老师鼓励我在科技史道路上走下去，刘鹏老师也为我能推免科技哲学研究生而倾力推荐。懵懂的我来到中国人民大学哲学院后，又在王伯鲁老师的指导下选择技术史作为硕士学位论文题目。徐光启、利玛窦、李约瑟、白馥兰……都是本硕时期萦绕于心的关键名字。追随刘大椿老师读博后，有幸全程参与中国近现代科技转型的课题研究。"西学东渐"和"师夷长技"两个历史阶段恰是我对中国科技史最欲用力的时间范围。加之我向来关注火车，有时甚至以"车迷"自居，如此选题也就顺理成章了。

论文写作过程的复杂性超出了我的预期。主体部分是在新加坡国立大学联合培养时完成的，中文图书馆和医学图书馆有非常适合自习的环境。其他部分则辗转北京、杭州、衢州、南京等多地，在校或在家利用各种间歇完成。其间，陈康言曾帮我前往香港信义宗神学院图书馆寻访资料，虽未觅得但着实劳苦。雷欣悦曾为我通过浙江大学图书馆查找、传递多种文献，是我的得力小助手。此外，论文第一、二章于 2019 年 10 月上海"问道于器：中国近代的物质文化与社会变迁"会议上发表，得到近代史领域前辈的肯定与认可，坚定了我的信心。在大椿老师的督促下，去年底本已做好了寒假收尾和开学预答辩的准备，不曾想遭逢如此罕见的疫情，蛰居金陵长达数月，进行了一场"悄无声息"的预答辩，经历了许多"史无前例"的环节。到最后确定了答辩委员线下+答辩人线上的特殊模式，在此记之，想必日后也算一种别样的史料。

在人民大学硕博连读的六年求学时光里，首先要感谢的是我的两位导师。伯鲁老师是我的硕士生导师，与我父母年龄相仿，初见便觉尤其亲切，久之则能深切感受到他为学的严谨与为人的厚道。在老师面前不会有拘束之感，可以敞开心扉、畅所欲言。当面临是否读博、何处工作等重大选择的情境时，我就会想听听他的看法。而他每次说的话非常实在，用他颇具特色的陕西口音回答我的问题，向我指出贴近生活的利弊与可能，令我受用。我对不少事情的决定，都受到他的深刻影响。事实上，伯鲁老师身上的许多特质，也是我想要向他学习、向他看齐的。

大椿老师是我的博士生导师，也是令我仰望的一座高山。在"椿树下"历经数十年繁茂生长的师门里，我无疑是极其稚嫩的晚辈和资质普通的庸才。也正是如此，在聆听教诲的四年里，老师会以多样的方式锻炼我、启发我，更让我时时感到有如被"点化"，被"打通六脉"。无论是椿师的人生阅历还是治学经历，都呈现既多姿多彩又厚重博大的特征，值得我这个后来者品味、学习。在学术之外，最令我钦佩且羡慕的是椿师与师母万老师半个世纪的相濡以沫，悉心经营着一个美满幸福的家庭，神仙眷侣莫过于此。椿师与师母也常常关心我的生活，印象最深的一次，是我在朋友圈说北区食堂的土豆牛肉盖浇饭只给一块牛肉，没曾想第二天老师就让我过去，师母炖了满满一罐牛肉给我吃，至今回忆起来都还是浓郁扑鼻的牛肉香味。得遇良师，我之幸也。

人大科哲教研室的王鸿生、刘劲杨、刘永谋、马建波、林坚、刘晓力、王小伟、Daniel Lim 诸位老师传授学业于我，助我夯实基础，令我非常感激。"文明""涌现""技治""缠绕"……都是至今想起来仍然闪亮于脑海的主题词。鸿生老师的宽博气场，劲杨老师的缜密思路，永谋老师的犀利路线，建波老师的率性风格，林坚老师的文人气质，晓力老师的认真精神，小伟老师的"猛男"形象，Daniel 老师的君子之风。多年混成"老油条"的经历，不仅收获了不同领域的哲思学理，而且领略了诸师各有的人格魅力，更见证了科哲专业大家庭的稳步发展。当然，也要真诚感谢各位预答辩和外审专家，为我指出论文的不足，提供了完善论文的宝贵意见和建议，还要感谢莅临答辩现场的段伟文、李建军、徐治立等诸位专家。

感恩与各位同学的相遇，为我打开了一片片新的天地，尤其是 2014 级硕士同学李健民、乔宇、江雯、李佩；2016 级博士同学樊姗姗、兰立山、王雷、刘颖；室友与隔壁室友蔡伟鑫、张当、傅志伟、吴迪；以及各位同门师兄弟姐妹、各位科哲专业同学、各位哲学院同学。许多好朋友、老朋友、"酒肉朋友"们无法一一致谢，但在此还要特别感谢帮我跑腿最多的师妹孙恩慧。与大家交往的过程也是我学习受益的过程，是我成长进步的过程。

在新加坡国立大学作为访问学生的一年，我收获颇丰，意义非凡。首先感谢许齐雄老师对我的指导和关照，让我的访学之旅比起一般者而言更加"在地化"。同时也要感谢王昌伟、黄贤强、王锦萍等中文系和历史系的诸位老师，让我很荣幸受到热情善良的照拂和专业学养的熏陶。特别感谢杨妍博士帮助我的各种，从台湾到新加坡，愿我们的友谊可以延伸到更长远的时空中。还要谢谢静玲、邓宇、筱纹、康言、建一等可爱的同学们，我不会忘记那些和你们一起穿梭于肯特岗和坡岛各个角落觅食、学习和聊天的有趣美好回忆。

最后，要感谢我亲爱的家人们——父亲、母亲、小妹和鲐背之年的奶奶（老人家仙逝于 2022 年 3 月 18 日）。虽然他们并不知道我读博做什么，但都尊重我自己做出的选择，一直包容、理解和支持着我，让我在离家越来越远的北上求学路上没有后顾之忧。我的女友章聿梅同学，从本科起在南京与我相伴多年，亦已如同家人，是我的人生伴侣和精神港湾（2021 年 11 月 30 日已领证）。南京、杭州、北京，由 T66、T32、Z10、G31 等列车所承载的异地殊为不易，眼下还要再次拉长期限。前路依旧遥遥，我希望以后能有更多的时间陪伴你们，共处宽闲，优游岁月。仍附上本科毕业论文致谢的话：不背离本心，不辜负时光。

2020 年 5 月 14 日初写于钟山北麓岔路口
2021 年 10 月 11 日修改于镇江火车站南侧
2022 年 1 月 22 日校对于通州华兴园宿舍
2022 年 9 月 1 日定稿于机关党委宣传处

图书在版编目（CIP）数据

晚清铁路认知史论 / 雷环捷著. --北京：社会科
学文献出版社，2022.10（2023.4 重印）
ISBN 978-7-5228-0657-0

Ⅰ.①晚⋯　Ⅱ.①雷⋯　Ⅲ.①铁路运输-交通运输史
-中国-清后期　Ⅳ.①F532.9

中国版本图书馆 CIP 数据核字（2022）第 166470 号

晚清铁路认知史论

著　　者 / 雷环捷

出 版 人 / 王利民
责任编辑 / 袁卫华　罗卫平
责任印制 / 王京美

出　　版 / 社会科学文献出版社
　　　　　地址：北京市北三环中路甲 29 号院华龙大厦　邮编：100029
　　　　　网址：www.ssap.com.cn
发　　行 / 社会科学文献出版社（010）59367028
印　　装 / 北京虎彩文化传播有限公司

规　　格 / 开 本：787mm×1092mm　1/16
　　　　　印 张：16.5　字 数：192 千字
版　　次 / 2022 年 10 月第 1 版　2023 年 4 月第 2 次印刷
书　　号 / ISBN 978-7-5228-0657-0
定　　价 / 98.00 元

读者服务电话 4008918866